Freie Energie

Die Revolution des 21. Jahrhunderts

Jeane Manning

Aus dem Amerikanischen von
Gisela Bongart und Martin Meier

Omega-Verlag

Bibliographische Information der Deutschen Bibliothek

Die Deutsche Bibliothek verzeichnet diese Publikation in der Deutschen Nationalbibliografie; detaillierte bibliografische Daten sind im Internet über http://dnb.ddb.de abrufbar.

5. Auflage   2007

Mit aktualisiertem Adressteil im Anhang.

Titel der amerikanischen Originalausgabe:
"The Coming Energy Revolution – The Search For Free Energy"
Copyright© Jeane Manning 1996
Published 1996 by Avery Publishing Group, 120 Old Broadway,
Garden City Park, New York 11040, USA
ISBN 0-89529-713-2

Copyright© 1997 für die deutsche Ausgabe by
Omega®-Verlag

Einzig berechtigte Übersetzung aus dem Amerikanischen von
Gisela Bongart M.A. und Martin Meier

Druck: FINIDR s.r.o., Český Těšín, Tschechische Republik

ISBN 978-3-930243-04-4

Omega®-Verlag, Gisela Bongart und Martin Meier (GbR)
Karlstr. 32 · 52080 Aachen

eMail: info@omega-verlag.de
http://www.omega-verlag.de

Inhalt

Widmung

Den bahnbrechenden Erfindern in der Freie-Energie-
Szene gewidmet
und besonders all jenen, deren Geschichten
in diesem Überblick nicht endeten – ihre Kämpfe und
Triumphe berühren und inspirieren mich dennoch.

Danksagung

Ich möchte allen danken, die zu diesem Buch beigetragen haben. Es ist unmöglich, jeden aufzuführen und die Liste auf einer Seite unterzubringen, doch in meinem Herzen und in meinem Geist ist der Gedanke an jeden einzelnen Forscher, jedes Familienmitglied, jeden Freund, der mich unterstützt, jeden Wissenschaftler, der mir geholfen hat, und jeden Erfinder von meinem Dank begleitet.

Eher formeller Dank gebührt dem Canada Council for the Arts, Explorations program, für seine finanzielle Unterstützung, während ich mein unveröffentlichtes autobiographisches Manuskript *Beyond Tesla* schrieb. Das vorliegende Buch erwuchs aus jener Arbeit.

Last but not least möchte ich Lisa James, meiner Lektorin bei Avery Publishing Group Inc., für ihre Geduld und dafür danken, daß sie mich ständig daran erinnerte, daß dieses Buch für die Allgemeinheit geschrieben wird – für Menschen, die sich vielleicht nicht für technische Dinge interessieren, wohl aber dafür, was eine neue Energietechnologie für ihr alltägliches Leben bedeuten würde.

Vorwort

von Dr. Brian O'Leary.

Dies ist vielleicht eines der wichtigsten Bücher, die Sie je gelesen haben. Es beschreibt den rapiden Fortschritt bei der Verfügbarmachung einer Energiequelle, von der viele von uns in der Wissenschaftsgemeinde glauben, daß sie das Angesicht der Erde radikal verändern wird – Nullpunktenergie aus Quantenfluktuationen im Raumvakuum. Viele bezeichnen sie als „Raumenergie" oder „Freie Energie".

Da die Freie Energie, die uns umgibt, solch eine dermaßen saubere und dezentrale gigantische Quelle ist, glauben einige von uns, daß sich eine Revolution anbahnt. Danach wird man die jetzt existierenden Energietechnologien vielleicht als Alpträume aus grauer Vorzeit ansehen, die unsere Landschaft verschandelt und unsere Luft verschmutzt haben. Diese Revolution könnte ein neues Wissenschafts- und Technologieparadigma einläuten, gegen das die Kopernikanische und die Industrielle Revolution verblassen. Zwei Billionen US-Dollar, die jährlich für den Betrieb veralteter Energieversorgungssysteme aufgewendet werden, statt dessen in umweltverträgliche und erschwingliche Systeme zu investieren – das hat es noch nicht gegeben.

Elektrosysteme, die auf kompakten Solid-State-Geräten basieren, werden wahrscheinlich die Sicherungs- und Schaltkästen in Wohn- und Geschäftshäusern ersetzen. Schließlich werden wir in der Lage sein, uns ganz vom Stromnetz abzunabeln. Die neuen Energieversorger werden außerdem leicht zu transportieren sein, wodurch Speichereinheiten wie Batterien überflüssig werden. Sie werden die Verbrennungsmotoren in unseren Autos und in anderen Transport- und Industriesystemen ersetzen. Und sie können auf dem Feld eingesetzt werden (zum Beispiel für den Betrieb von Bewässerungspumpen), um die landwirtschaftliche Effizienz drastisch zu steigern. So können sie dabei mithelfen, den Hunger in den Drittweltländern abzuschaffen.

Doch wir werden Verfahrensrichtlinien entwickeln müssen, in denen diese Energiegeräte auf ihren angemessenen, sinnvollen Nutzen hin bemessen und nicht im Übermaß oder z.b. als Waffen eingesetzt werden. Auf lange Sicht, so glaube ich, werden wir entdecken, daß sich Raumenergie auch auf praktische Weise für Antigravitations-Antriebssysteme einsetzen läßt.

Warum also treiben wir derlei nicht voran? Wie es scheint, haben wir seit den Tagen Nikola Teslas vor hundert Jahren die Freie Energie unterdrückt. Wir alle haben gewisse tiefsitzende Ängste entwickelt, die den Weg blockieren – Ängste, die noch nicht bis ins Allgemeinbewußtsein durchgedrungen sind. Doch trotz all der Unterdrückung ist der dienstbare Geist der Energie endlich aus der Flasche, wie Jeane Manning in diesem Buch deutlich zeigt.

Zunächst möchte ich einige Hintergründe für diese dramatischen Behauptungen liefern. Vor ungefähr zwanzig Jahren, als die OPEC die Ölpreise erhöhte und eine Energiekrise ausbrach, begann ich darauf zu achten, wie wir in unserer Kultur Energie mißbrauchen.

Erinnern Sie sich noch an die Autoschlangen an den Tankstellen Mitte der siebziger Jahre, an die düsteren Statistiken über zunehmende Ölverknappung, an die Luftverschmutzung, die Öllachen, die Ölkriege, die Prophezeiungen von Kernschmelzen und der Verseuchung durch radioaktiven Abfall, der Proliferation von atomwaffenfähigem Material aus den Energieprogrammen ausländischer Erzeuger (wie heute dem von Nordkorea) und andere finstere Vorhersagen von Untergang und Verhängnis? Was ist aus der Energiekrise geworden, heute, da wir uns der Jahrtausendwende nähern? Was wurde aus dem Bericht des Club of Rome über die Grenzen des Wachstums? Viele von uns können sich daran erinnern, daß das OPEC-Kartell seinen Griff zu lockern begann, als die Siebziger ins Land gingen, daß die Ölpreise fielen und Ronald Reagan zum Präsidenten der Vereinigten Staaten gewählt wurde.

Wie durch magische Schicksalsfügung entschieden die Massenmedien und die Öffentlichkeit, es gebe überhaupt keine Energiekrise. Es gab wieder genügend Öl, und die Vorstellung, daß es nötig sei, Alternativen zu entwickeln, schien aus dem Bewußtsein der Öffentlichkeit gewichen zu sein.

1975 war ich Spezialberater in Energiefragen für den Unterausschuß Energie und Umwelt des ehemaligen Kongreßabgeordneten Morris Udall innerhalb des Innenausschusses des U.S.-Repräsentantenhauses. Während der acht Monate, in denen Udall für die Präsidentschaftswahl kandidierte, verfaßte ich Reden und organisierte Anhörungen. Ich half ihm, eine Energiepolitik zu entwickeln, die der nicht unähnlich war, die Präsident Jimmy Carter in den späten Siebzigern verfolgte und die durch die Clinton-Administration fortgesetzt wurde.

Diese Politik nimmt die düsteren Statistiken ernst, die für die kommenden Jahrzehnte eine in hohem Maße umweltschädigende und teure Energiezukunft prognostizieren, wenn wir uns nicht zumindest allmählich von den fossilen Brennstoffen und der Kernkraft als Hauptstütze unserer elektrischen Energieerzeugung abwenden. Wir fordern außerdem eine strenge Emissionskontrolle. Doch diese positiven Schritte erfolgten auf der Basis eines riesigen blinden Fleckes und gegen den Widerstand gegenüber innovativen Lösungen für die aktuelle weltweite Krise.

Selbst einige der innovativsten technischen und politischen Organisationen im Bereich Energie und Umwelt, wie zum Beispiel das Rocky Mountain Institute und die Union of Concerned Scientists, scheinen sich mit langsamen und bescheidenen Veränderungen abgefunden zu haben – verstärkter Einsatz von traditionellen erneuerbaren Ressourcen (Sonnen-, Wind-, Wasserstoff-, Biomasse- und andere Energien) und wachsende Effizienz von Kraftfahrzeugen stellen nur schrittweise Reformen dar. Auf lange Sicht lassen sich weder der begrenzte Vorrat an fossilen Brennstoffen noch die abnehmende Qualität der Umwelt weiter unter den Teppich kehren. Aus den Problemen der siebziger sind die größeren Herausforderungen der neunziger Jahre geworden.

Vor zwei Jahrzehnten verhalf der vorübergehende Eindruck der amerikanischen Öffentlichkeit, wir seien tatsächlich mit einem Energieproblem konfrontiert, zu der Gründung eines Ministeriums für Energie (DoE – Department of Energy). Es sollte Forschung und Entwicklung alternativer Energiequellen fördern. Doch größtenteils lieferte das DoE lediglich bürokratischen alten Wein in neuen Schläuchen und vereinte die bestehenden Eigeninteressen der Fossilen-Brennstoff- und der Kernkraftlobbies.

Bis zum heutigen Tag ist es für mich offensichtlich, daß kaum wirkliche Fortschritte dabei erzielt wurden, unseren Energiemißbrauch und den Raubbau an der Umwelt zu stoppen. Anstatt uns im Stile eines Manhattan- oder Apollo-Projektes in Richtung Zukunft zu bewegen, starten wir das Räderwerk aus fossilen Brennstoffen, Verbrennungsmotoren und Kern-

13

kraft erneut und transportieren weiterhin von großen zentralen Kraftwerken aus Elektrizität durch ein häßliches Verteilungsnetz, das wahrscheinlich ein enormes Gesundheitsrisiko birgt (Elektrosmog aus Überlandleitungen). Warum also haben wir nichts dagegen unternommen?

Durch ein Umschalten auf saubere Freie Energie ließe sich folgendes
fast vollkommen reduzieren: Luftverschmutzung, globale Erwärmung
durch Kohlendioxidemissionen, Abwärme, Saddam Husseins umwelt-
zerstörerische Feuer, schwarze Himmel, Öllachen, saurer Regen, Stick-
oxide, Schwefeldioxide, Kohlenwasserstoff- und Ozonemissionen, häßli-
che Ölproduktionsanlagen und Raffinerien, Supertanker, Tankstellen,
Kraftwerke, Überlandleitungen und alles, was dazugehört.

Der Einsatz von Freier Energie könnte auch unserem Hunger nach Öl
und Erdgas ein Ende setzen. Durch diesen Hunger werden wertvolle Ressourcen der Erde in einem alarmierenden Maße aufgezehrt. Diese Le-
bensader, die sich in über zehn- bis Hunderten von Millionen Jahren innerhalb der Erdkruste gebildet hat, wurde gierig ausgesaugt, als ob es
kein Morgen gäbe. Ölförderung und -konsum haben sich seit dem Auftreten der Energiekrise mehr als verdreifacht. Fast die Hälfte des vorhandenen Öls und mehr als die Hälfte des Erdgasvorkommens wurden bereits
aus unseren besten Lagerstätten abgebaut und verbrannt, das meiste innerhalb einer Menschengeneration!

Beim gegenwärtigen rasanten Verbrauch werden die nachgewiesenen
Ölreserven in den USA nur noch zehn Jahre, global noch vierzig Jahre
reichen. Selbst wenn sich diese Reserven als doppelt so ergiebig wie geschätzt erweisen, werden wir Mitte des einundzwanzigsten Jahrhunderts
kein Öl mehr haben. Bis dahin werden krasse Preiserhöhungen unvermeidbar sein.

Diese Fakten wurden von den Machern unserer Energiepolitik ignoriert. Wir borgen tatsächlich die Erde von unseren Kindern, anstatt sie von
unseren Eltern zu ererben. Ein ökologischer Konsens zeichnet sich ab:
Wir müssen dieses Vorgehen beenden und eine erträgliche Zukunft aufbauen.

Bei einem Umstieg auf Raumenergie wären die ökonomischen Auswirkungen enorm. Die Einkünfte aus der Nutzung der Elektrizität betragen
heute weltweit 800 Milliarden US-Dollar jährlich, eine Verdoppelung im
Laufe der vergangenen zwanzig Jahre, seit wir uns der Energiekrise bewußt wurden und unsere Aufmerksamkeit wieder von ihr abwandten. Diese

schwindelerregenden Kosten übersteigen sogar die Größenordnung der Automobilindustrie um das Doppelte. Sie sind mit der Summe vergleichbar, die die Steuerzahler jährlich an die hochverschuldete Regierung der USA entrichten.

Die weltweite Energie-Infrastruktur, die hauptsächlich auf der Verbrennung von Öl, Kohle und Erdgas und dem Einsatz von radioaktiven Elementen beruht, verschlingt ungefähr 2 Billionen US-Dollar jährlich, eine Zahl, die so hoch ist, daß es schwerfällt, sich die Ungeheuerlichkeit ihres uns alle umfassenden Klammergriffs vorzustellen. In der Zeit, die Sie brauchen, um diesen Satz zu lesen, verbrennt die Welt fossile und nukleare Brennstoffe im Wert von mehr als einer Million Dollar für die Nutzung in elektrischen Geräten, für Heizung, Kühlung und Transportsysteme.

In den frühen Achtzigern, als ich bei der Science Applications International Corporation moderne Raumkraftkonzepte studierte, wurde mir völlig klar, daß jede radikal neue Idee im Energiesektor nur schwer durchsetzbar ist, denn sie läuft den Interessen maßgeblicher Kreise in der U.S.-Regierung und der etablierten Industrie zuwider.

Der größte Teil des jährlichen Milliarden-Dollar-Etats des Energieministeriums wird nach wie vor dafür ausgegeben, den Einsatz fossiler Brennstoffe und der Kernenergie auszuweiten. In den Jahren als wissenschaftspolitischer Analytiker wurde mir klar, daß die staatlichen Forschungs- und Entwicklungsprojekte nur einen winzig kleinen Anfang eines größeren politischen und ökonomischen Durchgreifens darstellen; die Entwürfe von heute werden zu den Multimilliarden-Dollar-Realitäten von morgen. Wenn die Investition in ein Projekt erst einmal eine Milliarde Dollar überschreitet, erwachsen daraus neue Kapitalinteressen von Firmen in den Wahlbezirken und so weiter. Diese Regel scheint ungeachtet der Nützlichkeit des Projektes zu gelten.

Das größte und ehrgeizigste Forschungs- und Entwicklungsprojekt des Energieministeriums ist das Konzept der (immer noch unbeherrschbaren) „Heißen" Kernfusion, für das mehr als eine Milliarde Dollar ausgegeben wurde. Die Heiße Fusion würde sowohl den Bau großer Kraftwerke erfordern, als auch weitere Umweltverschmutzung durch Überschußwärme, Strahlung und Stromleitungen bedeuten. Ein anderer erheblicher Teil des Etats des Energieministeriums wird für Hochenergiephysik und Waffenforschung ausgegeben, die nicht direkt mit der Energieerzeugung zusammenhängen. Wesentlich geringere Beträge fließen in die Entwicklung der

15

Solarenergie und anderer alternativer Ressourcen sowie in die Energieerhaltung. Nichts, aber auch nicht ein Pfennig der öffentlichen U.S.-Etats
(ausgenommen vielleicht die schwarzen Budgets, über die uns nichts bekannt ist) wird in die Erforschung jener Energiequelle investiert, von der
ich glaube, daß sie unseren Umgang mit den Dingen verändern wird – die
Freie Energie, die uns umgibt.

Ein tief verwurzeltes Interesse ist so mächtig geworden, daß wir blind
für alle neuen Konzepte zu sein scheinen, besonders für solche, die so
radikal sind wie die Freie Energie und die Kalte Fusion. Wir scheinen
mehr an der Kontroverse darüber interessiert zu sein, ob diese Entwicklungen real sind, als daran, eine große Chance wahrzunehmen.

Kurz, wir scheinen uns in einer falschen Vorstellung von Sicherheit zu
wiegen und bauen eine Raubbau betreibende Energie-Infrastruktur aus,
die dabei ist, die Erde und uns selbst zu zerstören. Wir haben uns selbst
ein „elektrisches Gefängnis" geschaffen, in das wir durch ein Netz von
unmenschlichen, gesundheitsschädigenden Stromleitungen und Tankstellen und durch das endlose Dröhnen von Verbrennungsmotoren und anderen Energieerzeugern zunehmend eingeschlossen werden, die die Landschaft, den Himmel und die Meere verschandeln.

Wie der Frosch, der in einem Teich, in dem die Temperatur allmählich
erhöht wird, langsam gekocht wird, haben wir uns allmählich an unser
elektrisches Gefängnis gewöhnt. Innerhalb dieses Netzes gefangen, vergessen wir, um wieviel bereichernder sich für uns die noch vor zwanzig
Jahren weitaus erträglichere Umwelt anfühlte. Ich lebe in den entlegenen
Wäldern der Kaskaden-Kette in Oregon und kann bezeugen, wie wohltu-
end eine friedliche, saubere Umwelt ist.

Die meisten von uns sind sich der Tatsache nicht bewußt, daß wir unsere Energieressourcen in einem so kurzen Abschnitt der Geschichte dermaßen mißbraucht haben. Wir müssen aufhören, unsere Erde zu mißhan-
deln, wenn wir überleben wollen.

Einige theoretische und experimentelle Informationen stützen bereits
die Erwartung in die Nutzung der Raumenergie. Ich war überrascht über
die Breite und Tiefe des Wissens, die Hingabe, Professionalität und die
fundierten Errungenschaften unter führenden Theoretikern, Experimentatoren und Erfindern auf dem Gebiet der Freien Energie. Sie sind die
Erforscher einer neuen Realität. Sie sind von der Majorität der Wissen-

schaftler abgeschnitten, weil jener Mainstream diese Realität hintertreibt und auf der Grundlage höchst oberflächlicher Argumente leugnet.

Im Gegensatz zum stereotypen Bild eines exzentrischen, abgehobenen Bastlers in der Garage, der wahrscheinlich falsch liegt, sind viele unserer Freie-Energie-Erfinder und -Forscher Doktoren, die in Mainstream-Einrichtungen arbeiten, wie zum Beispiel Dr. Shiuji Inomata vom Elektrotechnischen Labor in Tsukuba (Japans „Space City"). Er war während der letzten fünfunddreißig Jahre hauptberuflicher Regierungsangestellter.

In Indien hat Dr. Paramahamsa Tewari eine angesehene Position als staatlich angestellter leitender Projektingenieur beim größten im Bau befindlichen Kernkraftwerk des Landes inne. Die Regierungen dieser Länder haben diesen beiden Männern erlaubt, ihre Freie-Energie-Geräte (auf der Grundlage von Bruce DePalmas Konzept) zu bauen – etwas, das in einem Labor des Energieministeriums in den Vereinigten Staaten undenkbar gewesen wäre.

Dr. Inomata hielt kürzlich einen Vortrag vor leitenden Regierungs- und Industrieangestellten (mehr als 600 Profis erschienen zu seinem letzten Seminar), und die Firma Toshiba investierte zwei Millionen Dollar, um supraleitende Magnete für ihren neuen, unipolaren Generator zu entwickkeln. Da Japan fast völlig von ausländischem Öl für seine Energie- und Transportbedürfnisse abhängig ist, hat es bei der Vermarktung der Freien Energie aus dem Raum, der uns umgibt, wenig zu verlieren, aber viel zu gewinnen. Dies könnte für andere Nationen eine weitere verpaßte Chance sein und zu sogar noch mehr potentieller japanischer Marktdominanz bei Produkten führen, die aus dem weitsichtigen Ansatz der Japaner resultieren. Werden wir jemals daraus lernen?

Nur wenige andere qualifizierte Wissenschaftler nehmen sich die Zeit, sich mit Freier Energie zu befassen; die meisten der lautstarken Neinsager haben sich mit dem Problem nicht beschäftigt. Sie sind eingeengt durch den Druck von Kollegen, durch finanzielle Zwänge und durch starke Vorbehalte, das Unbekannte zu erforschen, das jenseits ihrer eigenen Spezialgebiete liegt. Ich weiß, was ich sage, denn ich habe mich vor Ort umgesehen!

Ein verbreiteter Irrtum, dem die Skeptiker unterliegen, besteht in der Annahme, sie müßten davon gehört haben, wenn es solche Maschinen gebe. Die Geschichte der Wissenschaft ist voll von Beispielen führender Wissenschaftler, die sich – manchmal aus rein gefühlsmäßigen Gründen –

über neue Ideen auf der Grundlage dieser Annahme lustig machen. Später stellt sich heraus, daß sie sich geirrt haben. Natürlich ist dies von Wissenschaft und Rationalität so weit entfernt, wie dies überhaupt nur möglich ist, und es legt nahe, daß das Unterdrückungssyndrom bei den Wissenschaftlern selbst anfängt.

Regierungsvertreter und Medien wenden sich an die Wissenschaftler, um an Informationen zu gelangen, so daß auch sie das Offensichtliche ignorieren. Zum Beispiel interviewte ein Reporter der *Washington Post* einige von uns auf einem Symposium zur Freien Energie zum Thema Raumenergie (die auch als Freie Energie bekannt ist). Anstelle der ausführlichen Auskünfte, die wir dem Reporter gaben, erschien in der Zeitung ein unbeschwerter, „sicherer" historischer Artikel über Nikola Tesla.

Durch Nachlässigkeit, so scheint es, bestimmen diese Sprachrohre des Establishments, was mit Glaubwürdigkeit gemeint ist – was in Wirklichkeit wenig mit der Wahrheit zu tun haben mag. Der Telefonanruf eines Mainstream-Journalisten bei einer Mainstream-Koryphäe wie zum Beispiel Carl Sagan könnte eine Story zunichte machen. Leider können auch unsere angesehensten Nachrichtenquellen nicht das letzte Urteil über die Wahrheit sprechen. Dadurch wird der Fortschritt der Wissenschaft stark gebremst.

Warum also haben wir uns der Freien Energie nicht angenommen, wenn sie doch schon so lange bekannt ist? Warum haben wir wegen Öl Kriege geführt – im persischen Golf, in Somalia und selbst in Vietnam? Warum haben wir zahllose Billionen Dollar fehlgeleitet, Menschenleben und unsere Umwelt geopfert, und warum fahren wir damit fort angesichts der Anzeichen, daß wir mit diesen selbstzerstörerischen Dingen aufhören können?

Wie konnten so viele Entscheidungsträger uns die Freie Energie so vollkommen vorenthalten, so daß es noch immer keine einzige Maschine auf dem Markt gibt? Schließlich ist die Technologie, die nötig ist, um an sie heranzukommen, wahrscheinlich gar nicht so unerreichbar. Technisch und finanziell stellt sie möglicherweise eine geringere Herausforderung dar als das Manhattan-Projekt, in dem Wissenschaftler die Atombombe entwickelten, oder als das Apollo-Programm, bei dem Wissenschaftler und Ingenieure antraten, um Menschen auf den Mond zu schicken, oder als das Tokamak-Projekt zur Heißen Fusion, an dem Doktoren in Princeton arbeiten und das noch weit von einem definitiven Durchbruch entfernt ist.

Mit nur wenigen tausend Dollar haben Erfinder es anscheinend zu Ergebnissen bei der Freien Energie gebracht – also nicht mit den Milliarden und Billionen, die für die Verfolgung eher traditioneller Ansätze ausgegeben werden. Warum dauert es so lange, bis Geld in sinnvolle Richtungen fließt?

Mit anderen Worten, wie war es möglich, Freie-Energie-Techniken für so lange Zeit derart komplett zu unterdrücken, ja geradezu hermetisch abzuschirmen? Wenn unsere Regierungen und Wissenschaftler das Offensichtliche ignorieren, wieso haben dann die Kräfte des Marktes nicht Wind davon bekommen und es energisch vorangetrieben? Wie es scheint, wartet jeder darauf, daß ein anderer den ersten Schritt tut.

Ich bin zu einem Schluß gekommen, den ich früher für unwahrscheinlich gehalten hatte: daß das Unterdrückungssyndrom sich durch jeden Aspekt irgendeiner revolutionär neuen Entwicklung zieht. Gewöhnlich sind die Unterdrückungskräfte um so stärker, je radikaler das Konzept ist.

Zum Beispiel verfügen die meisten Erfinder nicht über genügend Geldmittel, oder sie haben sich finanziell übernommen, um ihre Geschäftsgeheimnisse zu wahren. Dadurch sind sie vom Wissensaustausch in interdisziplinären Gruppen abgeschnitten. Derlei wird aber, so meine ich, notwendig sein, um diese neue Industrie entwickeln zu können. Meines Erachtens werden wir einen bescheidenen Etat von vielleicht einigen Zigmillionen Dollar brauchen, um den entscheidenden Durchbruch zu erzielen.

Ich stimme nicht mit denjenigen überein, die diese möglicherweise Paradigmen zerschmetternde Entwicklung als Frage eines rein privatwirtschaftlichen Wettbewerbs ansehen – als ein Pferderennen, das durch die Chance motiviert wird, ein bestimmtes System könne als Sieger hervorgehen, was den glücklichen Erfindern Millionen oder Milliarden Dollar einbringen könnte. In einer solchen Wettbewerbssituation scheitern dann Entwicklungen anderer Neue-Energie-Systeme aufgrund schlechten Timings, mangelnder Geldmittel oder anderer Zwänge.

In unserem Wirtschaftssystem dreht sich alles um Gewinn und Verlust. Der gesamte Komplex aus Ablehnung seitens der Wissenschaftler und Geheimhaltung seitens der Industrie sperrt uns in der westlichen Welt in ein Raster ein. Es ist ein verrücktes System!

Insgesamt sind die meisten Erfinder und Erforscher von Freie-Energie-Systemen finanziell nicht genügend ausgestattet, deshalb geht es nur langsam voran. Die Aussicht, Millionär zu werden, indem man unter den ersten ist, die ein kommerzielles Modell entwickeln, schürt Geheimniskrämerei und Unterdrückung. Anstelle dieses Alles-oder-nichts-Ansatzes schlage ich vor, gewinnorientierte Strategien zu entwickeln, wodurch das Krebsgeschwür der Unterdrückung praktisch eliminiert würde. (Wegen unserer Angst vor dem Unbekannten unterdrücken wir, was wir am meisten brauchen.)

Die Befürworter der Freien Energie scheinen vor drei Hauptproblembereichen zu stehen:

1. *Unterdrückung* aller Art hat die Verfügbarkeit der Neue-Energie-Technologien wirkungsvoll blockiert.

2. Das Potential der Freien Energie, bestehende Infrastrukturen zu ersetzen, wird eine *Verlagerung* von Arbeitsplätzen, Einkommen und Macht verursachen, und zwar in einem bisher in unserer Wirtschaft beispiellosen Ausmaß.

3. Der *Mißbrauch* der Freie-Energie-Technik könnte zu einer übermäßigen Nutzung oder zu ihrem Einsatz als einer mächtigen Waffe führen. Geräte können jedoch so konstruiert werden, daß sie sicher sind. Ich finde, die Möglichkeit eines Mißbrauchs ist kein Grund, die Technologie zu stoppen oder zu unterdrücken.

Saubere Freie Energie nutzbar zu machen ist zu wichtig für den Planeten und für uns selbst, und es ist unvermeidbar. Doch wir müssen Standards für ihren angemessen Gebrauch entwickeln, um die strengsten Richtlinien zur Erhaltung unserer globalen Umwelt einzuhalten. Wir müssen verantwortliche Schöpfer sein und sollten aus unserem Mißbrauch beispielsweise der Kernenergie gelernt haben.

Ich habe durchaus das Gefühl, sobald Freie-Energie-Geräte die üblichen Tests bestehen – auf Umweltverträglichkeit, Preiswürdigkeit und Annehmlichkeit –, wird die Technologie rasch den Weltmarkt erobern. Wir alle kennen die tiefgreifenden Auswirkungen, die frühere Erfindungen auf unser Leben hatten – Erfindungen wie Elektrizität, Telefon, Autos, Flugzeuge, Fernsehgeräte, Transistoren und Computer, um nur einige zu nennen.

Die Entwicklungen in naher Zukunft werden noch weitreichendere Konsequenzen haben, die über finanzielle Werte hinausgehen. In der Tat ist der Zukunftsschock bereits aktuell. Die meisten von uns haben keine Ahnung von den unvermeidbaren Verlagerungen, die dadurch entstehen können, daß eine Multibillionen-Dollar-Industrie überholt sein wird.

Unser vielleicht stärkster Unterdrückungsmechanismus beruht auf unserer (größtenteils unbewußten) Angst vor dem Unbekannten, das uns nach der Veränderung erwartet. Deshalb lehnen wir die Veränderung so lange wie möglich ab, bis die Perspektiven so deutlich werden, daß wir sie nicht mehr ignorieren können.

In unserer Wissenschaft und Technik stehen wir vor diesem Wendepunkt, in einer Zeit der Paradigmenwechsel, in der wir als gesamte Kultur darüber entscheiden, von einer Wahrheit oder Realität in eine andere hinüberzuwechseln. Die alte Newtonsche Sichtweise befindet sich auf dem Weg, den auch die frühere Auffassung von einer scheibenförmigen Welt gehen mußte, und doch herrscht in unserem Bewußtsein immer noch das Newtonsche Denken vor.

Mit Veränderung gehen auch Gefühle der Trauer um eine alte Weltsicht einher. Fundierte Untersuchungen des Trauerprozesses deuten darauf hin, daß die derzeit ablehnende Haltung der meisten von uns bald in Stadien von Wut, Feilschen, Depression und schließlich Akzeptanz des Neuen übergehen wird.

Wenn diese neuen Energie-Offenbarungen beginnen, die orthodoxe Welt und ihre empfindlichen wirtschaftlichen Strukturen zu erschüttern, werden viele von uns, da bin ich mir recht sicher, eine heftige Wut oder starke Ängste empfinden – Wut über die Unterdrückung und Angst vor dem Übergang zu einem neuen Paradigma. Auf einem Autoaufkleber heißt es: „Die Wahrheit wird dich befreien, doch zunächst wird sie dich stinksauer machen." Ich persönlich habe das Gefühl, in das Stadium zwischen Depression und Akzeptanz übergegangen zu sein.

Die Herausforderung liegt nicht darin zu entscheiden, ob es die Freie Energie gibt oder nicht. Es gibt sie. Statt dessen ist unser gemeinschaftlicher Wille gefordert, uns von unserer Ignoranz loszusagen, uns aus unserem elektrischen Gefängnis, von der Umweltzerstörung, dem Kästchendenken, der Newtonschen Starrheit, der Gier und den monopolistischen Finanzinteressen zu befreien.

Nun verstehen Sie, warum ich dieses Buch für so wichtig halte. „Die Energie-Revolution", so sagte Jeane Manning mir einmal freimütig, „könnte das Leben der Menschen zutiefst beeinflussen – ihre täglichen praktischen Entscheidungen –, denn dezentralisierte Energie bedeutet Freiheit. Sie ersetzt unser Gefühl von Hilflosigkeit durch die Fähigkeit, unsere Umwelt zu reparieren. Die Megaprojektbetreiber haben nun kein Standbein mehr, wenn sie behaupten, ihre Projekte seien notwendig."

„Die Leute müssen ihre Macht auf individueller und lokaler Ebene wiedererlangen", fuhr sie fort. „Die Regierung wird ihnen diese Macht nicht postwendend zurückerstatten. Wegen der von den Hauptstädten und Finanzzentren wie der Wall Street ausgehenden Greifarme der Energieverflechtung, die bis in die Brieftaschen der Bürger reichen, wird die Steuerstruktur ebenso verändert werden müssen wie die elektrischen Anlagen.

Die akademische Welt arbeitet nicht immer für die Menschen auf ihrem Planeten. Angestellte und Vertragsunternehmer (vor allem aus dem Verteidigungsministerium) kriechen für Konzessionen und Verträge zu Kreuze und lernen, in gewohnten Bahnen zu denken, um am Ball zu bleiben."

Auf der Grundlage meiner Erfahrungen der letzten dreißig Jahre kann ich dies voll unterschreiben. Jeane Manning ist eine hochqualifizierte Journalistin, die die Neue-Energie-Szene seit 1982 erforscht hat. Sie bringt eine internationale Sichtweise in den Bereich ein, da sie in ständigem Kontakt mit vielen Erfindern, Theoretikern und anderen Netzwerkern in rund einem Dutzend Ländern steht. Sie hat mehr als zwanzig Konferenzen zum Thema Energie in der Schweiz, in Deutschland, Kanada und den Vereinigten Staaten besucht.

Sie hat einen Bachelor-Abschluß in Soziologie und hat als Sozialarbeiterin, Reporterin, Zeitungsredakteurin, Kolumnistin und feste Autorin bei einer Zeitschrift gearbeitet. Ihre Motivation, die Karriereleiter zu verlassen, um solch ein ausgegrenztes Thema zu verfolgen, entstammt ihrer Sorge um unsere Umwelt. Sie fühlte sich ihr ganzes Leben lang zur Natur hingezogen, da sie in Alaska nahe des damals noch ursprünglichen Prince-William-Sunds geboren wurde und auf dem Lande nahe Coeur d'Alene in Idaho aufwuchs. In Colorado, British Columbia, oder wo auch immer sie gerade lebt, fühlt sie sich zu Naturlandschaften hingezogen.

Jeane hat mir erzählt, daß sie sich selbst schwor, als sie 1982 zum ersten Mal einen unorthodoxen Magnetmotor sah: „Wenn das hier wahr ist, dann will ich der Öffentlichkeit davon berichten, sobald die Zeit reif dafür ist. Wir bräuchten nicht noch mehr natürliche Flußläufe durch Staudämme zu zerstören oder die Luft zu vergiften."

Die Zeit *ist* reif, um dies der Welt mitzuteilen. Ich hoffe nur zu unser aller Wohl, daß ihr Wunsch für die Umwelt bald in Erfüllung gehen wird. Sie ist die erste erfahrene Journalistin, die qualifiziert ist, dieses bedeutende und vernachlässigte Thema in einem Buch abzudecken. Es stillt ein einzigartiges Bedürfnis.

Ein weiterer Aspekt besteht in der Tatsache, daß Jeane Frau und Mutter ist. In einer von Männern dominierten Industrie ist die feminine Perspektive als Fürsprecherin positiver Veränderung dringend nötig. Wenn wir die Paradigmenkluft überbrücken wollen, damit unsere Träume Wirklichkeit werden, kann dies nicht allein von jenen Technokraten, Wissenschaftlern, Ingenieuren und traditionellen Medien geleistet werden, die uns ja vor allem erst in diese Klemme gebracht haben. „Kein Problem kann von demselben Bewußtsein gelöst werden, das es geschaffen hat", waren Albert Einsteins Worte.

Ich hoffe, Ihnen bereitet das Lesen von *Freie Energie – Die Revolution des 21. Jahrhunderts* ebenso viel Freude wie mir. Jeane Manning unterbreitet eine objektive Sicht auf eine realisierbare Technologie, die auf Abruf bereitsteht – eine Technologie, die, wie ich glaube, zu einem neuen Bewußtsein auf unserem Planeten führen wird.

Dr. Brian O'Leary
Physiker und ehemaliger Astronaut

Vorwort der Autorin

Es gibt immer mehr Anhaltspunkte für eine neue Art von Energie, die weder nuklearen noch chemischen Ursprungs ist. Sie wurde als Nullpunktenergie bezeichnet.

— Edmund Storms, Physiker

Neue Ideen stoßen auf Widerstand. ... Doch wir müssen diese neuen Technologien schnell erforschen, denn es ist das Leben, das auf dem Spiel steht.

— Adam Trombly, Astrophysiker

International bemüht man sich immer mehr darum, die Energiequellen, auf die unsere Welt sich gründet, vollständig zu verändern. Einige ihrer Verfechter sprechen von „Freier Energie". Andere nennen die neue Quelle „Raumenergie" oder „Nullpunktenergie". Wie auch immer man sie nennt – diese neue Energieform hat das Potential, sich auf das Leben eines jeden Menschen auf der Erde auszuwirken.

Lange mit der alten, in Verruf geratenen Vorstellung von einer Perpetualbewegung verwechselt, ist die Raumenergie – der Begriff, den wir in diesem Buch verwenden werden – ebenso real wie die anderen Energietechnologien, die wir untersuchen werden. Die Existenz dieser neuen Energietechnologien ist auf heftigen Widerstand bei jenen gestoßen, die sie als eine Bedrohung ansehen. Doch sie hat auch eine ebenso starke Entschlossenheit auf seiten ihrer Befürworter hervorgerufen, uns von König Erdöl und den Gefahren des Atommülls zu befreien. Ganz wie bei der früheren Computer-Revolution erzielen Erfinder in heimischen Werkstätten und Garagen ebensolche Durchbrüche wie in professionell betriebenen Labors. Beobachter dieser Entwicklungen prophezeien, daß diese

Revolution weitreichendere Folgen als die Personalcomputer haben wird. Diese Erfindungen könnten mehr bewirken, als nur unsere Häuser, Fahrzeuge und Fabriken zu verwandeln; sie könnten auch dabei helfen, das Wasser, die Luft und die Erde zu reinigen.

Warum haben Sie bisher noch nie etwas von dem Vorstoß gehört, radikal andere Energietechnologien zu entwickeln? Eine genauere Untersuchung des Bereiches der Neuen Energie enthüllt ein komplexes Bild mit einer Grauzone aus Gier, Industrie-Lobbyismus, internationaler Energiepolitik, bürokratischer Trägheit, akademischem Widerstand, Geheimhaltung und Paranoia seitens der Erfinder. Doch die Lichtblicke nicht mehr unterdrückbarer neuer Entdeckungen nehmen immer schneller zu und erscheinen an unerwarteten Orten.

Was ist Raumenergie? Wir beschäftigen uns in Kapitel 4 mit diesem Thema eingehender, doch lassen Sie uns mit einer kurzen Erklärung beginnen. Die meiste Zeit des zwanzigsten Jahrhunderts über betrachtete die Wissenschaft den Raum als leer. Das ist er nicht. Raum – sowohl der interplanetare als auch der irdische Raum – ist unglaublich dicht angereichert mit Energie, einem Meer von Energie. Dieses Energiemeer erfüllt alles, einschließlich unserer eigenen Körper. Deshalb können wir es nicht wahrnehmen, noch können wir es im Verhältnis zu etwas anderem messen. Doch es gibt Erfinder, die sagen, es sei ihnen gelungen, diese Energie zu erschließen, sie aus der Luft zu ziehen und sie in Gang zu setzen, ohne Verschmutzung oder Angst vor Verknappung.

So wunderbar es klingt, Raumenergie ist nicht unsere einzige Option für Neue Energien. Da gibt es die Kalte Fusion, eine Kernreaktion, die sich auf einem Schreibtisch durchführen läßt. Es gibt Wasserstoff, einen saubereren Brennstoff, der aus Wasser extrahiert werden kann. Es gibt die Wärmetechnologie, die Abwärme in elektrische Energie umwandelt. Es gibt die umweltschonende Wasserkrafttechnologie, mit deren Hilfe man die Energie unserer Flüsse und Ozeane anzapfen kann, ohne deswegen Täler für Talsperren überfluten zu müssen. Und es gibt noch andere Neue-Energie-Möglichkeiten.

Der Zukunftsforscher John L. Peterson bezeichnet die Raumenergie in einem Bericht für die Küstenwache der Vereinigten Staaten als eine Haupttriebkraft der Veränderung. Er sagt, sobald die Technik erst einmal verbessert und marktfähige Produkte entwickelt worden sind, „sind alle bestehenden Methoden zur Energieerzeugung überholt." Und er prophezeit dies nicht erst für in dreißig, zwanzig oder zehn Jahren. Er glaubt, daß das bald passieren wird.

Was bedeutet das? Die Umstellung einer auf fossilen Brennstoffen basierenden Weltwirtschaft auf eine, die sich auf unendlich verfügbare, saubere neue Energie stützt, würde jedes andere Ereignis unserer Zeit in den Schatten stellen. Die Politiker wären verwirrt, da sie von der vertrauten Ölkriegsmentalität auf eine nicht vertraute Situation umschalten müßten, in der es Energie im Überfluß für alle geben würde. Im Vergleich zum Abbröckeln der auf fossile Brennstoffe gegründeten Weltsicht wäre der Fall der Berliner Mauer ein nachrangiges geschichtliches Ereignis.

Die Erfinder in diesem Bereich waren häufig Einzelpersonen ohne Ausbildung in den modernen Wissenschaften, die in kleinen Werkstätten arbeiteten. Die Standardmeinung der Wissenschaft war bislang, diese Erfinder wüßten nicht, was sie tun, diese neuen Energiequellen könnten nicht existieren, weil sie gegen die bekannten Gesetze der Physik verstoßen. In den letzten Jahren sind jedoch einige profund ausgebildete Wissenschaftler über diesen Standpunkt hinausgewachsen und haben begonnen, die neue Energie ernst zu nehmen. In der ganzen Welt erkennen angesehene Physiker, daß die offizielle Wissenschaft sich selbst in die Ecke manövriert hat. Zu lange hat die Orthodoxie die sich häufenden Indizien zugunsten der Neuen Energie ignoriert. Nun scheint es, als ob die Gesetze der Physik auf eine neue Weise interpretiert werden müssen.

Ich glaube, wir befinden uns in einer Durchbruchsphase der Neuen Energie, mit Erfindern, die revolutionäre Energiegeräte entwickeln, durch die Schiffe, Häuser, Flugzeuge, Treibhäuser und Fabriken mit Energie versorgt werden könnten. Diese Energie läßt sich auch dazu einsetzen, Meerwasser zu entsalzen, Wüsten zu bewässern und eine massive Umweltsanierung beschleunigen zu helfen.

Um einige der Veränderungen zu veranschaulichen, die diese neuen Galileos hervorzubringen erwarten, stellen Sie sich vor, Sie würden einen fortschrittlichen Energiekonverter kaufen – kleiner als, sagen wir, ein tragbares Piano-Keyboard. Dieses Gerät, das keinen Kraftstoff benötigt, enthält keine beweglichen Teile und erzeugt, ohne an eine Steckdose oder eine Batterie angeschlossen zu sein, genügend Energie, um damit Ihr Haus zu versorgen oder Ihr neues Elektroauto zu betreiben. Da Sie keine Strom- und Gasrechnung mehr bezahlen oder Benzin kaufen müssen, verfügen Sie über das Geld, den Konverter zu leasen oder zu erwerben. Sobald das

Gerät abgezahlt ist, ist die Elektrizität, die Sie verbrauchen, gratis. Sie können überall leben – ob auf dem Gipfel eines Berges oder auf einem Hausboot –, denn Sie können Ihr Heim billig heizen und mit Energie versorgen.

Wann werden Sie ein Neue-Energie-Gerät kaufen können? Das hängt von den in diesem Buch erörterten Faktoren ab. Viele Neue-Energie-Geräte nähern sich der Serienreife, sie befinden sich in dem Stadium, in dem sich die Luftfahrtindustrie 1903 befand, als die Gebrüder Wright in ihrem zu Hause gebauten Flugzeug für weniger als eine Minute einen Strand entlangflogen. Doch gemeinsame Anstrengungen und eine bestimmte Grundinvestition könnten einige dieser Erfindungen bald in die Ladenregale bringen. Japan und ein paar andere Länder ohne Ölquellen – Länder, die stark motiviert sind, neue Energiequellen zu finden – zeigen größtes Interesse an einer solch konzentrierten Anstrengung.

Ist die Erschließung der Raumenergie ein unmöglicher Traum, und sind deren Verfechter bloße Traumtänzer, wie einige Gegner der Neuen-Energie Sie glauben machen wollen? Als skeptische Journalistin erwartete ich jahrelang herauszufinden, daß die Hüter der offiziellen Wissenschaft recht haben und daß es unmöglich ist, Maschinen mit Wasser zu betreiben, und noch weniger mit Energie aus dem Nichts. Meine Erwartungen wurden bekräftigt, als ich mich in der Amateurliteratur danach umschaute, was als „Grenzwissenschaft" bezeichnet wird, geschrieben von Menschen, deren Ideen nur allzu oft in eine Ecke gekehrt und als „verrückt" abgestempelt werden.

In den achtziger Jahren war ich mir immer noch weitgehend unsicher, ob die Behauptungen der Neue-Energie-Erfinder überhaupt stimmen könnten. Ich habe einen Universitätsabschluß in Soziologie, nicht in Physik, und ich verfüge vornehmlich im Journalismus über Berufserfahrung. Auch ich hatte die „Jeder-weiß-doch"-Einstellung übernommen, daß die Behauptungen solcher Erfinder die Gesetze der Physik verletzen und deshalb lächerlich sind. Diese blinde Einstellung begann sich 1982 ein wenig zu ändern, als ich den Erfinder einer unorthodoxen Energiemaschine kennenlernte, und im weiteren Verlauf des Jahrzehnts begann ich nach Antworten zu suchen.

Ist die sogenannte Freie Energie möglich? Es sah immer mehr danach aus, als ob es möglich sei, eine zuvor unbekannte Energiequelle in brauchbaren Strom umzuwandeln. Ich reiste, fotografierte und führte Interviews durch, aber als Journalistin war ich darin geschult, skeptisch zu bleiben und zu erwarten, daß die Außenseiter sich irrten. Doch die Beweislast deutete auf die Realität nutzbarer Neue-Energie-Erfindungen hin.

Ziel dieses Buches ist es, Sie in diese faszinierende Welt einzuführen und Ihnen die Auswirkungen deutlich zu machen, die öffentlich diskutiert werden sollten. Die Fragen, die durch die Aussicht auf billigen elektrischen Strom und dezentrale Quellen grenzenloser, sauberer Energie aufgeworfen werden, sind für die Wirtschaft eines jeden Landes und für das Wohlergehen von Individuen entscheidend. Dieses Buch will die Diskussion in Gang setzen.

Für einen besseren Überblick über das entstehende Bild der Neuen Energie ist dieses Buch in mehrere Teile gegliedert. Nach Kapitel 1, in dem die Grundlagen der Neuen Energie erörtert werden, betrachtet Teil I die Geschichte der Neuen Energie, stellt Menschen vor, die in der Vergangenheit aktiv und ihrer Zeit weit voraus waren. Teil II wirft einen eingehenderen Blick auf die Raumenergie, auf die ihr zugrunde liegende Physik und auf einige Erfinder, die sie eingefangen haben. Teil III untersucht die anderen zuvor erwähnten Neue-Energie-Technologien wie die Kalte Fusion und die Wärmetechnik. Und Teil IV beschäftigt sich mit den Problemen und Vorteilen, die sich aus der Entwicklung neuer Energiequellen ergeben.

Die Erfinder, die Ihnen in diesem Buch begegnen werden, stellen nur einen kleinen Ausschnitt aus der Neuen-Energie-Szene dar. Auch wenn dieses Buch für die einsamen Erfinder und Außenseiter eintritt, möchte ich damit die Beiträge aus der akademischen sowie aus der Regierungs- und Geschäftswelt nicht unterbewerten. Doch diese Institutionen erfahren bereits Unterstützung durch finanziell abgesicherte Public-Relations-Aktionen. Dieses Buch beabsichtigt, ein ausgewogenes Bild des gesamten Bereichs zu zeichnen.

Ich erzähle die Geschichten dieser Wissenschaftsabtrünnigen nicht nur, um Neue-Energie-Theorien und -Geräte zu erklären, sondern auch, um die Schikanen aufzuzeigen, auf die diese Erfinder gestoßen sind. Mein Ziel ist es nicht, eine „Ach-wie-schrecklich"-Reaktion hervorzurufen. Statt dessen will ich die öffentliche Aufmerksamkeit auf die Situation ziehen, in der Hoffnung, daß öffentliches Verständnis diesen Energievisionären den Weg ebnen wird. Wir alle sind an ihrem Erfolg beteiligt.

Bereits jetzt schwindet die Unterdrückung, als würde ein frischer Wind durch unsere bisherige Ignoranz hindurchwehen. Vielen brillanten Köpfen in der ganzen Welt gelingen unter Einsatz einer Vielzahl von Ansätzen Durchbrüche in revolutionären Energietechnologien. Es ist eine echte Energierevolution, die da auf uns zukommt.

Ein Forscher – Dr. Brian O'Leary – gab für das herausfordernde Leben als Autor und unabhängiger Wissenschaftler eine lukrative Beschäftigung auf. Dieser Grenzwissenschaftler kennt die akademische Welt, da er an den Fakultäten des California Institute of Technology, an der Cornell University und der Princeton University beschäftigt war und mehr als hundert wissenschaftliche Artikel veröffentlicht hat. Er ist mit der Politik vertraut, denn er war Energieberater des Kongresses, beriet Präsidentschaftskandidaten in Energiefragen und schrieb Reden für sie. Er hat auch bei der NASA am Apollo-Programm gearbeitet.

1991 war er Mitbegründer der International Association for New Science, und später half er, das Institute for New Energy ins Leben zu rufen. Dank des Instituts hatte ich das Privileg, Brian O'Leary und seine Partnerin, die Künstlerin Meredith Miller, kennenzulernen. Ich fühlte mich geehrt, als Brian O'Leary einwilligte, das Vorwort zu diesem Buch zu schreiben.

1

Quantensprung

Sollte die Regierung nicht einem Gebiet Beachtung schenken, das das Potential in sich trägt, Hunderttausende von neuen Arbeitsplätzen in allen Fachbereichen zu schaffen?

— Eugene Mallove, Herausgeber der
Zeitschrift *Infinite Energy*

Im Laufe des zwanzigsten Jahrhunderts hat es Einzelpersonen gegeben, die darauf beharrt haben, die Menschheit könne nutzbare Energie aus dem Nichts ziehen. Ihre Ansichten wurden von den akademischen Kreisen nicht akzeptiert. Einigen von ihnen gab man zu verstehen, man wolle aufgrund von Geschäftsinteressen nichts von ihnen wissen. Auf manche wurde sogar geschossen, oder es wurde in ihre Labors eingebrochen.

Dann, 1986, fanden diese einsamen Erfinder heraus, daß die U.S.-Air Force eine Firma beauftragen wollte, um Möglichkeiten zu erforschen, „bis dato unbekannte esoterische Energien, einschließlich denen der Nullpunktfluktuations-Dynamik des Raumes" nutzbar zu machen. Mit anderen Worten, die Air Force war dabei, die Nutzung von Raumenergie zu erforschen, eine der Neue-Energie-Quellen, die in diesem Buch untersucht werden. Die Tüftler in ihren Heimlabors kamen jedoch zu dem Schluß, daß solch ein Ansinnen nicht ihnen gelte. Danach hörte man nichts mehr davon.

Warum weiß die allgemeine Öffentlichkeit nichts von dieser Forschung, und warum arbeiten nicht mehr Wissenschaftler daran? Wie der Physiker Dr. Edmund Storms sagt: „Erstaunliche Effekte werden von Leuten abseits des wissenschaftlichen Mainstreams hervorgebracht. Leider verpassen die meisten Wissenschaftler die Chance ihres Lebens."

SPOTT, DROHUNGEN UND DIE IRREFÜHRENDE BEZEICHNUNG „PERPETUUM MOBILE"

Wie es scheint, wurden die Karten zu Ungunsten des unabhängigen Erfinders von Neue-Energie-Geräten gemischt. Die Öffentlichkeit erfuhr nichts vom Interesse des Militärs an „bis dato unbekannten esoterischen Energien", und so belächelten die Menschen den einsamen Erfinder am Ende der Straße, der von „Freier Energie" sprach.

Spöttische Nachbarn waren allerdings das kleinste Problem des Erfinders, wie Sie in diesem Buch noch sehen werden. Regelmäßig beschrieben Zeitungsberichte den Erfinder als einen Exzentriker oder als „Perpetuum-mobile-Spinner", ohne seine Behauptungen ernsthaft zu prüfen.

Diejenigen, die glaubten, ihr Wohlstand und ihre Macht wären durch eine mögliche Energierevolution gefährdet, reagierten wesentlich boshafter. Zu den Schikanierungen, die Erfinder erdulden mußten, gehörten Drohungen, zerstörte Gerätschaften und Angriffe auf ihr Leben. Patente wurden abgelehnt, und die Pläne für verschiedene Geräte verschwanden auf mysteriöse Weise. Einige Erfinder starben verarmt und geistig gebrochen.

Ein Grund, warum diese Erfinder es so schwer hatten, war die mißverstandene Verbindung zwischen „Freier" Energie und Perpetualbewegung. Ein perpetuum mobile – im allgemeinen als eine Maschine verstanden, die, einmal in Bewegung gesetzt, ewig weiterläuft, ohne Energie außerhalb von sich selbst zu beziehen – ist unmöglich. Perpetuum-mobile-Maschinen unterschiedlicher Bauart haben seit dem Mittelalter Hoffnungen enttäuscht und Investoren geschröpft.

Doch es gibt eine neue Generation von Erfindern, die Durchbrüche mit Energiemaschinen erzielen, die nichts mit einem perpetuum mobile zu tun haben. Die Neue-Energie-Forscher haben argumentiert, sie zapfen die Energie an, die in der Unermeßlichkeit des Raumes vorhanden sei. Solche Geräte könne man sich so vorstellen, daß sie in einem offenen System operieren, nicht in jenem geschlossenen System, das bei einem perpetuum mobile vorausgesetzt wird. Ein geschlossenes System kann man sich als eine geschlossene Kiste vorstellen, die nur die Maschine und deren Treibstoff enthält. Die in die Maschine hineingehende Energie ist bekannt und begrenzt. Auf der anderen Seite ist die Energiequelle in einem offenen System nicht auf das beschränkt, wovon wir wissen, daß es sich in der Kiste befindet. Die Kiste ist offen und läßt eine unbegrenzte Menge Energie herein.

Hat irgend jemand den Neue-Energie-Forschern zugehört? In den achtziger Jahren waren ihre Stimmen – aus den Labors in der ganzen Welt – noch nicht zu einem Chor angeschwollen. Bei Versammlungen von höchstens ein paar hundert Menschen zeigten sie ihre Produkte und wurden von visionären Kollegen inspiriert. Heute ziehen ihre Konferenzen weiterhin bloß wenige Hundert Leute an, doch viele Tausend andere wählen sich in Computer-Online-Foren zur Neuen Energie ein und lesen Zeitschriften zur Neuen Energie.

Ehe wir die neue Energie erörtern können, müssen wir uns ein paar grundlegende Fragen stellen: Was ist Energie? Und welche Rolle hat Energie in der menschlichen Geschichte gespielt?

WAS IST ENERGIE?

Energie ist die Fähigkeit, Arbeit zu verrichten. Traditionell stammt alle Energie direkt oder indirekt von der Sonne. Die einzigen heute genutzten Energiequellen, die nicht von der Sonne stammen, sind die Gezeitenkräfte, die von der Anziehung des Mondes herrühren, und die Kernenergie. (Siehe „Wie Energie gemessen und erzeugt wird", Seite 36.)

Die Sonne als Energielieferant

Man nimmt an, daß die Sonne ein riesiger Kernfusionsreaktor ist, der Wasserstoffatome zu Heliumatomen verschmilzt, und zwar in einem Verhältnis von vier Wasserstoffatomen zu einem Heliumatom. Diese Fusion setzt die Energie frei, die wir als Wärme und Licht empfangen.

Licht erreicht die Erde in Form von Photonen, jenen Einheiten von strahlendem Licht, die Pflanzen durch einen Photosynthese genannten Prozeß leben läßt, bei dem die Pflanzen die Energie der Sonne in Nahrungsenergie umwandeln. Tiere verwandeln diese Nahrungsenergie in Muskelenergie um, entweder direkt, indem sie die Pflanzen fressen, oder indirekt, indem sie pflanzenfressende Tiere fressen. Seit den Anfängen der überlieferten Geschichte haben Menschen sowohl ihre eigene Muskelkraft als auch die von domestizierten Tieren wie Ochsen und Rindern eingesetzt.

Ein Teil der Sonnenenergie wird von Bäumen in Form von Holz gespeichert. Die Menschen erschlossen diese Energiequelle, als sie entdeckten, wie man Feuer macht.

Auch den Wind erzeugt die Sonne, indem sie ständig bestimmte Bereiche der Atmosphäre stärker erwärmt als andere und die Luft dadurch veranlaßt, sich in unterschiedlichen Massen zu bewegen. Diese Energie hat man genutzt, um Windmühlen anzutreiben. Die Bewegung von Luftmassen trägt auch dazu bei, Wassertröpfchen in der Luft zur Bildung von Wolken anzuregen, die ihrerseits Regen, Schnee und andere Formen von Wasser produzieren. Dieses Wasser sammelt sich in Strömen und Flüssen und fließt in die Meere. Auf seinem Weg bildet es häufig Wasserfälle. Die Energie von herabfallendem Wasser wurde zuerst durch einfache Wasserräder und später durch Turbinen eingefangen, die Stromgeneratoren antreiben.

Fossile Brennstoffe und das Industrielle Zeitalter

Der menschliche Energieverbrauch war bis zur Entdeckung und Ausbeutung fossiler Brennstoffe relativ bescheiden. Auch diese Form von Energie geht auf die Sonne zurück. Über Photosynthese nährten Photonen die riesigen Farne und Dinosaurier, die in prähistorischen Sümpfen ausstarben. Die Kohlenstoffmoleküle in den Körpern dieser Pflanzen und Tiere wurden schließlich zu verschiedenen Zustandsformen – Kohle oder Erdöl – gepreßt, als die Erdkruste nachgab und die Sümpfe tief unter die Erdoberfläche drückte. Als die Fossilien sich zersetzten, füllten sich Kavernen im Erdinneren mit natürlichem Gas.

Der erste fossile Brennstoff, der weithin verwendet werden sollte, war die Kohle, besonders als sie zur Befeuerung von Dampfmaschinen eingesetzt wurde, die die Menschheit in das Industrielle Zeitalter versetzten. In Großbritannien entwickelte James Watt die Dampfmaschine zwischen 1763 und 1787 zu einer modernen Form. 1850 trieben mit Kohle befeuerte Dampfmaschinen Eisenbahnwaggons an, und die Dampfkraft eroberte auch die Straßen in Form von Räderfahrzeugen, die von Dampfmaschinen angetrieben wurden. Zu seinem wirkungsvollsten Einsatz kam der Dampf auf dem Wasser, wo Dampfschiffe schließlich selbst die schnellsten Segelschiffe abhängten.

Das neunzehnte Jahrhundert erlebte auch die Entwicklung des Erdöls als Energiequelle. Dies wiederum erlaubte die Entwicklung anderer Formen des Transports im zwanzigsten Jahrhundert, als Automobile weite Verbreitung fanden und das Flugzeug erfunden wurde. Vor Ende des Jahrhunderts spazierten Menschen auf der Oberfläche des Mondes und kehrten zurück, um davon zu berichten, und ihre Reisen ließen sich nur mit Hilfe fossiler Brennstoffe bewerkstelligen.

Man fand heraus, daß fossile Brennstoffe hervorragende Wärmequellen für Geschäfts- und Wohnbauten waren. Außerdem stellte man fest, daß sich diese Brennstoffe benutzten ließen, um Turbinen in Gang zu setzen, die ihrerseits elektrische Generatoren antreiben konnten. Elektrischer Strom – menschlich erzeugte Blitze – wurde bald für eine ständig wachsende Zahl von Anwendungen eingesetzt – von Straßenbahnen über Straßen- und Häuserbeleuchtung bis hin zu Industriemotoren. Dies beschleunigte den Gang der Industrialisierung weiter.

Die Dinge bewegten sich schneller, aber die Energiequelle blieb dieselbe – fossile Brennstoffe. Der Wissenschaftsjournalist John Emsley sagt, daß „die Menschheit jeden Tag eine Million Milliarden Kilojoule an Energie durch die Verbrennung von Brennstoff verbraucht" oder die Energiemenge, die in acht Milliarden Tonnen Erdöl enthalten ist. Die Gifte, die aus diesem massiven täglichen Verbrennen aufsteigen, wie Schwefel- und Stickstoffverbindungen, sind bestens bekannt, ebenso ihre Auswirkungen auf Menschen, einschließlich Krebs, Geburtsdefekten und einer Reihe anderer körperlicher Beschwerden.

Luftverschmutzung ist nicht das einzige Problem, das aus unserem Einsatz von fossilen Brennstoffen entsteht. Ein weiteres Problem wird die zunehmende Brennstoffverknappung sein, wenn die weltweiten Reserven zurückgehen. In einem Zeitschriftartikel heißt es: „Unser Ölvorrat, der sich in geologischen Zeiteinheiten – Jahrtausenden, Epochen, Äonen – gebildet hat, wird in menschlichen Zeiteinheiten – Jahrhunderten, Jahrzehnten, Jahren – verbraucht." Nach einer Schätzung existieren in den weltweit entdeckten Lagerstätten 950 Milliarden Barrel förderbaren Erdöls. Die noch nicht entdeckten Quellen mögen vielleicht etwa weitere 500 Milliarden Barrel enthalten. Und bisher hat die Welt mehr als 650 Milliarden Barrel Öl gefördert und verbraucht.

Wenn wir fortfahren, das Erdöl mit der derzeitigen Geschwindigkeit zu verbrauchen, reicht der Vorrat nach Schätzungen von Geologen noch siebzig Jahre. Doch die Menschen in den Entwicklungsländern wollen einen höheren Lebensstandard erreichen, was weiteren Energieverbrauch bedeutet. Und weder Erdgas noch Kohle stellen auf lange Sicht eine Lösung dar. Nach Schätzungen existiert ein Erdgasvorrat für vierzig Jahre, und Kohle, der am reichsten vorkommende fossile Brennstoff, erzeugt die größte Luftverschmutzung.

Wie Energie gemessen und erzeugt wird

Das Wort „Energie" stammt von dem griechischen Wort „*en*" ab, das „in" bedeutet, und von „*ergon*", das „Arbeit" bedeutet. Es ist ein allgemeiner Begriff, der sich auf alle Wärme- und Kraftquellen erstreckt. Die Einheit, die verwendet wird, um Energie zu messen, heißt Joule. Bei ihrer Verwendung als Maßeinheit für mechanische Energie steht sie für die Menge zu leistender Arbeit, mit der eine Kraft ein Objekt mit einer Masse von 1 Kilogramm über eine Distanz von 1 Meter in 1 Sekunde bewegt.

In Begriffen *elektrischer* Energie steht ein Joule für die Arbeit, die ein Strom von 1 Ampère, der durch einen Widerstand von 1 Ohm fließt, in 1 Sekunde verrichtet, während die Einheit Volt für das elektrische Potential steht, das sich ergibt, wenn ein Strom von 1 Ampère durch einen Widerstand von 1 Ohm fließt. Die Einheit Ampère verwendet man, um die Menge von elektrischem Strom anzugeben, die durch ein System fließt. In der Einheit Ohm mißt man, wie viel Widerstand das System dem durchfließenden Strom entgegensetzt. Mit der Einheit 1 Watt gibt man die Leistung an, die ein Strom von 1 Ampère bei einer Spannung von 1 Volt erzeugt.

Brennstoff ist Energie in unentwickelter Form. Kohle, Öl und Gas enthalten chemische Energie, die freigegeben wird, wenn sie verbrannt werden. Bestimmte instabile Elemente, wie bestimmte Formen von Uran, sind gute Quellen für Kernenergie, die freigesetzt wird, wenn die Atome, aus denen diese Elemente bestehen, entweder auseinandergerissen oder dazu gebracht werden, aufeinander zu prallen.

Elektrizität wird erzeugt, indem man die von diesen Brennstoffen freigegebene Energie dazu verwendet, Wasser bis zur Verdampfungstemperatur zu erhitzen. Der Dampf wird verwendet, um eine rotierende Turbine in Gang zu setzen, die ihrerseits einen elektrischen Generator antreibt.

Chemische Energie läßt sich auch in Verbrennungsmotoren wie in Autos und Lastkraftwagen einsetzen. In diesen Motoren wird der Brennstoff in Zylindern verbrannt. Dies erzeugt Energie, die Kolben antreibt, und die Auf- und Abbewegung dieser Kolben wird dann in eine Drehbewegung umgesetzt, die die Räder antreibt.

Die Energiedichte mißt die Menge an Energie, die in einer gegebenen Menge Brennstoff verfügbar ist. Zum Beispiel hat Wasserstoff eine fast dreimal so hohe Energiedichte wie Erdöl.

Ein weiteres Ergebnis unseres Hungers nach Energie war die Entwicklung einer Wirtschaft, die auf Grundlage der fossilen Brennstoffe errichtet wurde. Die Förderung, der Transport und der Einsatz dieser Brennstoffe erfordern ein großes komplexes System – angefangen von Ölraffinerien über Elektrizitätswerke bis hin zum Gasofen in Ihrer Küche. Dies bedeutet, daß eine Menge der weltweiten Finanzressourcen eng an die Fossile-Brennstoff-Wirtschaft gekoppelt ist.

Kernenergie: Alles andere als ein neuer Brennstoff

Die Menschheit hat eine weitere Brennstoffquelle im Megawattmaßstab erschlossen – das Spalten von Atomen, um die in ihnen enthaltene Energie freizusetzen. Es begann 1942, als der erste Reaktor an der Universität von Chicago gebaut wurde. Drei Jahre später detonierte die erste Atombombe in New Mexico. Ein paar Wochen danach wurden Atombomben auf Hiroshima und Nagasaki in Japan abgeworfen. Nach dem Versprechen, „Atome für den Frieden" einzusetzen, schufen Kernkraftingenieure das erste Kernkraftwerk, das 1951 in Süd-Idaho den Betrieb aufnahm.

Die Gefahren, die die Strahlung aufwirft, sind bestens bekannt: Strahlenkrankheit, höhere Krebsraten und Fortpflanzungsprobleme, Kontaminierung der Umwelt auf lange Sicht. 1986 erfuhr die Welt genau, wie gefährlich Kernkraft sein kann, als das Kraftwerk in Tschernobyl in der Ukraine explodierte und Feuer fing, das eine Wolke radioaktiven Gases freisetzte. Man schätzt, daß in der Windfahne von Tschernobyl, die bis Weißrußland reicht, nur noch weniger als 10 Prozent der Kinder in einer Gesamtbevölkerung von 10 Millionen Menschen gesund sind. Die übrigen leiden unter einer Reihe von Krankheiten. Zum Beispiel treten einige Krebsarten mehr als 120 Mal so häufig auf wie vor dem Unfall.

Kernkraft ist überdies teuer geworden. Was einst als Energie angepriesen wurde, die zu billig sei, als daß es sich noch lohnen würde, sie am Stromzähler abzulesen, ist ins Gegenteil umgeschlagen. Die Kosten für den Bau eines Kernkraftwerks sind eskaliert, beschleunigt durch Inflation und die Kosten für Sicherheitsvorkehrungen und Tests. 1980 belief sich der Bau eines Kraftwerks auf 1 135 Dollar pro Kilowatt. 1989 waren es 4 590 Dollar pro Kilowatt – viermal so viel. Einige Reaktoren haben mehr als fünfmal soviel gekostet wie ursprünglich geschätzt. Kosten von mehr als 3 Milliarden Dollar pro Kraftwerk sind üblich.

Diese Kosten werden an zukünftige Generationen weitergegeben. Ein typisches Kernkraftwerk erzeugt jährlich mehr als dreißig Tonnen Brennstoffmüll, ein großer Teil davon in Form von hochradioaktivem Abfall, der für Tausende von Jahren eine Gefahr für alles Leben darstellen wird. In den Vereinigten Staaten werden etwa 20 000 Tonnen Uranabfall in Bekken an Reaktorstandorten gelagert. Und obwohl man Hunderte Millionen Dollar ausgegeben hat, um das Problem zu studieren, kratzen sich die, die für die langfristige Lagerung dieses Materials verantwortlich sind, noch immer verlegen den Kopf. Was auch immer unternommen wird, es wird weitere Hunderte Millionen Dollar kosten, um Endlager zu bauen, den Müll zu transportieren und ihn zu überwachen, bis er seine Gefährlichkeit verliert.

Die Menschen hatten seit jeher Zweifel an der Kernkraft. Zum Beispiel hegt Frankreich Zweifel an seiner Entscheidung, das Land der Kernreaktoren zu werden. Zur Überraschung vieler haben sich Industrielle, die ihren eigenen Strom erzeugen wollen, den Umweltschützern angeschlossen, die sich gegen das ehrgeizige französische Kernkraftprogramm wehren. Warum? Einem Autor zufolge hat die Regierung die Wirtschaft des Landes untergraben, um ihre Atomindustrie durchzuboxen. Zum Beispiel hat die staatlich kontrollierte Electricité de France – Frankreichs Hauptstromlieferant – in den ersten fünfundzwanzig Jahren ihres Bestehens Schulden von 230 Milliarden Francs akkumuliert und sieht sich einer Zahllast in unbekannter Höhe für die Deponierung von Atommüll und Reaktorstillegung gegenüber.

Die andere Form von Kernenergie, die untersucht wurde – die Heiße Fusion, bei der Energie durch die Verschmelzung von Atomen erzeugt wird –, ist die Steuerzahler ebenfalls teuer zu stehen gekommen. 1950 berechneten sowjetische Physiker, wie man einen TOKAMAK baut, eine große, ringförmige Anlage, die benutzt wird, um eine kontrollierte Kernfusion hervorzurufen, ein Vorgang wie der, der vermutlich in der Sonne stattfindet. Die Vereinigten Staaten starteten 1951 ihr eigenes Forschungsprogramm. Fünfunddreißig Jahre später erreichte ein TOKAMAK-Fusions-Testreaktor in Princeton, New Jersey, Temperaturen von 473 Millionen Grad Celsius. Doch im April 1994 sagte der Vorsitzende eines Kongreß-Unterausschusses für Energiefragen, daß nach Forschungsausgaben von fast 10 Milliarden Dollar, finanziert aus Steuergeldern, das Energieministerium immer noch Jahrzehnte von nutzbarer Fusionsenergie entfernt sei. Ein Mitglied der Energiekommission sagte: „Es ist unwahrscheinlich, daß aus dem TOKAMAK-Reaktor je ein wirtschaftlich machbares Energiesystem wird."

DER NÄCHSTE SCHRITT: NEUE ENERGIE

Für viele wird es offensichtlich, daß die Entwicklungslinie der fossilen Brennstoffe in eine Sackgasse führt und daß alternative Energiequellen – erneuerbare, saubere Energie – gefunden werden müssen. Mit einer Reihe der untersuchten Alternativen wie Sonnen-, Wind- und Gezeitenenergie ist die allgemeine Öffentlichkeit bereits vertraut.

Doch dieses Buch beschäftigt sich mit Energiequellen, die nicht besonders bekannt sind. Eine davon ist die Raumenergie, auch bekannt als „Freie Energie" oder „Nullpunktenergie". Seit langem weiß die Wissenschaft, daß Wärme in den Molekülen, aus denen alle Materie besteht, Bewegung verursacht. Doch selbst bei der absolut niedrigsten Temperatur bzw. dem absoluten Nullpunkt – dem Punkt, an dem Moleküle aufhören, sich zu bewegen – sind die elektrischen Fluktuationen in den Atomen, aus denen die Moleküle bestehen, immer noch vorhanden. Somit ist der gesamte Raum an jedem Ort – einschließlich der Erde – von Energie erfüllt.

Die Elektrizität, die wir täglich benutzen, bewegt sich in vorgegebenen Bahnen durch Drähte hindurch. Die Bewegungen der verborgenen Elektrizität des Raumes sind hingegen willkürlich. Daher war es unter Wissenschaftlern üblich anzunehmen, diese unsichtbar vor sich gehende Bewegung lasse sich nicht zwecks Verrichtung nützlicher Arbeit anzapfen – gemäß dem physikalischen Gesetz, das besagt: „Was Zufall ist, muß stets Zufall bleiben." Da jedoch die Raumenergie alles erfüllt, einschließlich unserer eigenen Körper, können die Wissenschaftler sie weder wahrnehmen noch im Verhältnis zu etwas anderem messen. Das Problem gleicht dem, eine halbe Tasse Wasser abzumessen, wenn man dies unter Wasser tun will. Der Standardwissenschaft von heute fehlen Instrumente, die fein genug sind, diese Energie nachzuweisen.

Dennoch hat es einzelne gegeben, die der Standardphysik zum Trotz behaupten, es sei ihnen gelungen, Geräte zu bauen, die von der Hintergrundenergie des Raumes angetrieben werden. Diese Erfinder sagen, ihre Versuchsmodelle beziehen die Energie aus dieser unerschöpflichen Quelle und könnten, wenn sie vervollkommnet wären, unbegrenzt lange laufen.

In Teil I werden wir Pionieren der Neuen Energie von gestern begegnen. In Teil II werden wir zunächst einen genaueren Blick auf die Raumenergie werfen. Anschließend lernen wir die Erfinder kennen, die mit Raumenergietechnologien von heute arbeiten:

- *Solid-State-Geräte.* In Kapitel 5 werden wir drei Männer kennenlernen, die an Solid-State-Raumenergiegeräten arbeiten – Geräte ohne irgendwelche beweglichen Teile. Zwei dieser Erfinder bewegen sich an der Grenze zur Hochtechnologie-Wissenschaft, während der dritte einen Low-tech-Ansatz verfolgt – Energiegewinnung aus gewöhnlichen Steinen.
- *Solid-State-Magnete.* In Kapitel 6 begegnen wir einem Mann, der die täuschend einfach erscheinende Kraft des Magnetismus einsetzt, um mit einem Solid-State-Gerät Energie aus dem Raum abzuziehen, und lernen die Erfinder kennen, die seine Spur weiterverfolgen.
- *Drehmagnet-Geräte.* In Kapitel 7 treffen wir auf Erfinder – aus den Vereinigten Staaten über Japan bis hin nach Indien –, die Magnete in Bewegung gesetzt haben, um Raumenergie anzuzapfen.

Raumenergie ist nicht die einzige Neue-Energie-Technologie, an der Forscher arbeiten. (Für die Verbindung zwischen Raumenergie und anderen Neuen Energiequellen siehe „Energiespiralen" Seite 44.) In Teil III werden wir eine Reihe anderer erstaunlicher Möglichkeiten untersuchen:

- *Kalte Fusion.* In Kapitel 8 lernen wir Erfinder kennen, die behaupten, der bisher von der Wissenschaft betriebene Aufwand für die Kernfusion – ein teurer und technisch schwieriger Prozeß – sei unnötig. Sie sagen, sie können Kalte Fusion in Glasgefäßen auf einem Labortisch zuwege bringen.
- *Wasserstoff.* In Kapitel 9 werden wir zwei Erfindern begegnen, die gelernt haben, Wasserstoff zu bändigen – eines der Elemente, die im Universum am häufigsten vorkommen –, indem sie eine Technologie einsetzen, die es den Menschen ermöglichen könnte, jede Benzinzapfsäule links liegen zu lassen.
- *Wärmetechnologie.* In Kapitel 10 werden wir Erfinder kennenlernen, die angeben, daß sie die Abwärme, die bei vielen gebräuchlichen Prozessen anfällt, in billigen und sauberen Strom verwandeln können.

- *Umweltverträgliche Wasserkraft.* In Kapitel 11 begegnen wir Erfindern, die Möglichkeiten gefunden haben, eine der ältesten Energiequellen der Welt zu nutzen – die Kraft fließenden Wassers –, ohne dafür teure, für die Umwelt bedenkliche Staudämme zu benötigen.
- *Andere Energietechnologien.* In Kapitel 12 und 13 lernen wir weitere Erfinder und Visionäre kennen, einschließlich einer Kommune, die über ein Neue-Energie-Gerät verfügt, das sie aber vor der ganzen Welt versteckt.

INNOVATION UND UNTERDRÜCKUNG

Dieses Buch wird Sie mit vielen Erfindern auf dem Gebiet der Neuen Energie bekanntmachen. Sie fühlen deutlich, daß es von unschätzbarem Nutzen für die Menschheit wäre, wenn wir das Energiemeer anzapfen könnten. Allerdings würde die rapide Entwicklung solch radikal neuer Energiequellen die Weltwirtschaft über den Haufen werfen. Und diejenigen, die von unserem gegenwärtigen Vertrauen in fossile Brennstoffe profitieren, werden ihre Profite – oder ihre Macht – nicht so einfach abtreten.

Die Innovatoren: Außenseiter und Abtrünnige

Diejenigen, die sich dem Gebiet der Neuen Energie verschrieben haben, bilden einen bunten Haufen – von Tüftlern in heimischen Werkstätten bis hin zu hochqualifizierten Wissenschaftlern. Einige arbeiten oder arbeiteten in den höchsten Regierungs- und Unternehmensetagen, während andere sich auf dem Lande verstecken. Doch was sie alle gemeinsam haben, ist die Überzeugung, daß es einen besseren Weg gibt, um Maschinen anzutreiben und Gebäude zu beheizen, als fossile Brennstoffe zu verfeuern.

Viele Erfinder werden von ihrer Sorge um ihre Kinder und Enkelkinder angetrieben; sie möchten ihnen einen saubereren Planeten übergeben, der der Gesundheit zuträglicher ist. Andere – Idealisten vielleicht, oder auch nicht – sehen das Geld, das sich verdienen läßt, wenn man sich seine Position in diesem neuen Bereich sichert, und erwarten, daß ein Energiemarkt revolutioniert werden wird, der sich auf Zigmillionen Dollar beläuft.

Über ein Jahrhundert lang haben sich Erfinder der Herausforderung einer neuen Energie gestellt, doch bis vor kurzem verfügten sie weder über komplizierte Elektronik oder die Metalle des Raumfahrtzeitalters noch über starke Magnete, und ihnen fehlte der unmittelbare Zugriff auf Ratschläge ihrer Mitstreiter per Computer-Modem und Faxgerät. Umgekehrt haben Skeptiker die Ideen der Erfinder über die Jahre hinweg auseinandergenommen, doch neuerdings haben einige dieser Skeptiker die Fronten gewechselt, nachdem sie einige der vielen Neue-Energie-Maschinen oder -Geräte selbst in Augenschein nehmen konnten.

Erfinder und andere Forscher treffen sich in Gruppen von einigen Hundert bis zu Tausend zu Konferenzen auf der ganzen Welt. Diese Konferenzen werden von einem Dutzend Neue-Energie-Vereinigungen und -Instituten gesponsert, einschließlich der Planetary Association for Clean Energy, die ihren Sitz in Ottawa, Ontario, hat, und dem Institute for New Energy, das in Salt Lake City in Utah beheimatet ist.

Salt Lake City ist auch die Heimat der Zeitschrift *New Energy News*, die eine Datenbank zusammengestellt hat, in der mehr als 1 500 Aufsätze zur Neuen Energie und Verweise auf die Werke von Erfindern aufgelistet sind. Allein in Nordamerika sind mindestens 15 000 Menschen stark an diesem Bereich interessiert, den Auflagenzahlen von Publikationen wie *New Energy News* und *Extraordinary Science* nach zu urteilen, die in Colorado Springs, Colorado, erscheint. Und die Nutzung von Computer-Nachrichtenforen bringt eine wachsende Zahl von Erfindern und Neue-Energie-Forschern miteinander in Kontakt.

Ein paar Erfinder von Neue-Energie-Geräten stehen kurz vor einem Durchbruch zur industriellen Größenordnung. Zum Beispiel plant die Clean Energy Technologies Inc. in Dallas, Texas, ein Kalte-Fusionssystem zu produzieren, das zehnmal mehr Energie – in Form von Wärme – abgibt als hineingesteckt wird. Und in Japan nähert sich ein Raumenergiesystem der Marktreife.

Die Kräfte der Unterdrückung

Von der zukünftigen Energierevolution würden die Menschen im allgemeinen profitieren, eine Menge bestimmter Einzelpersonen allerdings weniger. Zu den Oppositionskräften gehören diejenigen, die die fossilen Brennstoffe kontrollieren, die heute eingesetzt werden, um die Maschinerie in der ganzen Welt in Gang zu halten, außerdem die Militärangehörigen, die den Energie-Ozean als Quelle für neue Waffen betrachten. Wie Sie in späteren Kapiteln sehen werden, behaupten viele der Energie-Erfinder, sie seien von denen schikaniert worden, die vom gegenwärtigen System profitieren.

Auch viele aus der Wissenschaftsgemeinde stellen sich gegen die Neue Energie. Zu allen Zeiten der Geschichte haben größere Umwälzungen im wissenschaftlichen Denken das ahnungslose Wissenschafts-Establishment überrascht. So brachten zum Beispiel im frühen siebzehnten Jahrhundert diejenigen, die glaubten, die Sonne drehe sich um die Erde, den italienischen Astronomen Galileo Galilei wegen seiner Behauptung, daß die Erde sich um die Sonne drehe, als Häretiker ins Gefängnis. Solch neue Glaubenssätze erschüttern die bestehende Weltsicht und sind oft zutiefst beunruhigend für diejenigen, die dieser Weltsicht anhängen.

Deshalb hat der Widerstand seitens Industrie, Regierung und Wissenschafts-Establishment häufig zu Versuchen geführt, Innovationen aufzuhalten oder zu unterdrücken. Der Physiker Dr. Bogdan Maglich verweist auf das folgende Beispiel aus der Geschichte:

Ehe das starke Bleiglas erfunden wurde, konnten sich nur die reichsten Mitglieder der französischen Aristokratie Glasfenster leisten. Dann, kurz nach der französischen Revolution, kam das Bleiglas in den Handel, und dies fiel zeitlich zusammen mit dem regen Neubau und der Renovierungswelle von Häusern durch die mächtig gewordene Mittelklasse.

Zum Bedauern der Gilde der Kerzenmacher wirkte sich der Einbau großer Fenster negativ auf ihre Geschäfte aus. Die Bewohner all jener dunklen Häuser bildeten eine verläßliche Kundschaft für ihre Kerzen. Doch nun ließen solche Panoramafenster einige Stunden länger Tageslicht in diese Häuser hinein. Die Kerzenmacher mußten feststellen, wie die Nachfrage für ihr Produkt zurückging.

Sie forderten, die neue Regierung müsse ein Gesetz erlassen, um die französischen Hausbesitzer zu besteuern – eine feste jährliche Steuer auf jedes Fenster, das mehr als ein paar Fuß maß. Die Steuer wurde erhoben.

Wie konnte es der Kerzenlobby gelingen, das Sonnenlicht zu besteuern? Maglich erklärt das so:

Die Gilde argumentierte, die großen Fenster seien ein Artefakt der Aristokraten; sie ließen die Häuser im Winter zu kalt und im Sommer zu heiß werden; Glas sei zerbrechlich und unsicher, Sonnenlicht sei schlecht für die Gesundheit; große Fenster lüden zu Unfällen, Krankheiten, Diebstahl und Frivolität ein. … Was die Gilde der Kerzenhersteller tat, unterschied sich eigentlich nicht sehr davon, was diverse Gruppen aus Eigeninteresse heraus heute tun: verhindern, daß teure, traditionelle, unsaubere,

43

Energiespiralen

Was haben Raumenergie und andere Formen der Neuen Energie gemeinsam? Viele Forscher halten die dreidimensionale Spirale oder den dreidimensionalen Vortex für das Bindeglied.

Whirlpools und Tornados sind Beispiele für Vortices. Sie bilden über ihre gesamte Länge einen Energietrichter. Um zu veranschaulichen, wie ein Vortex aussieht, stellen Sie sich etwa eine Spiralfeder vor, wie man sie in einer Matratze findet.

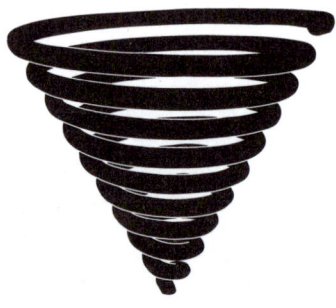

Von oben betrachtet werden die Spiralen in einem Vortex weiter und weiter, wenn man von innen nach außen geht. Diese Form findet man von der Muschel bis zum Farnwedel überall in der Natur vor.

Die Bewegung entlang einer solchen Spirale kann entweder auswärts oder einwärts gerichtet sein. In der Auswärtsbewegung werden Materie und Energie zerstreut. In einwärts gerichteter Bewegung hingegen werden Materie und Energie geschaffen. Forscher glauben, daß Raumenergie und andere Formen der Neuen Energie einem einwärts spiraligen Pfad folgen und sich in ständiger Bewegung befinden.

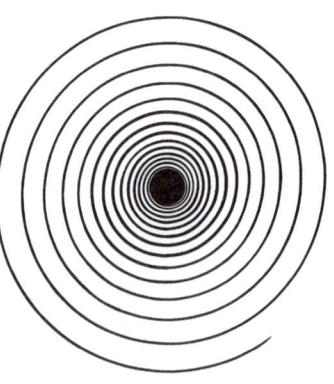

überholte Energiequellen durch neue, saubere, billige, natürliche Energiequellen ersetzt werden.

In Teil IV werden wir einen näheren Blick auf die Schikanen werfen, die die Erforscher der Neuen Energie erdulden mußten, und darauf, wie die Revolution durch die Neue Energie sich auf unsere Welt auswirken wird.

EIN QUANTENSPRUNG IN DIE ZUKUNFT

Bis vor kurzem war das weltweite System zur Energieerzeugung hochgradig zentralisiert. Dadurch konnten diejenigen, die davon profitieren, das System vollständig kontrollieren. Selbst die öffentliche Diskussion um die alternativen Energiequellen geht davon aus, daß sich das zentralistische, straff kontrollierte Wesen des Systems nicht ändert. So zeigen zum Beispiel die von den meisten nordamerikanischen Verfechtern der Sonnenenergie vorgelegten Pläne den Maßstab eines Großprojekts. Sonnenkollektoren sollen viele Quadratkilometer Wüste bedecken, wobei die Sonnenenergie Wasser in seine zwei Elemente – Wasserstoff und Sauerstoff – zerlegen soll. Der Wasserstoff soll dann wie heute Erdgas und Benzin per Lastwagen oder Pipelines zu den Kunden gebracht werden.

Im Gegensatz dazu sind die meisten Forscher, die Sie in diesem Buch kennenlernen werden, überzeugt, daß es bei der zukünftigen Energierevolution darum geht, uns von komplizierten Energieverteilungssystemen frei zu machen, von den Hunderte von Kilometern langen Pipelines und Stromleitungen wegzukommen, die durch Erdbeben oder Sabotage zerstört werden könnten. Es geht darum, Situationen zu verhindern, in denen Durchschnittsmenschen buchstäblich ohne Energie dastehen. Kurz, es geht um dezentrale, saubere Energiequellen – Strom für Einzelpersonen, Familien, Siedlungen oder Industrien. Ein Ziel der Neue-Energie-Forscher ist es, daß Unternehmen florieren und in die Zukunft planen können, ohne auf ausländisches Öl angewiesen zu sein. Diesem Ziel steht das finanzstarke Heer der Fossile-Brennstoff-Lobby entgegen.

Ein weiteres Ziel einiger der Neue-Energie-Innovatoren ist es zu verhindern, daß die Vereinigten Staaten wirtschaftlich zurückfallen. Die Ankündigung einer bahnbrechenden Entdeckung in Japan kommentierte der Forscher Thomas E. Bearden:

Erwacht die U.S.-Regierung erst einmal aus ihrer Lethargie, ... wird sie sich mit einem neuen Sputnik konfrontiert sehen. ... Auch die Finanzwelt wird sich in hellem Aufruhr befinden, sobald ihr aufgeht, daß der Durchbruch bei den Overunity-Geräten (Geräte, aus denen mehr Energie herauskommt als hineingesteckt wird) anerkannt ist, ... sie haben eine unheimliche Menge Kapital in Dinge investiert, die sehr bald weit weniger relevant sein werden. ... Der Sputnik stellte für unsere gesamte Industrie und den Arbeitsmarkt keine Bedrohung dar, hier allerdings liegt der Fall anders. ... Die Japaner wissen, daß Overunity-Energiesysteme für das Überleben ihrer Nation von essentieller Bedeutung sind. Sie befinden sich schon in der ersten Runde des Spiels. Und sie haben bereits die ersten Punkte gesammelt. Wann werden die Vereinigten Staaten zumindest die Füße hochbekommen und sich anschicken loszurennen?

Was sogar noch dringender benötigt wird als Forschungsgelder und -material ist die Bereitschaft, über die Grenzen dessen hinauszuschauen, was heute für möglich gehalten wird, die Bereitschaft, einen Quantensprung vorwärts in die nächste Ära zu tun. Ein Verleger aus dem Bereich konventioneller Energie besuchte eine Vorführung, die die Vorteile von Fiberglas gegenüber Kupferdrähten demonstrierte. Daraufhin machte er sich Gedanken über Elektrizität und fragte sich: Wo gibt es angemessene Entwicklungssprünge, größere Veränderungen oder etwas radikal anderes? Selbst bei der Kernenergie benutzt man die Hitze aus der Atomspaltung, um Wasser zu Dampf zu sieden, und die Elektrizität wird von herkömmlichen Dampfturbinen erzeugt. „Wir kochen immer noch Wasser!" sagt er. „Wir setzen die Technik des einundzwanzigsten Jahrhundert ein und pfropfen sie noch immer auf die auf Installationen des neunzehnten Jahrhunderts auf!"

Im ersten Teil dieses Buches lernen Sie einige Hauptakteure unter den Energie-Pionieren kennen, die gegen eine große Übermacht daran arbeiteten, Erfindungen im Energiebereich zu entwickeln, von denen man noch nie etwas gehört hat.

TEIL I

Revolutionäre von damals

Die Geschichte der Neue-Energie-Technologien ist voll von menschlichen Kämpfen, Siegen und Rückschlägen. Bestimmte Einzelpersonen brachten es für kurze Zeit zu Berühmtheit, als es ihnen gelang, Geräte zu bauen, die den bekannten Gesetze der Physik zu trotzen schienen, doch keine ihrer Errungenschaften fand Eingang in die Lehrbücher. Die meisten Geschichten um Neue-Energie-Erfindungen sind der Allgemeinheit unbekannt, doch das könnte sich ändern. Zum Beispiel hat der amerikanische Fernsehsender Fox Television einen Beitrag über Nikola Tesla ausgestrahlt, den bekanntesten der frühen Neue-Energie-Erfinder.

Mich hat jemand gefragt, warum ich in diesem Buch in die Vergangenheit zurückblicken wolle, wo wir doch Genies haben, die heute aufregende Fortschritte auf dem Gebiet der Neuen Energie erzielen. Meine Antwort lautet: Einige begnadete Einzelpersonen waren ihrer Zeit so weit voraus, daß manche Wissenschaftler von heute sagen, sie lernen immer noch von diesen frühen Revolutionären, und in der damaligen Forschung seien immer noch Hinweise darauf zu finden, wie Energie funktioniert.

Auch diejenigen unter uns, die keine Wissenschaftler sind, können von den damaligen Erfindern etwas lernen. Wir erfahren von ihren Kämpfen und wir erfahren, daß die „Neue" Energie durchaus eine Geschichte hat.

2

Nikola Tesla:
der Vater der Freien Energie

*Noch ehe viele Generationen vergehen, werden unse-
re Maschinen von einer Kraft betrieben werden, die
an jeder Stelle im Universum verfügbar ist. ... Im ganzen Weltraum gibt es Energie.*

— Nikola Tesla, Erfinder

*Dr. Nikola Tesla zählte einst zu den berühmtesten
Menschen auf dem Planeten. Heute ist er aus unseren
wissenschaftlichen Lehrbüchern und den Schulbüchern
verschwunden. Was hat er entdeckt, daß er so in Un-
gnade fiel?*

— *Nexus* magazine

Im späten neunzehnten Jahrhundert wurde niemand von der Crème de la
Crème der New Yorker Gesellschaft mehr gefeiert als der Erfinder Nikola
Tesla. Tesla, ein Serbe, der in die Vereinigten Staaten eingewandert war,
hielt oft Hof in seinem Labor, wo seine Freunde wie Samuel Clemens –
besser bekannt unter dem Namen Mark Twain – für die allerersten Foto-
grafien posierten, die mit Gasentladungsröhren ausgeleuchtet wurden. Mit
vor Staunen offenem Mund starrten sie ins Zentrum des Raumes, wo sich
aus Teslas speziellem Hochfrequenztransformator lange Funkenblitze kra-
chend entluden. Manchmal stand ihr Gastgeber in einem Funkenregen
aus Hochfrequenzstrom, während eine Glasröhre in seiner Hand aufleuch-

tete, ohne daß sie mit irgendwelchen Drähten verbunden war. Und in den Hotel-Speisesälen und den privaten Salons zog Teslas Kreativität und Intellekt andere Stars der Kulturszene an, darunter Schriftsteller Rudyard Kipling, Architekt Stanford White, Pianist Ignace Paderewski und Schriftsteller John Muir.

Tesla war ein Mann der Widersprüche, kühl und distanziert, aber charmant. Obwohl er ein Einzelgänger war, wußte er sich gut zu verkaufen. Schlank und hochgewachsen, stets perfekt gekleidet, erregte er durch seine aristokratische Haltung und seine Eleganz Aufmerksamkeit. Sein auffälligstes Merkmal war seine magnetische Anziehungskraft – eine Kombination aus dem gutem Aussehen eines dunklen Typs, intensiven blauen Augen und einer geheimnisvollen Aura. Die Welt schien dazu bestimmt, ihm zu Füßen zu liegen.

Als Nikola Tesla 1943 im Alter von sechsundachtzig Jahren starb, waren seine Erfindungen und Theorien weitgehend vergessen und in Mißkredit gebracht worden. Sein Plan, die Welt mit Freier Energie zu versorgen, war ad acta gelegt worden. Viele der späteren Energie-Innovatoren, die Tesla bewunderten, sollten auf dieselben Probleme wie Finanznot und übermächtige Opposition stoßen, die zu seinem Niedergang beitrugen.

TESLA GERÄT MIT EDISON ANEINANDER

Thomas Edison begegnete Tesla 1884 zum ersten Mal. Edison war bereits ein wohlhabender, mächtiger Mann, Tesla hingegen eben erst in die USA eingereist, mit wenig mehr als zwanzig Dollar und einem Empfehlungsschreiben von einem seiner Vorgesetzen bei Continental Edison in Paris in der Tasche, wo Tesla ein paar Jahre zuvor angestellt gewesen war. Charles Batchelor hatte an Edison geschrieben: „Ich kenne zwei große Männer, und Sie sind einer davon; der andere ist dieser junge Mann."

Edison stellte Tesla als Assistenten ein. Dieser bewunderte zunächst, was Edison auf der Grundlage von Versuch und Irrtum und mit bloßer Grundschulausbildung geleistet hatte. Umgekehrt gewann Tesla Edisons widerstrebenden Respekt, indem er achtzehn Stunden am Tag und sieben Tage in der Woche arbeitete und schwierige technische Probleme löste.

Doch Edison verlor seinen fleißigen neuen Assistenten schon bald. Tesla hatte beschrieben, wie er die Wirksamkeit von Edisons Generator verbessern konnte, und Edison hatte klar erwidert: „Es sind fünfzigtausend Dollar für Sie drin, wenn Sie dies bewerkstelligen können." Doch als Tesla dies nach Monaten der Arbeit gelang und er um sein Geld bat, war er schockiert, von Edison hören zu müssen: „Tesla, Sie verstehen unseren amerikanischen Humor nicht." Da Edison nicht zahlte, ging Tesla.

Drei Jahre später, nachdem er eine Zeitlang als Bauarbeiter in einer New Yorker Straßenkolonne gearbeitet hatte, um seinen Lebensunterhalt zu verdienen, wandte sich das Blatt für Tesla zum Besseren. Er bekam die Chance, sein Wechselstromsystem zu entwickeln, für das er einen Motor, einen Generator und einen Transformator entworfen hatte und patentieren ließ. Der Industrielle und Erfinder George Westinghouse aus Pittsburgh kaufte Teslas sämtliche Patente an dem System und unterzeichnete einen Vertrag, in dem er Tesla einen Barvorschuß und Aktien plus Lizenzgebühren von 2,50 Dollar pro erzeugter Pferdestärke zu zahlen versprach.

Edison bekämpfte die Entwicklung des Wechselstroms. Seine Lampen wurden mit Gleichstrom betrieben. Die Elektronen fließen dabei in nur eine Richtung. Gleichstrom kann durch Stromleitungen bloß ein paar Kilometer weit befördert werden. Dagegen läßt sich Teslas Wechselstrom, der in einem regelmäßigen Rhythmus hin und her schwingt, leicht über Hunderte von Kilometern durch Drähte – Hochspannungsleitungen – übertragen. Empfangsseitig reduzieren Transformatoren die Spannung für den Endabnehmer.

Edison wollte von den Vorzügen des Wechselstroms nichts wissen. Er hatte viel Geld in ein Gleichstromsystem investiert und betrachtete Wechselstrom als Bedrohung für sein Geschäft. Zu seiner Strategie im Stromkrieg gehörte es, Hunde öffentlich durch Stromschlag zu töten und einschüchternde Pamphlete zu veröffentlichen – alles in dem Bemühen, den Wechselstrom als tödliche Gefahr darzustellen.

Doch trotz Edisons Attacken trugen Tesla und Westinghouse den Sieg davon. Westinghouse installierte für die Beleuchtung der Weltausstellung von 1893 in Chicago ein Wechselstromsystem. Tesla war der Star der Ausstellung. In weißem Frack mit weißem Binder und Schuhen mit isolierenden Korksohlen stand er auf einer Bühne mit einer seiner Tesla-Spulen – ein Gerät, das er erfunden hatte und das Starkstrom erzeugte. Die elektrischen Funken krachten und blitzten und brachten Glühlampen in Teslas Händen zum Aufleuchten. Die Menge war begeistert von diesem Spektakel, und der Erfolg der Ausstellung führte zu der Entwicklung eines hydroelektrischen Projekts an den Niagarafällen. Schließlich lieferte Teslas Stromnetz auf dem gesamten Kontinent immense Mengen von elektrischem Strom.

Da der Vertrag mit Westinghouse Tesla 2,50 Dollar pro Pferdestärke zusicherte, hätte Tesla eigentlich ein Leben lang ein stattliches Einkommen beziehen sollen. Doch George Westinghouse befand sich in finanziellen Schwierigkeiten, da Wettbewerber ihn aus dem Stromgeschäft herauszudrängen versuchten. Tesla erinnerte sich daran, daß Westinghouse an ihn geglaubt hatte, als es sonst niemand tat. Und obwohl Tesla es sicherlich genoß, Geld zu haben, war ihm das Überleben der Firma Westinghouse wichtiger. Deshalb zerriß er den Vertrag, nahm eine Abfindung an und verzichtete auf die zu erwartenden Millionen von Dollar, die ihm in der Pferdestärken-Vereinbarung zugesichert worden waren.

PROFITGIER – DER HAUPTGRUND FÜR DIE UNTERDRÜCKUNG VON FREIER ENERGIE

Während Tesla einen lukrativen Vertrag zerriß, um einem Freund zu helfen, waren andere zu seiner Zeit darauf aus, so viel Geld wie möglich an sich zu raffen. Tycoons schickten sich an, mit Stromversorgungsunternehmen ihre Vermögen zu machen. Diese Männer wollten das Wechselstromsystem, um die Erde mit Strommasten, Transformatoren und Leitungen zu überziehen. Stromunternehmen sollten schließlich Flüsse aufstauen und die Menschen zu einem „besseren Leben durch Elektrizität" ermuntern. Tesla wiederum wollte ein Energiesystem bauen, das kostenlos Strom in alle Welt übertragen sollte. Das von ihm vorgeschlagene System war kein „Freie-Energie"-System im heutigen Sinne – Energie aus einer unerschöpflichen Quelle –, wohl aber in dem Sinne, daß es Strom kostenlos zu den Kunden transportieren sollte. Anders als der Stromkrieg war dies ein Krieg, den Tesla nicht gewinnen konnte.

Teslas Pläne zur Freien Energie

Energie für jeden, der einen abgestimmten Empfänger in den Boden steckt? Ja, Tesla plante, sowohl Nachrichten als auch Energie drahtlos zu übertragen – ersteres kennen wir heute als Radio. Dieser Plan war radikal genug, um Wall Street schließlich zu veranlassen, ihm die Tür vor der Nase zuzuschlagen. Zu dieser Zeit standen die Strommonopolisten kurz davor, in Geld zu schwimmen; keiner wollte die Sache ins Wanken bringen. Finanzmagnaten wie der Bankier J. Pierpont Morgan hatten bereits Kupferminen aufgekauft. Es bedurfte nicht besonders vieler Insider-Informationen, um sich auszumalen, daß Stromleitungen eines

Tages den größten Teil der Welt mit Netzen aus Kupferkabeln überziehen würden.

Als wäre er blind für die Pläne der Monopolisten, fuhr Tesla fort, eine verblüffend neue Idee anzuregen – die weltweite Übertragung von freiem Strom. 1893, im selben Jahr, in dem er die Gesellschaft mit der Ausleuchtung der Weltausstellung blendete, sprach Tesla vor dem angesehenen Franklin-Institut in Philadelphia über Erdresonanz. Die Erdresonanz war Teil seiner Vision, Strom drahtlos zu übertragen. Dabei ging es darum, elektrische Impulse mit der angemessenen Frequenz bzw. Schwingungsgeschwindigkeit durch die Erde hindurchzuschicken, um Energiewellen zu erzeugen, genauso wie eine Klaviersaite in Schwingung versetzt wird, wenn auf einem anderen Instrument im selben Raum der Ton angeschlagen wird, auf den die Saite gestimmt ist. Einige Tesla-Forscher glauben außerdem, er könnte die Luft zwischen der oberen Atmosphäre und dem Boden dazu gebracht haben, wie die Luft im Klangkörper einer Violine in Resonanz zu treten. Auch dies würde Wellen von Energie aussenden. Diese Energie sollte dann von einer Antenne aufgefangen werden.

Eine solche Resonanz hätte Teslas Traum erfüllt, den er in einem 1897 gehaltenen Vortrag zum Ausdruck brachte, in dem er von „der Übertragung von Strom von Station zu Station ohne Einsatz irgendeines verbindenden Drahtes" gesprochen hatte. Er sah den Tag kommen, an dem solch ein System die Nachrichtenübertragung beschleunigen, das Wetter kontrollieren und grenzenlose Energie übertragen würde.

Ein gewöhnlicher Mensch wäre vom Ruhm und den internationalen Vortragsreihen zu abgelenkt gewesen, um über solche Dinge nachzudenken, doch Tesla war nicht gewöhnlich. Seine Ideen und Erfindungen waren seine Leidenschaft, und in den nächsten paar Jahren beantragte und erhielt er Patente auf Verfahren für eine utopisch anmutende drahtlose Energie- und Nachrichtenübertragung – auch auf die Gefahr hin, daß diese seine eigenen früheren Erfindungen überflüssig machen könnten.

Die drahtlose Energie wird getestet

1899 zog Tesla sich in die Berge von Colorado Springs zurück, um seine neuen Ideen zu testen. Auf einer hochgelegenen Viehweide errichtete er ein Hochspannungslabor. Es war ein einfaches Gebäude, das um die größte Tesla-Spule der Welt herum errichtet war und aus dem oben ein merkwürdiger Fahnenmast herausragte. Dort, am Fuße des Pikes Peak, arbeitete er an seinem neuen Ziel, elektromagnetische Schwingungen durch die Erde zu senden.

Was genau Tesla während seines Aufenthalts im Gebirge zustande brachte, ist unklar. Gelegentlich machte er knappe Notizen, doch bewahrte er eine Menge Information über die Funktionsprinzipien der Anlage ausschließlich in seinem Gedächtnis auf. Seine Aufzeichnungen müssen heute in zeitgemäße elektrotechnische Begriffe übersetzt werden. Doch die Legenden um Tesla nähren sich aus den Fakten aus seinen Experimenten in Colorado Springs. Wie der Gott der Blitze stimmte er seine gewaltige Sendespule von 16 Metern Durchmesser so ab, daß sie eine Entladung von zwölf Millionen Volt erzeugte und über dreißig Meter lange Blitze aus der Kupferkugel an der Spitze seines Fahnenmastes herausschleuderte. Die Ortsansässigen blieben auf Abstand, nachdem sich das Gerücht verbreitet hatte, der berühmte Erfinder könne Blitze erzeugen, die hundert Menschen auf einen Schlag töten würden. Währenddessen war das Donnern aus den elektrischen Entladungen noch mindestens 25 Kilometer weit zu hören.

Zufrieden darüber, nunmehr genug zu wissen, um seine Vision der drahtlosen Übertragung in die Tat umzusetzen, kehrte Tesla im Januar 1900 zurück nach New York. Er engagierte einen Architekten, der ihm einen 47 Meter hohen Holzturm über einem Ziegelgebäude auf Long Island entwarf. Mit einer pilzförmigen Kupferelektrode als Krone sollte dieser Turm als riesiger Sender dienen. Tesla nannte das Projekt Wardenclyffe und stellte sich eine Station vor, die sowohl Energie als auch Nachrichten über mehrere Kanäle auf allen Radiowellenlängen aussenden sollte. 1902 waren der Turm und das quadratische Gebäude mit einer Seitenlänge von dreißig Metern, das ein Maschinenhaus und ein Labor beherbergen sollte, beinahe fertig. Doch vollendet wurde Wardenclyffe nie.

Der Herr der Blitze wird niedergestreckt

Teslas Vision, Nachrichten drahtlos zu übertragen, hatte Finanziers wie Morgan soweit überzeugt, daß sie seine Forschung finanzierten, doch sie erkannten nicht, daß er ebenfalls beabsichtigte, Strom an alle Menschen zu schicken, gratis und überallhin. Diesen Teil seiner Vorstellungen hatte Tesla ausgelassen, als er mit Morgan, seinem Hauptfinanzier, 1900 über die Finanzierung von Wardenclyffe sprach. Statt dessen ging er auf die Möglichkeiten ein, die sich Morgan hierdurch eröffnen würden, nämlich alle Radiostationen monopolistisch zu kontrollieren. Doch Morgan stellte Tesla nur begrenzte Mittel zur Verfügung. Drei Jahre später enthüllte der Erfinder dem Bankier in einem verzweifelten Gesuch um mehr Geld seine wahren Absichten. Wir werden Morgans Reaktion auf diese Neuigkeiten wohl niemals erfahren. Jedenfall hatte der Finanzier in Industriezweige investiert, die mit der Energieerzeugung verknüpft waren, und er war gewiß nicht dafür bekannt, irgend etwas zu verschenken. Er ließ Tesla fallen.

Die Arbeit ging nur sporadisch voran, während Tesla sowohl verzweifelt versuchte, andere Finanziers zu finden, als auch, kommerzielle Produkte zu entwickeln, um seine Rechnungen bezahlen zu können. Der Bau wurde 1906 schließlich gestoppt, und elf Jahre später, nachdem Tesla seine Hypothek auf Wardenclyffe verloren hatte, wurde der Turm seines Schrottwertes wegen abgerissen.

EIN ECHTER FREIE-ENERGIE-GENERATOR?

Es gibt Anhaltspunkte dafür, daß Tesla auch an Freier Energie im modernen Sinne des Wortes interessiert war – an Energie aus einer grenzenlosen Quelle, die in eine nutzbare Form umgewandelt wird. Im Juni 1902 erschien in der *New York Times* ein Artikel über einen Mann von den Kanarischen Inseln namens Clemente Figueras, der behauptete, einen elektrischen Generator erfunden zu haben, der keine Primärkraft benötige – das heißt, er brauchte keine äußere Energiequelle. Einen Tag, nachdem der Artikel erschien, schrieb Tesla an seinen Freund Robert Johnson, den Herausgeber des *Century*-Magazins, er habe solch ein Gerät bereits erfunden. Und 1934 wurde Tesla in der *Times* mit den Worten zitiert: „Ich hoffe so lange zu leben, bis ich in der Lage sein werde, eine Maschine mitten in diesen Raum zu stellen und sie mit … der Energie in dem bewegten Medium um uns herum zu betreiben."

Auf welche seiner vielen Erfindungen spielte Tesla an? Oliver Nichelson, Wissenschaftler und Historiker aus Utah, hat sich mit dieser Frage eingehend beschäftigt. Er sagt, das Gerät, das auf Teslas Beschreibungen zu passen scheine, sei sein Apparat zur Nutzung von Strahlungsenergie, für den 1901 ein Patent erteilt wurde. Nichelsons Forschung deutet darauf hin, daß Tesla bereits an seinem „Freie-Energie"-Generator gearbeitet haben muß, ehe er einen größeren Artikel für die Juni-Ausgabe 1900 des *Century* ausarbeitete, in dem er die drahtlose Energieübertragung beschreibt. Er schreibt, ein Gerät, mit dem man Energie direkt von der Sonne bezieht, wäre nicht sehr effektiv und deshalb nicht die beste Lösung. Manche Forscher haben dies dahingehend interpretiert, Tesla habe aus seiner Erfahrung mit Wardenclyffe gelernt, einem „Freie-Energie"-Gerät wie seinem Strahlungsenergie-Apparat werde der freie Markt wohl auf immer versperrt sein und die Tycoons würden nur ein drahtloses Stromsystem finanzieren, das auch Profite verspreche.

Der Artikel im *Century* konzentriert sich jedoch auf ein Gerät, das nicht bloß in der Lage sein sollte, sich selbst in Gang zu halten, sondern das Energie aus der umgebenden Luft pumpen sollte, um Städte zu beleuchten. Als „den wahrscheinlichsten Kandidaten" für das Abpumpen von Energie aus dem Kosmos hat Nichelson Teslas ungewöhnliche Spule für Elektromagnete identifiziert, für die Tesla 1894 Patent Nummer 512.340 erteilt wurde. Nichelson erklärt, die Form der Spule würde es dem System ermöglichen, enorme Energiemengen zu speichern, während es nur einen kleinen Bruchteil dieser Energie für die Aufrechterhaltung seiner Eigenfunktionen benötigen würde. Er verglich es mit einem Auto mit einem sehr großen Tank, das nur zwei Liter auf Hundert Kilometer verbraucht.

TESLAS NIEDERGANG UND AUFSTIEG

Als Nikola Tesla starb, waren seine großen Errungenschaften aus dem letzten Jahrzehnt des 19. Jahrhunderts größtenteils vergessen, und man erinnerte sich hauptsächlich an seine privaten Exzentrizitäten, wie seine extreme Angst vor Bakterien oder seine Bereitschaft, eine ungemeine Zuneigung in eine zahme Taube zu investieren und in ihren Augen ein Leben voller verborgener mystischer Sehnsüchte reflektiert zu sehen.

Wurde Teslas Verbannung aus den Geschichtsbüchern von jenen inszeniert, die durch seine Träume von Freier Energie bedroht waren? Manche glauben das. Den Universitätsstudenten wird der Eindruck vermittelt, er erfand die Tesla-Spule, eine Maßeinheit wurde nach ihm benannt, und das war es dann auch schon. Der allgemeinen Öffentlichkeit ist Teslas Name nicht vertraut (siehe „Teslas Fürsprecher kontra Smithsonian Institute" auf Seite 58).

Wenn die Machtmogule tatsächlich versucht haben, die Erinnerung an Teslas Genius in der Öffentlichkeit auszuradieren, so ist die Strategie nicht gänzlich aufgegangen. Heute führt fast jede größere Buchhandlung eine Tesla-Biographie im Sortiment. Und seit Ende der Siebziger ist unter Erfindern ein neuerliches Interesse an Tesla entstanden. Technische Informationen zu seinen Theorien und Erfindungen werden über Fax und Computer-Nachrichtenforen verbreitet, und viele der heutigen Forscher betrachten Tesla als den Vater der modernen Neue-Energie-Bewegung. Sie können die Schwierigkeiten nachempfinden, die er angesichts der übermächtigen Gegnerschaft erdulden mußte.

Tesla wird fallengelassen

Ich glaube, die Saga von Teslas in schwindelnde Abgründe taumelnden Finanzen dreht sich um sein Monument für die Übertragung von frei zugänglicher Energie – um Wardenclyffe. Margaret Cheney schreibt in ihrer klassischen Biographie *Nikola Tesla – Erfinder, Magier, Prophet* über die vielschichtigen Gründe, die dazu beitrugen, daß Tesla das Glück verließ. Vor seinem Niedergang, sagt sie, erzählte Tesla einem Mitarbeiter, daß J. P. Morgan ihm einst einen unterschriebenen Blankoscheck gab und ihn aufforderte, selbst die Summe einzutragen, die er brauchte. Nach dem Niedergang sollte der Bankier noch nicht einmal auf Teslas Briefe antworten, und auch die anderen Finanziers an der Wall Street zeigten dem Erfinder für den Rest seines Lebens die kalte Schulter. Sie mögen ihn für einen gefährlichen Träumer gehalten haben – einer der Kommentare, die Tesla in einem Brief machte, in dem er einen Mitarbeiter um finanzielle Hilfe bat, lautete: „Meine Feinde waren sehr erfolgreich darin, mich als einen Poeten und Visionär hinzustellen."

Andere Autoren liefern verschiedene Erklärungen für Teslas Niedergang. Der Wissenschaftshistoriker Stephen S. Hall nimmt an, der Abstieg könne ein Gegenschlag aus der akademischen Gemeinde gewesen sein. Tesla spielte das Spiel nicht mit; er hatte kein Interesse daran, einer akademischen Publikation irgendeinen Artikel zukommen zu lassen. Hall glaubt auch, Teslas Talent, sich gut zu verkaufen – seine öffentlichen Zurschaustellungen wie die auf der Weltausstellung von 1893 –, könne Kollegenneid verursacht haben. Zwei andere Neue-Energie-Historiker, Oliver Nichelson und Christopher Bird, meinen, Tesla sei seinen Zeitgenossen ein Rätsel gewesen: „Seine Vorstellungen waren dermaßen fortschrittlich, daß die Wissenschaft und die Industrie seiner Zeit nicht in der Lage waren, deren Essenz und Ausmaß zu begreifen."

Teslas Fürsprecher kontra Smithsonian Institute

Während einige der heutigen Anhänger Teslas seine Forschung weiterführen, bemühen sich andere darum, daß er von zukünftigen Generationen nicht vergessen wird. John Wagner, ein Lehrer aus Dexter, Michigan, setzt sich dafür ein, daß die offizielle Geschichtsschreibung sich an mehr als nur an Teslas Verschrobenheiten erinnert, die mit fortschreitendem Alter des Erfinders deutlicher zutage traten. Bis zu seiner Pensionierung im Jahre 1993 lehrte Wagner zehn Jahre lang, was Tesla in seinen Blütezeiten vollbracht hatte, anstatt sich auf den Lebensabend des Mannes zu konzentrieren. Wagner wollte, daß seine Klassen im 3. Schuljahr die vollständige Geschichte erfuhren, einschließlich der Tatsache, daß das Smithsonian Institute, das Nationalmuseum der USA in Washington, keine ständige Tesla-Ausstellung zeigte.

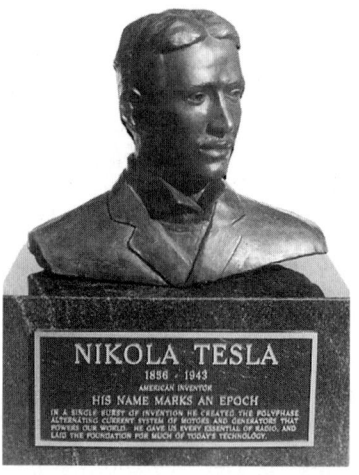

Seine Schüler sahen, wie Wagner sagt, die doppelte Ungerechtigkeit – nicht nur, daß es im Smithsonian Institute keine Tesla-Ausstellung gab, sondern daß in Thomas Edisons großer Dauerausstellung der Mehrphasengenerator gezeigt wird, eine von Teslas Erfindungen. „Darauf befindet sich Teslas Patentnummer, doch der Öffentlichkeit wird der Eindruck vermittelt, der Urheber sei Edison."

Die Empörung der Kinder führte zu der Kampagne „Nehmt das Smithsonian hoch" – die Worte „Bust the Smithsonian" standen auf einem T-Shirt, das Wagners Schüler verkauften. Doch als sie anboten, dem Smithsonian eine Tesla-Büste zu stiften, weigerte sich Barney S. Finn, der Kurator der Elektroabteilung des Museums, das Geschenk anzunehmen, mit den Worten: „Wir haben keine Verwendung dafür."

1979 schrieben Finn und sein Stab ein kleines Buch mit dem Titel: "Edison: Lighting a Revolution" (dt. etwa „Edison: Entfacher einer Revolution"). Ein siebzehn Seiten umfassender Abschnitt mit der Überschrift „Der Beginn des Elektrozeitalters" gibt vor, all die Personen aufzulisten, die für jenen Anfang bedeutend waren – selbst Techniker, die unter Edison arbeiteten. Doch es findet sich darin kein Wort über Tesla.

Wagners Schüler bekamen in der Rockband Tesla, die auf MTV zu sehen war, wie sie mit Seiten aus Teslas Patentschriften herumwedelten, einen unerwarteten Verbündeten. Der Lehrer schickte der Band einen Brief, in dem er das Ziel der Schüler erläuterte. 1989 führte dieser Brief zu einem Abstecher der kalifornischen Band nach Michigan, und achtundzwanzig aufgeregte Kinder drängelten sich für einen Ausflug zur Universität von Michigan in Ann Arbor in den Tourenbus der Band. In der ingenieurwissenschaftlichen Universitätsbibliothek zeigten die Kinder den Musikern eine Büste von Nikola Tesla als stolzer junger Mann, die dank des Geldes geschaffen werden konnte, das die Klasse des vorangegangenen Jahres gesammelt hatte. Die Band stimmte zu, daß das Kunstwerk in Bronze gegossen werden sollte, und bot an, den Kindern bei ihren Bemühungen zu helfen, die Statue ins Smithsonian zu bekommen.

Doch das Museum wies ihre Bemühungen weiterhin ab, und nach wie vor wird Nikola Tesla und seinen Leistungen im Smithsonian Institute praktisch keine Anerkennung zuteil.

Edison, nicht Tesla wird gefeiert

Ist zu einem früheren Zeitpunkt in diesem Jahrhundert entschieden worden, Tesla nicht bloß finanziell zu boykottieren, sondern ihn auch aus der Geschichtsschreibung der Vereinigten Staaten zu eliminieren und Edison als den offiziellen Vater des Stromzeitalters einzusetzen? Ich möchte Edison, der überaus produktiv war und für das Zeitalter der Elektrizität Grandioses geleistet hat, nicht etwa um das ihm gebührende Ansehen bringen.

Ich glaube jedoch, der krasse Unterschied im Umgang mit Edison und Tesla zeigt nur einen Ausschnitt aus einem größeren Zusammenhang, der daraus besteht, daß eine Gruppe aus Eigennutz heraus versucht, die öffentliche Meinung zu manipulieren.

Edison wurde von der Nachwelt mittels massiver Public-Relations-Bemühungen aufs Podest gehoben. 1929 gründeten mehr als fünfzig Mitglieder der Militär- und Industrie-Elite – darunter John D. Rockefeller jr., Julius Rosenwald, Henry Ford, Harvey S. Firestone, Herbert Hoover und General John H. Pershing – ein Komitee zur Hundertjahrfeier des Lichts, um das zu feiern, was als „Ein weltweiter Ausdruck der Dankbarkeit an Thomas Alva Edison zum 50. Jahrestag der Erfindung seiner Glühbirne" bezeichnet wurde.

Als Teil dieser Feier schrieb der beliebte Liedermacher George M. Cohan den Song „Thomas A. Edison: Wundermann" mit Gedichten wie: „Oh sagt, ihr könnt sehen, durch das Licht, das er euch und mir gibt. / Was für ein Mann er ist, Was für ein großer alter Zauberer." Das Komitee verschickte einen Brief mit Cohans Musikstück an Gemeindevorstände und Erzieher, in dem es hieß, das Lied sei ein „Tribut an den größten lebenden Amerikaner. ... Sie werden zu diesem Tribut beitragen, indem Sie es bei jeder passenden Gelegenheit spielen."

Die Gefühle der Allgemeinheit hätten sich vielleicht in eine andere Richtung entwickelt, wenn man den Bürgern gesagt hätte, daß Nikola Tesla ihnen freien Zugang zu elektrischem Strom hatte gewähren wollen. Doch im Gegensatz zu den Lobeshymnen auf Edison durch das Komitee zur Hundertjahrfeier des Lichts wurde Tesla nie von einem derartigen Gremium gefeiert. Und während einige Nachschlagewerke sich auf sein Werk konzentrieren, legen andere ihr Augenmerk mehr auf seine persönlichen Eigenarten. Zum Beispiel faßt Isaak Asimovs *Biographical Encyclopedia of Science and Technology* fünfundzwanzig Jahre mit dem Satz zusammen: „Das letzte Viertel seines (Teslas) Lebens entartete in wilder Exzentrik." (Woraufhin ein heutiger Erfinder erwiderte: „Wir sollten alle so wild sein.")

Ich glaube, Edison ist nicht der einzige Erfinder, der auf Teslas Kosten ganz groß herausgestellt wurde. Warum zum Beispiel ignorieren die Lehrbücher eine Entscheidung des Obersten Gerichtshofs der Vereinigten Staaten gegen Guglielmo Marconi zu Teslas Gunsten?

1901, als Marconi sein berühmtes Radiosignal über den Atlantik sendete, sagte Tesla: „Soll er nur weitermachen. Er benutzt siebzehn von meinen Patenten." Der Oberste Gerichtshof berichtigte 1943, nach Teslas Tod, die Fakten dahingehend, daß Tesla einer der drei Erfinder der Jahrhundertwende war, der sich noch vor Marconi Radio-Empfängerschaltkreise hatte patentieren lassen. Doch in Schulbüchern und anderen historischen Aufzeichnungen wird weiterhin Marconi als Vater des Radios herausgestellt. Eine kürzliche Veröffentlichung des Smithsonian Institute, das *Book of Inventions* (Buch der Erfindungen), enthält einen Abschnitt über das Radio. Der Entscheidung des Obersten Gerichtshofes zum Trotz wird Teslas Werk nicht gewürdigt.

Tesla wird wiederentdeckt

Die Legende von Nikola Tesla lebt weiter, obwohl er in den Lehrbüchern übergangen wird. Hundert Jahre nach seiner Ruhmeszeit erscheinen viele Neue-Energie-Bücher zu verschiedenen Aspekten seiner Forschung, und eine wachsende Zahl von jungen Erfindern und Forschern auf der ganzen Welt durchforstet seine Patentschriften nach wichtigen Hinweisen.

Teslas Anhänger haben sich in verschiedenen Gruppen organisiert. Die größte ist die International Tesla Society mit Sitz in Colorado Springs, Colorado, die Bücher und Videos vertreibt und ein Tesla-Museum unterhält. Diese Gruppe zählt mehr als 7 000 Mitglieder. Tesla hat auch zu einer Reihe von Newslettern und Magazinen angeregt. (Für weitere Informationen siehe Quellenliste.)

Die Russen haben großes Interesse an Teslas Arbeit gezeigt. Doch größtenteils fand diese Forschung unter den Bedingungen des Kalten Krieges statt. Daher gibt es dazu nur wenige Veröffentlichungen. Zum Beispiel brachte der Spitzenphysiker und Nobelpreisgewinner Peter Kapitsa, wie verlautet, seine letzten Jahre mit intensivem Studium von Teslas Schriften zu. Margaret Cheney zufolge wollte Kapitsa einen Beitrag zu Teslas Arbeit über Kugelblitze beisteuern – einem Teil seiner Experimente zur drahtlosen Energieübertragung.

In den frühen siebziger Jahren fielen Wissenschaftler aus der ehemaligen Sowjetunion über das Nikola-Tesla-Museum in Belgrad her, um Teslas Notizen und Geräte zu untersuchen. Der Neue-Energie-Forscher Dr. Andrew Michrowski aus Ottawa erfuhr von den umfassenden Untersuchungen der Akademie der Wissenschaften der UdSSR, als er das Museum 1975 besuchte. Museumsdirektor Professor Aleksandar Marinčić zeigte Michrowski ein dickes Buch in kleinen Lettern. „Sehen Sie, was sie herausgefunden haben. Dies war nur der vorläufige Bericht", sagte Marinčić. Michrowski glaubt, die Sowjets könnten als Folge ihrer Tesla-Forschung möglicherweise Experimente mit sehr futuristischen Techniken durchgeführt haben.

Dem russischen Physiker Dr. A. V. Chernetskii unterlief versehentlich eine Wiederholung von Teslas Unfall, bei dem 1899 der Generator des Kraftwerks von Colorado Springs durchbrannte. 1971 führte Chernetskii zusammen mit einem Kollegen ein Experiment durch, bei dem ein großer Kugelblitz und ein Funkengewitter erzeugt wurden. Der Energiestoß, der dabei durch die Stromleitungen am Moskauer Luftfahrtinstitut lief, überlud und zerstörte ein Strom-Unterwerk. Das geschah bei dem Versuch, ein Gerät nach Teslas Konzeption zu konstruieren, das mehr Energie erzeugt, als es verbraucht.

Es gibt auch ein anhaltendes Interesse an Teslas Konzept zur drahtlosen Stromübertragung. Es ist Diskussionsthema bei Neue-Energie-Konferenzen, und verschiedene Gruppen wie das Institute for New Energy mit Sitz in Salt Lake City, Utah, setzen diese Forschung fort.

Andere Forscher interessieren sich für Teslas Arbeit zur Erdresonanz. Teslas Nachfolger blicken ehrfürchtig auf seine Versuche mit starken elektromagnetischen Wellen zurück, die die Erde umkreisen und sich dabei verstärken sollten. Der führende Experimentator Ron Kovac aus Colorado fand heraus, daß Teslas Ausrüstung tatsächlich sehr starke Wellen zur Erdresonanz erzeugen könnte, sagt aber, die Experimentatoren von heute fingen gerade erst an, Teslas Arbeit zu verstehen.

Eine andere von Teslas Erfindungen, die von heutigen Forschern eifrig weiterentwickelt wird, ist seine schaufellose Turbine. Turbinen, also Maschinen, die von einem Strom aus Luft, Wasser oder Dampf bewegt werden, sind übliche Bestandteile von konventionellen Stromerzeugungssystemen. Doch Teslas Turbine ist effizienter, einfacher und haltbarer. Sie kann zusätzliche Energie aus der Abwärme einer herkömmlichen Turbine oder auch aus anderen Arten von Energieverlust zurückgewinnen, wie sie bei Öl- oder Gasraffinerien anfallen.

Der Forscher Jeff Hayes gibt an, die Automobilhersteller könnten die schaufellose Turbine nutzen, um die Tausende von beweglichen Teilen in einem Kolbenmotor zu ersetzen, wodurch sich die Lebensdauer des Motors verdoppeln würde. Jeff Hayes, Gründer der Vereinigung von Tesla-Motor-Konstrukteuren in Milwaukee, Wisconsin, sagt, zusätzlich zu der beim Bau des Autos eingesparten Energie würde der Tesla-Motor die Brennstoff-Ausnutzung verdreifachen. Er erklärt, wie die Turbine in das Konzept eines supereffizienten Elektroautos paßt: als schaufellose Tesla-Turbine, die einen hochfrequenten Tesla-Wechselstromerzeuger antreibt, welcher seinerseits einen Elektromotor antreibt.

Wenn es keinen politischen Widerstand gegen die Vermarktung eines solchen Systems gäbe, sagt Hayes, könnte die Technologie „fast auf der Stelle" entwickelt werden. Er hat jedoch das Gefühl, die Regierung werde eine Maschine, die den Benzinverbrauch drosselt, nicht fördern, da ein Teil der staatlichen Einkünfte aus der Benzinsteuer stammt.

Die Tesla-Turbine kann auch Strom erzeugen, wenn sie an eine Generatoranlage angeschlossen wird. Advanced Dynamics, eine kleine Firma aus Louisville, Kentucky, führte 1995 eine derartige Anlage bei einer Neue-Energie-Konferenz vor. Sie erzeugte genügend Strom, um eine Reihe von Glühbirnen zum Leuchten zu bringen.

In der Geschichte der Neue-Energie-Geräte gab es noch weitere Pioniere mit ähnlichen Zielen wie Tesla. Im nächsten Kapitel werden wir einige dieser Vorreiter kennenlernen.

3

Andere Energieforscher
im Einklang mit der Natur

All diese wahrhaft großartigen Anwendungsphysiker
haben gelernt, dem Pulsschlag der Natur zu lauschen
statt dem Kratzen von Kreide an einer Tafel.
— Don Kelly, Neue-Energie-Forscher

Nikola Tesla war im Laufe der letzten beiden Jahrhunderte nicht der einzige Forscher, der davon träumte, unsere Welt mit grenzenloser, sauberer Energie zu versorgen. Die sechs Energie-Forscher, denen wir in diesem Kapitel begegnen werden, kamen aus unterschiedlichen Bereichen. Doch wie Tesla glaubten sie daran, mit der Natur statt gegen sie zu arbeiten. Und wie er trafen sie auf Widerstand. Die Geräte, die sie schufen, wurden nie in großem Maßstab zum Wohle der Menschheit eingesetzt.

JOHN KEELYS GUTE SCHWINGUNGEN

Schauen wir uns zunächst einen Pionier an, der Tesla vorausging. John Ernst Worrell Keely (1827-1898), Musiker und Zimmermann aus Philadelphia, arbeitete mit Klang und anderen Schwingungsformen, um Maschinen in Bewegung zu setzen. Wie verlautet, vollbrachte er große Dinge, die zu leisten die Wissenschaft des zwanzigsten Jahrhunderts immer noch nicht in der Lage ist.

Einer Anekdote zufolge, von der Keely-Forscher Dale Pond aus Nebraska berichtet, verbrachte ein Lehrling sechs Monate bei Keely damit zu lernen, wie er einen Motor baute.

„Sind Sie bereit, ihn anzulassen?" fragte Keely, nachdem die letzten Feineinstellungen vorgenommen worden waren. „Dann los, werfen Sie ihn an!"

Der Lehrling legte den Schalter um, doch nichts geschah. Keely ging zu ihm hin, legte ihm eine Hand auf die Schulter, und der Motor sprang an. Ein Motor, der auf die Berührung eines speziellen Menschen reagiert? Das war nur eine der Errungenschaften, die Keely von heutigen Autoren zugeschrieben wird. Historischen Dokumenten zufolge vollbrachte Keely andere unglaubliche Dinge:

- Er baute eine Maschine, die Felsgestein durchdrang, indem sie den Stein auflöste. Seine Erfindung schien den Fels so schnell zu schmelzen, wie er sein Gerät vorwärtsbewegen konnte.
- Er setzte die im Wasser enthaltene Energie auf eine ähnliche Weise frei, wie heutige Forscher es tun. Dabei werden im Wasser durch Klangwellen kleine Blasen erzeugt, und Energie wird frei, wenn die Blasen implodieren. Beobachter sahen, wie durch die von Keelys Gerät – das der Erfinder Liberator nannte – freigesetzte Energie ein Motor angetrieben wurde.

Keely, hochsensibel für Musik und intuitiv veranlagt, entdeckte seine Effekte beim Experimentieren. Sein musikalischer Background ermöglichte es ihm, Maschinen ähnlich wie Musikinstrumente zu konstruieren – wie im Geigenbau waren seine Instrumente so abgestimmt, daß sie auf Töne harmonisch reagierten und keine Stimmungskonflikte erzeugten. Das Funktionieren von Keelys Maschinen basierte allerdings weitgehend auf dem, was er als „Schwingungstöne" des Konstrukteurs bezeichnete – dessen Atmungs- und Gehirnwellenrhythmen. Es war wie bei einer Violine, die nur von der Person gespielt werden kann, die sie gebaut hat. Deshalb war die Konstruktion seiner Maschinen nicht bloß eine Frage der Abstimmung von elektrischen Spulen; sie waren wesentlich empfindlicher als gewöhnliche Maschinen. Obwohl seine Kenntnisse der Wissenschaft von den Schwingungen sehr weit reichten, verstand selbst Keely nicht ganz, warum seine Erfindungen funktionierten. Es gelang ihm auch nicht, Maschinen zu entwickeln, die von anderen bedient werden konnten.

Dale Pond zufolge entdeckte Keely mehr als vierzig grundlegende Naturgesetze, wie er selbst es nannte. Zu den anderen Errungenschaften, die Keely zugeschrieben werden, zählen die Erzeugung von Frequenzen in einem extrem hohen Bereich, ebenso Arbeiten auf dem Gebiet akustischer Motoren, des Ultraschalls sowie die Beherrschung von extremen Druck- und Vakuumzuständen. Es fällt manchmal schwer, sich zu vergegenwärtigen, daß diese Arbeit im neunzehnten Jahrhundert erfolgte.

Warum ist Keelys Werk heute nicht weithin bekannt, warum studiert die Wissenschaftszunft es nicht? Ein Grund dafür scheint darin zu liegen, daß Keely sein Werk nicht in wissenschaftlichen Termini beschrieb – er sprach nicht die Sprache der Wissenschaft. Außerdem war er der Wissenschaft seiner Zeit so weit voraus, daß viele Wissenschaftler sein Werk, ebenso wie das von Tesla, schlicht übergingen.

Eine sanftere Form der Atomwissenschaft

Die konventionelle Physik geht nach der Holzhammermethode vor – mit viel Energie spalte man ein Atom, breche es auf und sehe, was darin ist. Dies ist das Gegenteil von Keelys Ansatz. Er betrachtete das Atom ähnlich wie ein Orchester, als eine Kombination schwingender Komponenten, die verschiedene Töne hervorbringen. In der heutigen Physik ist diese Auffassung normal, doch zu Keelys Zeiten war es eine revolutionäre Idee.

Was Keely wirklich abhob, war seine Fähigkeit, als Leiter dieses Orchesters aus Atomen zu fungieren, seine Fähigkeit, das Atom dazu zu bringen, sich so zu verhalten, wie er es wollte. Pond sagt, Keely habe entdeckt, wie man zwei Schwingungen so zusammenbringt, daß sie eine dritte, andere Schwingung bilden. Er verwendet das Beispiel einer Opernsängerin, die mit ihrer Stimme ein Weinglas zum Zerspringen bringt. Das sei die konventionelle Holzhammermethode. Im Gegensatz dazu bestehe Keelys Ansatz darin, das Weinglas zu schmelzen und neu zu formen, indem er genau dem richtigen Ton ein winziges Maß an Energie hinzufüge.

Die Skeptiker ziehen über Keelys Geschichte her, indem sie ihre Leser mit den ungewöhnlichen Namen seiner Erfindungen – Desintegrator, Sympathetischer Sender, Vibratorischer Akkumulator, Röhrenförmiger Resonator – und seinen außergewöhnlichen Behauptungen belustigen. Auch von Betrug war die Rede. Für die Zeitungen war der Fall Keely abgeschlossen, als man nach seinem Tod eine große Metallkugel fand, die unter dem Boden seines Labors verborgen war, und dünne Röhren, die überall in den Wänden verliefen. Man behauptete, Keely hätte als Antrieb für seine experimentellen Geräte Preßluft benutzt.

Andererseits erklären Forscher, die sein Tun etwas besser verstehen, dies sei nicht der Fall gewesen. Sie sagen, die Kugel sei kein verborgener Trick gewesen, sondern sie habe zu einer Versuchsanordnung gehört, die später unter dem Fußboden verstaut wurde. Sie sagen auch, Keely habe die Röhren, die einen zu geringen Durchmesser hatten, als daß Preßluft durch sie hätte hindurchgeleitet werden können, für fortschrittliche Experimente benutzt.

Keely und die Spekulanten

Keelys Schwierigkeiten drehten sich um die Tatsache, daß Spekulanten eine Firma gründeten und ihn zu schnellen Resultaten drängten, auf daß sie bündelweise Geld damit machen konnten. Sie setzten ihn finanziell und psychologisch unter Druck. Die Geschichte der Keely Motor Company ist der Hauptgrund dafür, warum Keely für einen Betrüger gehalten wurde.

Keely begann in den frühen 1870ern mit Schwingungen und Energie zu experimentieren. Bis 1874 hatte er eine gewisse Meisterschaft über diese Kraft erlangt, die er „Äther" nannte, doch ihm war das Geld ausgegangen. Bekannte boten an, eine Firma ins Leben zu rufen, damit Keely die Mittel hätte, um eine Maschine zu entwickeln. Die Finanziers der Keely Motor Company erwarteten unmittelbare Erfolge.

Doch es gingen Jahre ins Land, ohne daß Keely in der Lage gewesen wäre, einen zuverlässigen Motor zu bauen, während seine Geschäftspartner Aktien manipulierten und verkauften. 1879 stand die Firma vor dem Bankrott. Keely stimmte einem komplizierten Konsolidierungsplan zu, demzufolge er der Firma zwei andere Erfindungen gegen einen Teil der Aktien und eine sehr geringe Summe Bargeld überschreiben sollte.

Drei Jahre später verklagten einige Aktionäre Keely wegen Nichterfüllung des Vertrages. Ein Aktionär, der nicht an der gerichtlichen Klage beteiligt war, schrieb zu Keelys Verteidigung einen Brief an die Zeitung *Philadelphia Evening Bulletin*, in dem er sagte, das Geld, das die Aktionäre investiert hatten, sei nicht Keely und seiner Arbeit, sondern unehrlichen Förderern innerhalb der Firma zugeflossen, die Aktien verkauft und den Erlös in die eigene Tasche gesteckt hatten. Diese Sichtweise teilte auch Clara Bloomfield Moore, eine reiche Witwe, die schließlich Keelys

Finanzier und Biographin wurde. Sie schrieb, daß der Plan „von Intriganten geschmiedet" worden sei und daß „öffentliche Behauptungen, Mr. Keely sei mit großen Geldbeträgen aus der Firma unterstützt worden, unwahr sind."

Trotz dieser Unterstützung brachte das Fiasko der Keely Motor Company den Erfinder 1888 für kurze Zeit ins Gefängnis. „Mr. Keely ist sein eigener schlimmster Feind", schrieb Moore. „Wenn er des Betruges verdächtigt wird, verhält er sich, als wäre er ein Betrüger." Sie spielte auf einen Gefühlsausbruch an, bei dem Keely Instrumente zerstörte, die zu bauen ihn Jahre gekostet hatte. Moore sagte, Keely tat dies, weil er mit den beleidigenden Anschuldigungen arroganter Wissenschaftler nicht umgehen konnte, und sein Verhalten habe zu „dem Verdacht [geführt], seine Instrumente seien nichts weiter als Geräte, mit denen er seine Gönner geschickt betrügt."

1890 schien eine Publikation namens *New York Truth* die Meinung ihrer Zeit widerzuspiegeln. „Während Keely von reinen Geschäftsleuten behindert wurde, ... denen es viel mehr um Dividenden als um Entdekkungen ging, blieb ihm kaum etwas anderes übrig, als den Showmann herauszukehren und teilweise Herrschaft über die Harmonien der Natur vorzuführen."

Dale Pond sagt, die moderne Wissenschaft habe Keelys Werk bestätigt. Nun, da man ihn ernster nimmt, gibt Keelys Geheimnis nur noch mehr Rätsel auf. Was geschah mit der Fülle seiner Schriften? Niemand weiß es genau. Doch Forscher wie Dale Pond bauen Keelys Maschinen nach und führen seine Experimente fort.

WALTER RUSSELL UND DIE UNSICHTBARE GEOMETRIE DES RAUMES

Walter Russell (1871-1963) war ein weiterer Energieforscher, dessen Werk erneut studiert wird. Den Archiven der Russell-Stiftung zufolge war Nikola Tesla von Walter Russells Theorien dermaßen beeindruckt, daß er Russell riet, sein Wissen 1000 Jahre lang im Smithsonian Institute zu verschließen, bis die Menschheit reif sei, es weise anzuwenden.

Russell war ein umjubelter Künstler, Musiker, Philosoph und Autor. Er brachte sich als Autodidakt die wissenschaftlichen Grundlagen so erfolgreich bei, daß ihm von der Amerikanischen Akademie der Wissenschaften die Ehrendoktorwürde verliehen wurde. Und Russell war seiner Zeit in der Tat weit voraus. 1926 sagte er die Existenz und Eigenschaften von Tritium, Deuterium, Neptunium, Plutonium und anderer Elemente vorher, die erst in den dreißiger und vierziger Jahren entdeckt wurden. Während der zwanziger Jahre hatte er als Präsident der Gesellschaft der Künste und Wissenschaften häufig Gelegenheit, seine Ansichten zu Materie und Energie darzulegen, einschließlich eines fortschrittlichen Verständnisses dessen, was wir heute Raumenergie nennen – die Hintergrundenergie des Universums, die ausführlicher in Kapitel 4 beschrieben wird.

Der Weg zu billigem Wasserstoff

Moderne Forscher konnten Russells Arbeit bestätigen. Vor wenigen Jahren führten drei Männer aus Colorado – der Chemieforscher Ron Kovac, der Elektroingenieur Toby Grotz und der Naturheilarzt Dr. Tim Binder – ausführliche Laboruntersuchungen durch, um zu sehen, ob Russells Theorien und Experimente stimmig sind. Mit Erfolg. Das Trio wiederholte eines von Russells Experimenten aus dem Jahre 1927, das im selben Jahr in den Westinghouse-Labors bestätigt wurde und ein preiswertes, effizientes Verfahren zur Wasserstoffgewinnung demonstrierte. Dadurch würde die Entwicklung einer auf Wasserstoff basierenden Brennstoff-Wirtschaft möglich, wie sie in Kapitel 9 erörtert wird – einer Technologie, die praktisch frei von Umweltbelastungen wäre und auf Überfluß anstelle von Knappheit setzt.

Raumenergie und die Regierung

Russell baute auch ein Gerät, das er Russells Optischen Dynamo-Generator nannte und das, wie er behauptete, Raumenergie eingefangen hatte. Durch die von Toby Grotz geleistete Detektivarbeit kamen die Originalpläne dieses Gerätes zum Vorschein, die in einem Keller in Colorado gefunden wurden.

Der Besitzer des Kellers war Kollege eines Generals beim Nordamerikanischen Luftverteidigungskommando (NORAD – North American Air Defense Command) – der Verteidigungseinrichtung, die für den Schutz Nordamerikas vor einem Atomangriff verantwortlich ist. Russell arbeitete an seinem Gerät mit Wissenschaftlern sowohl von NORAD als auch von der Firma Raytheon zusammen. Grotz sagt, NORAD sei an dem Generator interessiert gewesen, weil Russell behauptet hatte, das Gerät könne nicht nur mehr Energie erzeugen, als es für den Betrieb benötigte, sondern es lasse sich mit seiner Hilfe auch ein äußerst leistungsfähiger neuer Typ von Radargeräten entwickeln.

NORAD-Offiziere aus Colorado Springs statteten Russell, seiner Frau und seinem Forschungsassistenten Lao 1959 einen Besuch in Russells Haus in Virginia ab. Sie einigten sich darauf, daß die Russells regelmäßig über ihre Ergebnisse berichten sollten. Am 10. September 1961 berichtete das Paar, der Russell-Generator habe funktioniert, und der Präsident der Vereinigten Staaten könne der Welt nun verkünden, daß eine neue, sichere Energiequelle zur Verfügung stehe.

Doch die Überzeugung der Russells, sie hätten eine Methode demonstriert, Raumenergie in elektrischen Strom umzuwandeln, traf außer bei NORAD bei niemandem auf Interesse, und es gibt kein öffentliches Dokument darüber, was NORAD damit anstellte. Damals bezeichnete die konventionelle Wissenschaft die Entdeckung als „nichtwissenschaftlich", und die Öffentlichkeit hörte nie wieder etwas davon.

Die Neue-Energie-Forscher von heute sind sehr an den Theorien interessiert, auf denen der Russell-Generator basiert. Russell sagte, das Universum bestehe aus elektrischer Energie und die Natur vervielfache Energien, indem sie diese Elektrizität – oder Raumenergie – konzentriert, bis sie Materie bildet, wie zum Beispiel einen Stern oder einen Planeten. Russells Gerät erschuf diese natürliche Energieakkumulation neu.

Die Russells gründeten die Universität der Wissenschaft und Philosophie in Waynesboro, Virginia, und Forscher, die sich mit dem Universum eng verbunden fühlen, führen sein Werk fort. Grotz und seine Kollegen wollen diese Forschung ebenfalls weiterverfolgen.

THOMAS HENRY MORAY:
EIN STRAHLUNGSENERGIEGERÄT PROVOZIERT ATTENTATE

Thomas Henry Moray (1892-1974) entdeckte bereits im Alter von acht Jahren die Schriften von Nikola Tesla für sich. Schon im Jahre 1900 hatte er sein eigenes Heimlabor in Salt Lake City, Utah. Ein Absatz blieb ihm besonders im Gedächtnis. Darin stellte Tesla fest, daß das gesamte Universum von einer Form von Energie durchdrungen ist und daß diese Energie, wenn sie sich in Bewegung befindet, zur Krafterzeugung genutzt werden könne. Der junge Moray betrachtete dies als eine Herausforderung.

Viele Menschen verlieren mit der Zeit das Interesse an den Dingen, von denen sie sich in ihrer Jugendzeit fesseln ließen. Aber Moray, Sohn eines Geschäftsmannes, wurde Elektroingenieur und verfolgte seinen Traum weiter – die Idee, daß Menschen Energie aus dem Kosmos ziehen können, indem sie die im Raum anwesenden Schwingungen stimulieren und verstärken.

Moray glaubte nicht nur an seine Idee, er bewies sie sogar vor der Öffentlichkeit. Sein Strahlungsenergie-Gerät funktionierte tagelang ohne Unterbrechung und wandelte Raumenergie in nutzbaren Strom um, und dies wurde gut dokumentiert und von angesehenen Autoritätspersonen bezeugt. Ohne irgendwelche beweglichen Teile im Inneren erzeugte das Gerät, das auf einem Tisch Platz fand, eine seltsame Art von Elektrizität, die Glühbirnen zum Leuchten brachte, ein Bügeleisen erhitzte und einen Motor antrieb.

Doch Morays Gerät wurde zerstört, und seine Familie sah sich allen möglichen Repressalien ausgesetzt, die offenbar von einem Personenkreis ausgingen, der nicht wollte, daß ein solches Gerät der Allgemeinheit zugänglich wurde. Heute versuchen seine Söhne dort weiterzumachen, wo er aufhörte.

Transistoren und die Schwingungen des Kosmos

1939 betrieb Moray ein selbstgebautes Gerät mit einer nutzbaren Ausgangsleistung von fünfzig Kilowatt elektrischen Stroms. Einem Physiker zufolge wurden die Experimente damit von hervorragenden Wissenschaftlern bezeugt. Aus dem gezeitenartigen An- und Abschwellen der Raumenergie pumpte er mit seinem fünfundfünfzig Pfund schweren Strahlungsenergie-Gerät zuverlässig Energie ab. Morays Experimente deuten darauf hin, daß Wogen von Energie wie Meereswellen unablässig gegen die Erde branden. Diese Energiewellen lenkte er in sein Gerät. Laut den Berichten von verläßlichen Zeugen funktionierte das Gerät tagelang ohne Unterlaß und ohne irgendein Anzeichen von Leistungsverminderung.

In seinem Gerät setzte Moray Transistoren ein. Damit war er seiner Zeit weit voraus. In den ersten zweihundert Jahren der Erforschung der Elektrizität zeigten Wissenschaftler großes Interesse an der Entdeckung von Isolationsmaterialien, die das Entweichen von Elektrizität verhindern, sowie von leitfähigen Stoffen, mit denen sie in ihren Experimenten die Elektrizität besser kontrollieren konnten. Für Substanzen, die weder gute Isolatoren noch gute Leiter sind, interessierten sie sich weniger. Schließlich fand man jedoch heraus, daß diese dazwischen liegenden Substanzen, Halbleiter genannt, insofern praktischen Nutzen hatten, als sie kontrollierte Spannungsänderungen innerhalb der elektrischen Schaltkreise ermöglichten.

Der Telefongesellschaft Bell wurde zugeschrieben, 1948 den ersten Transistor entwickelt zu haben – im Grunde genommen ein Sandwich, das aus zwei oder mehr Arten von Halbleitern bestand, die auf eine Grundplatte gelötet waren. Erst der Transistor machte die moderne Unterhaltungs- und Informationselektronik wie Stereoanlagen und Personalcomputer möglich, denn Transistoren sind wesentlich kompakter, haltbarer und langlebiger als die alten Vakuumröhren, die bald von ihnen verdrängt wurden.

Morays Förderer behaupten, er habe den Transistor fast zehn Jahre früher erfunden als Bell. Doch ob ihre Behauptungen nun stimmen oder nicht, für seine Erfindung des Strahlungsenergie-Gerätes, das die Aussicht auf einen Durchbruch in der Gewinnung sauberer Neuer Energie näherrücken ließ, hätte der Name Moray gewiß in die Geschichtsbücher aufgenommen werden müssen.

Moray wird schikaniert

Als ich von Neue-Energie-Forschern Morays Geschichte erfuhr, interviewte ich seine Söhne John, der Physiklehrer an der Schule von Salt Lake City ist, und Richard, ebenfalls Physiker, der auf einer Farm in Kanada lebt. Richard beantwortet Fragen über seinen Vater sehr argwöhnisch. Er erklärt, warum er eifrig auf die Privatsphäre seiner Familie bedacht ist und warum er nicht öffentlich auf die Strahlungsenergie hinweist: „Ich möchte nicht, daß meine Familie das durchmacht, was wir [durchgemacht] haben. … Ich sah, wie auf meine Mutter geschossen wurde. Ich sah, wie auf meinen Vater geschossen wurde."

Richard wird nie vergessen, daß seine Eltern, als er noch ein kleiner Junge war, ein kugelsicheres Auto anschaffen mußte, was nicht verhinderte, daß auf seine Mutter geschossen wurde. Bei einem Vorfall wurde, als die Mutter mit den Kindern in der Stadt umherfuhr, aus einem mysteriösen schwarzen Sedan auf sie geschossen, und der Wagen wurde von einer Kugel getroffen. Glücklicherweise wurde niemand verletzt.
Sein Vater wurde in seinem Labor angegriffen. Dabei traf ihn eine Kugel ins Bein. Henry Moray war ein ausgezeichneter Pistolenschütze und hätte den unbekannten Attentäter töten können, sagt Richard, doch sein Vater war kein gewalttätiger Mensch.

Moray wurde auch auf andere Weise belästigt. Wiederholt wurde in sein Haus und sein Labor eingebrochen, wenn die Familie nicht daheim war. In *The Sea of Energy*, einem Buch, das er über die Arbeit seines Vaters schrieb, sagt John Moray, seine Mutter habe anonyme Telefonanrufe erhalten, bei denen ihr gesagt wurde, das Leben ihres Mannes sei „'keinen Pfifferling wert', es sei denn, er kooperiere bei der Strahlungsenergie".

Bei dem traurigsten, aber schlecht dokumentierten Vorfall ergriff ein Mann namens Felix Frazer, der in Morays Labor arbeitete, einen Hammer – oder, wie manche berichten, eine Axt – und zerstörte das Strahlungsenergie-Gerät. Das Motiv des Mannes wird wohl niemals voll und ganz klar werden. Sicher ist allerdings, daß er damit Jahre der Forschung und Entwicklung ausradierte und einige der wichtigsten Komponenten des Gerätes irreparabel zerstörte. John sagt, sein Vater habe später ein anderes Gerät gebaut, es aber dann demontiert, angeblich um die Einzelteile anderweitig zu verwenden.

Wer waren Henry Morays geheimnisvolle Widersacher? Aufgrund der prägenden Zeitstimmung ging Moray davon aus, die Schikanen und die Zerstörung seines Gerätes seien Teil einer kommunistischen Verschwörung. Andere Energieforscher vermuten, daß die Erklärung einfacher ist, und denken dabei an Motive wie Habsucht oder sogar Kollegenneid. Der Konkurrenzneid kam von anderen Wissenschaftlern, die Habgier von Firmen, mit denen Moray zusammenarbeitete und von denen John und sein Vater glaubten, daß sie schlecht geführt wurden, und die mit einem Teil von Morays Geld verschwanden.

Trotz der Todesdrohungen führte Moray glaubwürdigen Zeugen mehrfach seinen seltsamen Elektrogenerator vor. Die einzige Drohung, die ihn davon abhielt, weitere Demonstrationen durchzuführen, kam in Form eines Rates von seinem Patentanwalt in Washington. Er sagte ihm, er könne nach dem Patentrecht seine Ansprüche an einem Patent verlieren, wenn er fortfahre, seine Erfindung jedermann zu zeigen.

Doch das Patentamt der Vereinigten Staaten war keine große Hilfe. Das Amt wies sieben Patentanträge für das Strahlungsenergie-Gerät zurück, weil es sich nicht in die bekannte Physik der damaligen Zeit einfügte. Morays Halbleitertechnologie war seiner Zeit so weit voraus, daß der Patentprüfer einräumte, er könne nicht erkennen, wie das Gerät funktionieren solle.

John und Richard haben einen Großteil ihrer Zeit damit verbracht, die großen Geldsummen aufzutreiben, die ihrer Ansicht nach nötig sind, um die kostenintensive Entwicklung des Geräts zum Vorstadium der Serienreife zu finanzieren, in dem die Komponenten so genormt werden, daß das Gerät in größeren Stückzahlen produziert werden kann. Einige Forscher glauben, T. Henry Moray nahm seine Geheimnisse mit ins Grab und seine Söhne würden nicht in der Lage sein, sein Gerät nachzubauen, selbst wenn sie die dazu nötigen Mittel von mehreren Millionen Dollar auftreiben könnten. Morays Söhne sagen jedoch, daß sie all seine Laboraufzeichnungen geerbt haben, und sie planen, sein Werk fortzuführen.

DER MAGNETMOTOR VON LESTER HENDERSHOT

Ist es möglich, daß Erfinder wegen ihrer Erfindungen vorzeitig den Tod fanden? Bei Lester J. Hendershot (1898-1961) könnte dies der Fall gewesen sein. Sein zwanzig Pfund schweres Gerät wandelte Energie aus dem Erdmagnetfeld in genügend Strom um, um nach Angaben seines Sohnes und Dutzender Freunde und Bekannter ein Fernsehgerät und eine Nähmaschine gleichzeitig stundenlang in seinem Wohnzimmer zu betreiben.

Neben der Arbeit an seinem Gerät übte Hendershot aus Elizabeth, Pennsylvania, die unterschiedlichsten Beschäftigungen aus, vom Feuerwehrmann über LKW-Fahrer für die Post bis hin zum staatlich angestellten Ingenieur. Ed Skilling aus Illinois, ein Elektronikingenieur, der ein paar Jahre mit dem Erfinder zusammenarbeitete, sagt, als er Hendershot 1958 kennenlernte, habe er erwartet, einen Betrüger zu treffen, der wie ein Maschinengewehr redet und den Leuten das Geld aus der Tasche zieht. Statt dessen fand er einen extrem intelligenten, aber einfachen und aufrichtigen Menschen vor, der gegen Ende seines Lebens wahrscheinlich unter mehr Streß gestanden hat, als er verkraften konnte.

Ein neuer Kompaß entpuppt sich als Generator

Lester Hendershot war nicht darauf aus, ein Neue-Energie-Gerät zu erfinden. Als er in den frühen zwanziger Jahren ein kleines Gerät baute, das in Wechselwirkung mit dem Erdmagnetfeld treten sollte, ging es ihm eigentlich darum, einen verbesserten Kompaß zu konzipieren. Zu seiner Überraschung rotierte sein Gerät wie ein Motor. Hendershot kam zu dem Schluß, daß die Drehung der Erde eine Reibung mit dem Erdmagnetfeld erzeugen müsse – ganz ähnlich wie bei einem sich drehenden Ball, der mit einem Stoff überzogen ist, zwischen Ball und Stoff Reibung entstehen müsse – und daß sein Gerät in der Lage war, die von dieser Reibung hervorgerufene Energie einzufangen. Er bastelte weiter an seiner Entdeckung herum, und schließlich kam dabei ein Gerät heraus, das genügend Energie abgab, um gleichzeitig ein kleines Radio und eine 120-Volt-Glühbirne zu speisen.

Hendershot brachte seine Erfindung zunächst einmal zum Leiter des nahegelegenen Behelfsflugplatzes Bettis Field. Dort konnte der Flieger Charles Lindbergh einen ersten Blick auf das Gerät werfen, und er zeigte sogleich Interesse an dessen Entwicklung. Schließlich fuhr Hendershot mit seinem Generator zum Flugplatz Selfridge Field in Detroit, um dort erste grundlegende Experimente durchzuführen.

Ende Februar 1928 schafften es die Neuigkeiten von Hendershots Gerät auf die Titelseiten der nationalen Zeitungen, als Lindbergh in Selfridge zusammen mit dem Flugplatzkommandanten Major Thomas Lanphier an einer Vorführung teilnahm. Die Zeitungen jener Zeit berichteten, mächtige Investorengruppen zeigten größtes Interesse an der Erfindung. Andere Zeitungsartikel besagten, Techniker des Flugplatzes hätten unter Lanphiers Kommando und Hendershots Anleitung ein Hendershot-Gerät gebaut. Aufgrund der Verbindung zu Lindbergh wurde Hendershot in jenem Jahr tagelang in den Zeitungen zitiert.

Hendershot wird zum Schweigen gebracht

Und dann gerieten Hendershot und sein Gerät plötzlich in Vergessenheit. Die Zeitungen stellten die Sache im März 1928 so dar, daß Hendershot während einer Demonstration seiner Erfindung im Patentamt einen schweren Elektroschock erhalten hatte und ins Krankenhaus eingeliefert wurde. Die Presse behauptete, es sei ein 2000-Volt-Schock gewesen, doch seinem Sohn Mark zufolge erzählte Hendershot seiner Familie, er habe einen Schlag von nur 220 Volt abbekommen. Da Lesters Stimmbänder zeitweise gelähmt waren, mußte er sich mehrere Wochen lang erholen.

Mark sagt, während sein Vater im Krankenhaus lag, habe der Repräsentant einer Gesellschaft Lester die Einwilligung abringen können, zwanzig Jahre lang nicht mehr an seiner Erfindung zu arbeiten, und ihm seien unter dieser Bedingung 25 000 Dollar gezahlt worden. Lester gab nie preis, welche große Firma ihn bezahlt hatte.

Lester Hendershot trat dann jahrzehntelang nicht mehr öffentlich in Erscheinung, bis Ed Skilling ihn in den fünfziger Jahren durch einen gemeinsamen Bekannten aufspürte. Skilling und sein Bekannter brachten Hendershots ungewöhnliches Gerät in Skillings Labor, schafften es aber nicht, es zum Laufen zu bringen. Skilling gab die Kiste zurück und dachte daran, das Projekt einfach ad acta zu legen und es in seinen Unterlagen als Schwindel zu vermerken.

Doch es kam anders. Ehe Skilling das Haus der Hendershots verließ, fummelte der siebenjährige Mark an einem Einstellknopf herum, bis die Glühbirne aufleuchtete, die zur Anzeige der Ausgangsleistung diente. Skilling hatte nach versteckten Batterien gesucht und festgestellt, daß es keine gab. Deshalb wußte er, daß die Birne nur durch die Energie, die aus der Maschine selbst kam, zum Glimmen gebracht wurde. So blieb Skilling bei seinem Vorhaben. Doch nur die Hendershots konnten das Gerät zum Laufen bringen, und Lester wußte nicht, wie er es nachbauen oder maßstäblich vergrößern konnte. „Ich bin keiner von diesen Jungs mit Rechenschiebern", sagte er. „Das ganze ist ziemlich empirisch."

Mark Hendershot erinnert sich daran, daß ihm erzählt worden war, sein Vater habe am 19. April 1961 einen Anruf von einem Mann mit beeindruckenden Referenzen erhalten, der behauptet hatte, er sei in der Lage, das Geld für die Finanzierung aufzutreiben. Doch dazu kam es nicht mehr. Als Mark am selben Tag von der Schule heimkehrte, fand er seinen Vater tot im Auto der Familie vor. Der Motor lief, und auf den Auspuff war ein Schlauch gesteckt, dessen anderes Ende ins Fenster eingeklemmt war. Ohne weitere Untersuchung wurde der Vorfall als Selbstmord deklariert. Mark fällt es schwer, das zu glauben, besonders da der Telefonanruf nur etwa eine Stunde vor Lesters Tod erfolgt war. Doch gelang es Mark nie, irgendwelche Beweise für einen Mord vorzulegen.

Skilling bedauert, daß Hendershot keine Gelegenheit hatte, T. Henry Moray kennenzulernen, „denn die Kombination aus der Einfachheit von Hendershots Schaltungen mit Morays Wissen und Theorie um die Strahlungsenergie würde die Menschheit in Staunen versetzen." Mark Hendershot, Vietnam-Veteran und heute Familienvater mit einem Elektrogeschäft im Staate Washington, will nur, daß die Fakten richtiggestellt werden. Die Zeitungen der Vergangenheit hatten den Eindruck hinterlassen, das Hendershot-Gerät sei ein Schwindel. Wenn es aber so gewesen wäre, so fragt Mark – der das Werk seines Vaters fortsetzt –, warum überreichte dann ein Mann vom Format eines Charles Lindbergh Lester Hendershot im Krankenhaus eine teure Smokingjacke aus Seide als Genesungsgeschenk?

VIKTOR SCHAUBERGER UND DIE ENERGIESPIRALE

Ein weiterer Erfinder, der ein trauriges Ende nahm, ist der Österreicher Viktor Schauberger.

Anfang dieses Jahrhunderts hatte der Forstmeister Schauberger (1885-1958) unzählige Stunden damit verbracht, im Wasser von Wildbächen wirbelartige Turbulenzen zu beobachten, die dreidimensionale Spiralen bildeten. Zu jener Zeit arbeitete er im Dienste eines österreichischen Prinzen, und die königliche Familie besaß ein riesiges Areal unberührten Naturwaldes. Dadurch hatte Schauberger die Möglichkeit, über Jahre hinweg die Lebensvorgänge in den Bergen zu studieren, die seiner Obhut unterstanden.

Der energetisierte Wirbel

Einem seiner Biographen zufolge gelangen Schauberger ungewöhnliche Einblicke in dieses ungestörte Ökosystem. So beobachtete er zum Beispiel, wie ein abgeschiedener Waldsee, der durch kein fließendes Gewässer gespeist wurde, sich regenerierte, indem sich in ihm ein Strudel bildete, aus dem schließlich eine gigantische Fontäne aufstieg. In der nächtlichen Betrachtung eines Wasserfalls im Lichte des Vollmondes erfuhr er etwas über den erhöhten Energiezustand von kaltem Wasser, als er sah, wie Steine im Wasser emporschwebten.

Das Thema, das er in den Bewegungen und Mustern der Natur erkannte, war der Wirbel, eine Art von Spirale (siehe „Energiespiralen" S. 44). Getreu seinem Motto „die Natur kapieren und kopieren" schuf dieser geniale Beobachter das, was er „lebende Maschinen" nannte. Die heutigen Energietechnologien verwenden hauptsächlich die nach außen gerichtete Bewegung, den Vorgang der *Explosion*, wie beim Verbrennen von Benzin und der Spaltung von Atomkernen. Im Kontrast dazu arbeiteten Schaubergers Maschinen nach den Prinzipien einwärtsdrehender Bewegung – der *Implosion*. Kurz, er hatte entdeckt, wie man elektrische Energie auf eine radikal andere Weise erzeugt, indem man im Einklang mit den kreativen Bewegungen der Natur arbeitet. Wir werden die Prinzipien, auf denen Schaubergers Gerät aufbaut, in Kapitel 11 ausführlicher erörtern, wo wir einem Mann begegnen, der Schaubergers Arbeit fortgesetzt hat.

Warum wurde Schauberger unterdrückt?

Die jüngsten Entdeckungen von Schaubergers Biographen und Neue-Energie-Forschern werfen ein wenig Licht auf das, was dem Erfinder widerfuhr, obwohl viele Fragen weiterhin unbeantwortet bleiben. 1958, als er dreiundsiebzig Jahre alt war, überredeten zwei Amerikaner Viktor und seinen Sohn Walter, in die Vereinigten Staaten zu gehen. Die Nazis hatten Viktor gezwungen, in einem Gefangenenlager an seinem Energieerzeugungsgerät zu arbeiten – anderenfalls hätte er seiner Familie für immer Lebewohl sagen müssen. Nun versprach ihm ein Konsortium, seine nützlichen Energiegeräte herzustellen. Das war etwas, was er immer gewollt hatte.

Dieser Amerika-Besuch, der in einem äußerst schwülen texanischen Sommer stattfand, erwies sich als Tortur. Ein Atomenergieexperte reiste aus New York an und traf sich drei Tage lang mit den Schaubergers. Wie verlautet, schrieb er in einem Dokument, das auch Vater und Sohn Schauberger einsehen konnten, Viktor habe recht – seine Biotechnologie sei der Weg in die Zukunft. Doch recht bald offenbarten die Gastgeber der Schaubergers ihre Unaufrichtigkeit – sie hatten es überhaupt nicht eilig, seinen Generator zu entwickeln.

Um nach Hause zurückkehren zu können, hatte Viktor während seines Aufenthalts in den Vereinigten Staaten einen Vertrag unterschrieben, der es ihm verbot, jemals etwas über seine früheren oder zukünftigen Entdeckungen zu schreiben oder auch nur darüber zu sprechen. Das Konsortium besaß nun alle Rechte an seinen Geheimnissen über den Implosionsgenerator. Als Vater und Sohn ins Flugzeug stiegen, um in jenem Herbst nach Österreich zurückzukehren, war Viktor geistig gebrochen und Walter mit einer Bitterkeit gegenüber den Vereinigten Staaten erfüllt, die sein ganzes Leben lang anhielt.

Auf dem Heimweg rief Viktor wiederholt: „Sie haben mir alles genommen, alles. Ich gehöre nicht einmal mehr mir selbst." Fünf Tage nach ihrer Rückkehr starb er mit gebrochenem Herzen. Statt für sein Werk belohnt zu werden, endete Viktor Schaubergers Leben in Verzweiflung.

Für die Forscher von heute, die herauszufinden versuchen, was mit Viktor Schaubergers Unterlagen über die Einzelheiten des umweltfreundlichen Generators geschehen ist, sind die Spuren verwischt. Zum Beispiel rannte Erwin Krieger aus Ohio, ein pensionierter Wissenschaftler aus der Industrie, 1993 gegen eine Wand an, als er auf Grund des Gesetzes zur Freigabe von Information um Unterlagen ersuchte, die mit der „Befragung oder Untersuchung" von Viktor und Walter Schauberger in der Zeit von Juli bis September 1958 in Texas zusammenhingen. Kriegers Bitte um Information wurde von der Central Intelligence Agency abgelehnt. Die CIA bestätigte weder das Vorhandensein der Unterlagen, noch leugnete sie es, wobei sie sich auf das Gesetz zur nationalen Sicherheit aus dem Jahre 1947 berief.

Warum sollte jemand Viktor Schauberger hinters Licht führen und ihm vormachen, man wolle sein Wissen der Welt bekanntgeben, und statt dessen seine Erkenntnisse, sobald man sie ihm entlockt hatte, nur um so strikter geheimhalten? Eine Vermutung stammt von einem Kernphysiker und Elektroingenieur, der sich länger als fast jeder andere mit dem Gebiet der alternativen Energie befaßt hat. Dan A. Davidson aus Arizona schreibt über Neue-Energie-Geräte im allgemeinen:

> Verschiedene Machtgruppen wissen, daß es, wenn der Menschheit unbegrenzte Energie zur Verfügung steht, praktisch unmöglich wird, die Menschen zu beherrschen und zu manipulieren. Mit Freier Energie ist keiner mehr von denen abhängig, die durch Benzinkürzungen seine Mobilität kontrollieren könnten. Man könnte praktisch überall leben, da ein frei verfügbarer Energievorrat sich dazu verwenden ließe, jede Umgebung bewohnbar zu machen. Wasser könnte, falls nötig, der Luft durch Kondensation entzogen werden; und mit Wasser könnte Nahrung angebaut werden. Ein Land, dem *grenzenlose* Energie zur Verfügung stünde, könnte alles synthetisieren, einschließlich der chemischen Elemente; deshalb unterläge ein solches Land aufgrund der fehlenden Abhängigkeit von Energieressourcen nicht mehr der internationalen Erpressung.
>
> Kurz gesagt: ENERGIE = FREIHEIT. [Hervorhebung im Original]

WILHELM REICH UND DER ORGONMOTOR

Wie Walter Russell war der Erfinder eines anderen Neue-Energie-Gerätes ein hochgebildeter Mann. Wilhelm Reich (1897-1957) war ein österreichischer Wissenschaftler – später emigrierte er in die USA – und ein ausgesprochener Neuerer auf Gebieten, die von der Psychiatrie bis zur Biologie reichten. Sein Gesamtwerk führte zu einer vereinheitlichenden

Entdeckung: einer pulsierenden Lebensenergie, die in unterschiedlichen Intensitäten überall zu finden ist. Reich nannte diese Energie „Orgon", da er sie zuerst in lebenden Organismen entdeckte.

1948 sah der berühmte Pädagoge A. S. Neill aus England einen kleinen Motor in einem Labor in Maine in Betrieb. Er war nur mit einem „Orgon-Akkumulator" verbunden, ohne irgendeine andere Energiequelle. Sein Freund Wilhelm Reich war der stolze Erfinder der Konstruktion. „Die Energie der Zukunft", sagte Reich.

Warum führte Reich, ein überaus produktiver Entdecker, diesen Forschungszweig nicht fort? „Meine Aufgabe ist die Entdeckung, und ich überlasse es anderen, die Resultate zu erzielen", schrieb er in einem Brief an Neill.

Niemand griff Reichs Arbeit auf, und er starb in einem Bundesgefängnis, seine Bücher und Unterlagen wurden verbrannt. Reichs Leben endete nach einem langwierigen Konflikt mit der Food and Drug Administration, bei dem die FDA Beweismaterial für ein Gerichtsverfahren gegen den physiotherapeutischen Einsatz seines Orgon-Akkumulators sammelte.

Statische Elektrizität: Übersehene Freie Energie

Obwohl Reich das Orgon erstmals bei Forschungsarbeiten in der Psychiatrie und Biologie entdeckte, stellte er fest, daß es als Antriebskraft genutzt werden konnte. 1947 kaufte er einen Geigerzähler, um kosmische Strahlung zu messen, da er dachte, Orgon habe vielleicht ähnliche Eigenschaften wie die kosmischen Strahlen, die ständig aus dem Weltraum auf unsere Atmosphäre treffen. Als er das Zählrohr ins Innere eines Orgon-Akkumulators brachte – eine Kiste, die Orgonenergie einfängt und konzentriert –, registrierte der Zähler die normale Hintergrundstrahlung, indem er in normalen Intervallen klickte, etwa dreißig Zerfallszählungen pro Minute. Reich wandte sich dann anderen Projekten zu und verstaute den Geigerzähler neben einem Miniatur-Orgon-Akkumulator.

Ein paar Monate später holte er den Geigerzähler hervor und stellte fest, daß er nun bei erstaunlichen 6000 Zählimpulsen pro Minute klickte. Nach der Durchführung einiger Tests befand Reich, daß der Geigerzähler mit Orgonenergie gesättigt worden war. Ein Jahr später stellte er fest, daß Vakuumröhren – die Art von Röhren, die früher in Fernsehgeräten zu finden waren – ebenfalls durch langes Vollsaugen in der konzentrierten Orgonumgebung beeinflußt worden waren. Diese Röhren zeigten die starken Effekte von Orgon, indem sie ein intensives violett-blaues Licht abgaben. Daraufhin unternahm Reich Versuche, die Röhren für den Betrieb eines Motors einzusetzen. Dieses Unterfangen wurde von fünf Angehörigen seines Forschungsstabes bezeugt.

Auf der Grundlage dieser und anderer Experimente kam Reich zu der Auffassung, statische Elektrizität und Orgon müßten einander verwandt sein. Statische Elektrizität ist Elektrizität im Ruhezustand, im Gegensatz zu dynamischer Elektrizität, die in einem Strom fließt – die Elektrizität, bei der die Haare beim Kämmen vom Kamm angezogen werden, im Gegensatz zu jener, die durch die Hausverkabelung fließt. Reich dachte, Orgon sei die einzige Primärenergie, und sie gleicht der statischen Elektrizität insofern, als sie weite Bereiche durchdringt, ohne die darin befindlichen Lebewesen zu irritieren. Im Gegensatz dazu ist dynamische Elektrizität eine gröbere Form von Energie, die störenden Einfluß auf Lebewesen hat.

Eine solche Schlußfolgerung – daß Orgon und statische Energie verwandt sind – könnte einige der offenen Fragen der Neue-Energie-Wissenschaft beantworten. So werden zum Beispiel elektrostatische Motoren wiederentdeckt – Motoren, die mit der Energie aus dem sie umgebenden Raum laufen. Seit der Erfindung des Kondensators, mit dem sich die aus dem modernen Stromnetz bezogene elektrische Ladung speichern läßt, kamen diese Motoren außer Gebrauch. Dan Davidson und andere betrachten die statische Elektrizität als einen Hauptschlüssel zu Neue-Energie-Systemen, denn die Energiequelle ist frei verfügbar – der Strom kommt nicht aus der Steckdose.

Reichs Bücher werden verbrannt

Ein Grund, warum Reich die Entwicklung des Orgonmotors nicht weiterverfolgte, war die anhaltende Auseinandersetzung mit der Food and Drug Administration, die jahrelang an seiner Zeit und Energie zehrte. 1954 befahl die FDA in dem Versuch, den Einsatz von Orgon-Akkumulatoren in der physikalischen Therapie zu unterdrücken, daß Reichs gebundene Bücher aus dem Verkehr gezogen wurden. Seine broschierten Bücher, einschließlich all seiner Periodika, wurden von Regierungsangestellten verbrannt. Alles, worin das Wort „Orgon" erwähnt wurde, ging buchstäblich in Flammen auf. Da er sich einer einstweiligen Verfügung widersetzte, die ihm untersagte, sein Material zu veröffentlichen, wurde Reich zu zwei Jahren Haft verurteilt. Er starb 1957 im Gefängnis.

In seiner langen und fruchtbaren Laufbahn machte Reich viele ungewöhnliche Bemerkungen, besonders, als er gegen Ende seines Lebens immer mehr unter Streß geriet. Dazu gehört seine Behauptung, seine „Cloudbuster"-Maschine könne UFOs beeinflussen. Deshalb wurde auch er zu einer Zielscheibe für Skeptiker, die sich lieber auf die amüsanten Verschrobenheiten eines Neuerers konzentrieren als auf dessen Leistungen. Gibt es einen anderen Blickwinkel, aus denen sich solche Innovatoren betrachten lassen? Donna Kossy, eine satirische, aber tolerante Autorin, stellt fest, daß „die von mächtigen Institutionen diskreditierten Ideen oft in den Untergrund, in das Reich der Spinnereien gedrängt werden."

Ein paar Neue-Energie-Forscher haben versucht, den Orgonmotor nachzubauen. Sie mußten jedoch feststellen, daß Reich nicht genug Aufzeichnungen hinterlassen hatte. Ein Erfinder wollte unbedingt an Informationen herankommen und scheute sich nicht, in das Wilhelm Reich Museum in Rangeley, Maine, einzubrechen. Er wurde deswegen eingesperrt, und die entwendeten Dokumente kehrten ins Museum zurück. Andere Forscher legen ihr Augenmerk auf die medizinischen Wirkungen des Orgons.

Der nächste Teil beschäftigt sich mit einigen Energieforschern von heute, und er beginnt mit einem Kapitel, in dem wir uns verschiedene Aspekte dessen anschauen, was eine ganz besondere Energiequelle zu sein scheint – das Hintergrundmeer aus Energie im Universum.

TEIL II

Raumenergie und die Neue Physik

Die Vorstellungskraft der Menschen, die die Dinge unserer Welt – von Kraftwerken bis hin zu Automobilen – entwerfen und konstruieren, ist gemeinhin durch das bestehende Wissen darüber, wie die Dinge funktionieren, eingeschränkt. Die meisten Ingenieure werden keine Geräte erfinden, die eine bestimmte Energiequelle nutzen, wenn ihnen über diese Energiequelle nichts beigebracht wurde. In diesem Teil werden wir einige der Erfinder kennenlernen, die sich über die Grenzen des heutigen Wissens hinweggesetzt haben.

Doch zunächst werden wir uns ihr allmählich deutlicher werdendes Weltbild ansehen, das sich, wie ich glaube, von der Physik ausgehend auf die anderen Wissenschaften übertragen wird. In gewissem Sinne ist es ein altes Weltbild. Vor einem Jahrhundert verwarf die Wissenschaft die alte Vorstellung von einer bewegungslosen Energiequelle, Äther genannt, von der man glaubte, sie erfülle den Raum wie eine Flüssigkeit, die vor langer Zeit in das Universum ausgegossen worden war. Ein Experiment, bei dem es nicht gelang, solch einen Äther nachzuweisen, überzeugte viele Wissenschaftler davon, ihren alten Glauben an eine Energie, die den gesamten Raum durchzieht, über Bord werfen zu müssen. Albert Einstein arbeitete eine umfassende Theorie aus, seine Relativitätstheorie, die erklärte, wie ein ätherloses Universum funktionieren kann.

Heute jedoch sind die Erforscher der Neuen Energie zu einer auf dem Äther basierenden Theorie des Universums zurückgekehrt. Bei ihrer Theorie gibt es allerdings eine Veränderung – sie basiert auf einem Äther in Bewegung. Wir werden sehen, warum diese Forscher zu dieser Idee zurückgekehrt sind, und dann betrachten, wie diese neue Theorie eingesetzt wurde, um verschiedene Neue-Energie-Geräte zu schaffen.

4

Eine neue Physik
für eine neue Energiequelle

*Heute betrachtet man das Vakuum [des Raumes] nicht
mehr als leer. ... Es ist ein Meer aus dynamischer
Energie ... wie die sprühende Gischt in der Nähe eines
tosenden Wasserfalls.*

— Harold Puthoff, Physiker

*Wir glauben heute, daß das Universum aus einer nicht-
materiellen Ursubstanz gebildet wird. Sie läßt sich als
Schattenladung beschreiben, die alle Dinge hervorbringt.*

— Shiuji Inomata und Yoshiyuki
Mita, Forscher

Moray B. King, ein graduierter Student an der Universität von Pennsylvania, wagte es 1978, ein Komitee aus Professoren der Ingenieurswissenschaften in Aufruhr zu versetzen, indem er eine These als Thema für
eine Doktorarbeit vorschlug: die These, daß Energie aus dem Raum abge-
zapft werden könnte. Der sympathische, gutmütige King hatte es nicht
darauf abgesehen, jemanden zu brüskieren. Tatsächlich hatte er als pflicht-
bewußter Student der Ingenieurswissenschaften zunächst die Standardmeinung akzeptiert, nach der das Vakuum des Raumes nicht als Energiequelle nutzbar sei.

Doch seit einigen Sommern, als er ein Buch über UFOs gelesen hatte,
war King von einer neuen Idee fasziniert. Quer durch die Physikliteratur
suchte er nach Prinzipien, die die Antigravitation einbeziehen, und dabei
stieß er auf ein Konzept, das ihn sogar noch mehr interessierte – etwas,
das als „Nullpunktenergie" bezeichnet wurde. Es ließ nicht nur Antigravitation zu, sondern auch eine unbegrenzte Energiequelle.

WAS SAGEN DIE LEHRBÜCHER?

Den meisten Wissenschaftlern und Ingenieuren wurde beigebracht, das Vakuum des Raumes sei vollkommen leer und unbewegt und es enthalte weder Wärme noch Licht noch Materie. Sofern jemand nicht gerade Quantenmechanik studiert, findet in seinem oder ihrem Lehrbuch die Nullpunktenergie keinerlei Erwähnung.

Ein Student der Quantenmechanik allerdings lernt, daß das Raumgefüge aus ungeordneten Fluktuationen aus Elektrizität besteht. Er oder sie lernt auch, daß diese Fluktuationen zusammenfassend als Nullpunktenergie bezeichnet werden, da sie die Energie repräsentieren, die selbst bei einer Temperatur um den absoluten Nullpunkt vorhanden ist – der Temperatur, bei der alles vollkommen kalt ist. Es ist die Energie, die noch vorhanden ist, wenn alle anderen Energiequellen versiegt sind.

Diese Energie ist schwer zu entdecken, da sie überall anwesend ist. Die Annahme, jemand könne sie spüren, käme der Aufforderung an einen Fisch gleich, er solle das Meer wahrnehmen; der Fisch hat keine Vorstellung von einer Welt, die kein Meer ist. Ähnlich sind die Fluktuationen der Elektrizität, die die Raumenergie ausmachen, zu mikroskopisch klein und zu schnell, als daß wir sie entweder mit unserem Körper oder mit Standardmeßgeräten wahrnehmen könnten.

Warum brachten Moray Kings Ingenieursprofessoren ihm nichts über Nullpunktenergie bei, die wir in diesem Buch als Raumenergie bezeichnen werden? Der Grund dafür liegt in der Annahme der Wissenschaftler, daß diese Vakuumfluktuationen sich schlichtweg ausgleichen. Sie nennen dies den zweiten Hauptsatz der Thermodynamik, auch bekannt als das Gesetz der Entropie. Nach diesem Gesetz ist alles zu wachsender Unordnung verdammt, bis es zu einem absoluten Stillstand kommt. Das heißt, gemäß der traditionellen Wissenschaft kann die Raumenergie keinem praktischen Zweck zugeführt werden, da ihre Unordnung sich nicht in ein organisiertes System bringen läßt. Dies wäre so, als ob ein Knäuel aus vielen Fäden sich plötzlich selbsttätig zu einem Hemd organisieren würde.

Eine neue Energie-Physik: Das Unmögliche möglich machen

King fand den eindrucksvollsten Hinweis auf Nullpunkt- oder Raumenergie in einem Buch mit dem Titel *Geometrodynamics*. Sein Verfasser, der bekannte Physiker John Archibald Wheeler, sagt darin, daß diese im Gefüge des Raumes schäumende Energie enorm stark ist, daß, würde sie zu einem Objekt verdichtet, dieses mehr Energie ausstoßen würde als ein heller Stern. Das ist reichlich viel Energie.

Befinden sich diese ungeheure Energiequelle und unsere Welt wirklich in einer Wechselbeziehung? King stellte fest, daß die Physikliteratur auch in diesem Punkt Gutes verhieß. Die Quantenmechanik – der Wissenschaftszweig, der sich mit Protonen, Elektronen und anderen grundlegenden Materieteilchen beschäftigt – lehrt, daß extrem hochfrequente Energie tatsächlich ständig mit physischer Materie interagiert. Sie sagt, daß diese grundlegenden Teilchen mit der Raumenergie vermischt seien.

Der Unterschied zwischen der Standard-Quantenmechanik und den Ideen von Wheeler und anderen Wissenschaftlern besteht darin, daß letztere annehmen, grundlegende Teilchen wie Protonen und Elektronen seien nicht nur mit Raumenergie durchmischt, sondern sie *bestünden* eigentlich *aus* Raumenergie. Als King fortfuhr, Bücher zu diesem Thema zu lesen, begann er Energie als ein Strömen zu sehen, als einen Fluß aus einer anderen Dimension des Raumes, wobei die Elementarteilchen winzige Wirbel in diesem Fluß bilden. Würde der Fluß zu fließen aufhören, so verschwänden die Elementarteilchen – die Bausteine aller Materie. Ebenso erginge es jedem Lebewesen und jedem Ding.

Voller Ehrfurcht begann King über die herkömmliche Anschauung der Raumenergie als einer willkürlichen Fluktuation von Elementarteilchen hinauszublicken. Bestätigung für seine neuen Ideen fand er im Werk des Physikers und Lehrers Dr. Timothy Boyer. Boyer sagte – im Gegensatz zum traditionellen wissenschaftlichen Glauben –, Raumenergie beeinflusse in der Tat die Materie, also die physische Welt um uns herum, und sie sei nicht willkürlich und bedeutungslos.

Schließlich erkannte King, daß die Ingenieure eine enorme Energiequelle für unsere Alltagswelt anzapfen könnten, wenn sie nur einen kleinen Teil dieser willkürlichen Energiebewegungen im Raum in gleichmäßige Ausrichtung bringen könnten.

EINE NEUE KOMBINATION VON THEORIEN

King grübelte: Warum fragt sich niemand, ob sich all diese Energie nutzen und für Arbeit einsetzen läßt? Die Antwort schien in der Spezialisierung zu liegen. Die Leute, die Maschinen und Generatoren herstellen, um Dinge zu bewegen, zu erhitzen und anzutreiben – die Ingenieure –, studieren nicht notwendigerweise Quantenmechanik. Die Leute, die Quantenmechanik studieren, die Physiker, die die Gleichungen und Formeln aufstellen, sie bauen keine Maschinen.

Selbst wenn die Mehrheit der Ingenieure und Physiker nicht an diesem Thema interessiert war, King war es. Er wollte immer noch herausfinden, ob es einen Weg gebe, die Nutzung von Raumenergie zu ermöglichen. So stellte der junge Student sich selbst eine Aufgabe. Er wollte sich an die Standard-Physikliteratur halten und sich nach Konzepten umschauen, die sich miteinander verbinden ließen und somit ein Wissensgerüst bildeten – eine kombinierte Theorie, auf deren Grundlage sich das Anzapfen dieser ungeheuren Energie realisieren ließe. Er durchforstete die angesehenen Zeitschriften und fand Artikel, die zusammengenommen ein einschlägiges Argument für das bildeten, was seine Professoren als unmöglich ansahen.

Die akademische Welt war zu dieser Zeit nicht besonders an Raumenergie interessiert, doch eine wachsende Leserschaft, vornehmlich außerhalb der Elite-Universitäten, nahm das Buch, das King schließlich schrieb, begeistert auf. *Tapping the Zero-Point Energy*, erstmals 1989 veröffentlicht, bildet eine Sammlung von veröffentlichten Theorien über die Raumenergie-Eigenschaften der Selbstorganisation von natürlichen Systemen. Dieses Buch legte die Fundamente für die Entwicklung einer einheitlichen Theorie zu einer neuen Energiequelle.

Vom Chaos zur Ordnung

1977 erhielt der in Rußland geborene Wissenschaftler Ilya Prigogine den Nobelpreis dafür, daß er zeigte, wie bestimmte Systeme sich von zufälligem zu geordnetem Verhalten entwickeln können. Das bedeutet, die Entropie, derzufolge Systeme in zunehmende Unordnung geraten, ist nicht mehr das einzige Stück, das im Universum aufgeführt wird. Statt als chaotisches Durcheinander kann man Energie also tatsächlich als eine schöpferische Kraft im Raum ansehen. Dieses Verhalten, das Gegenteil von Entropie, wurde seitdem als Negentropie bezeichnet.

Von den siebziger Jahren an, vor und nach seiner Graduierung, bewegte sich Moray King zwischen zwei Welten – der theoretischen Physik und der Welt der praktischen Tüftler, die sich in ihren Heimlabors bemühten, die Raumenergie zu bezwingen. In diese zweite Welt wurde er durch den Neue-Energie-Autor Christopher Bird eingeführt, der King von T. Henry

Dr. Moray B. King aus Utah
schrieb eines der ersten
Bücher, das die Existenz
von Raumenergie erklärte.

Moray und dessen Bemühungen erzählte, die Raumenergie anzuzapfen (siehe Kapitel 3).

Von da an strömten die Ideen zur Neuen Energie von allen Seiten auf King ein. Zuerst fragte er sich noch, ob er auf einen Haufen Spinner gestoßen sei, doch bald gefielen ihm diese Vorstellungen. Unermüdlich stellte er Fragen, legte auf Konferenzen über Neue-Energie-Technologien Referate vor, stellte Kontakte zwischen Erfindern her und ermutigte sie, nachvollziehbare Experimente zu entwickeln, um zu beweisen, daß Raumenergie angezapft werden kann.

Bis 1994 hatte King seine Ideen zur Raumenergie weiter verfeinert. Auf Konferenzen erklärte er einem interessierten Publikum, daß Vortices – wirbel- oder tornadoförmige Spiralen, die überall in der Natur zu finden sind – den Schlüssel zur Energieschleuse darstellen. Wenn man dem Atomkern und all seinen Nachbarn einen jähen Drehimpuls gibt und sie in Rotation hält, sagte King, dann kann man vielleicht ein wenig Raumenergie in ein System zur Stromerzeugung einspeisen. Läßt man dann das Material mit den wirbelnden Atomen seinerseits rotieren, erhält man einen Spin auf einem Spin und damit eine verbesserte Möglichkeit, etwas zusätzliche Energie aufzufangen. Baut man das System darüber hinaus noch aus paarweise gegenläufig drehenden Wirbeln auf, dann bekäme man schon einiges an Energie herüber.

Um dieses Konzept teilweise zu veranschaulichen, nehmen Sie zwei Jojos, verzwirbeln die Schnüre und lassen sie dann los, so daß beide Jojos sich zu drehen beginnen. Bringen Sie nun die Jojos zusammen in eine kreisförmige Bewegung, mal im Uhrzeigersinn, mal entgegengesetzt. Mit dieser Bewegungsform könnte es einem Erfinder gelingen, den Jackpot der Raumenergie zu knacken.

Eine alte Idee wird neu untersucht

Zu einem besseren Verständnis von Kings Ideen ist es hilfreich, auf ein ganz altes Konzept zurückzugreifen. Ein anderer Terminus für das Hintergrundmeer aus Energie ist der alte Begriff *Prana*, der später als *Äther* bekannt wurde. Im achtzehnten und neunzehnten Jahrhundert hielt man den Äther für eine Substanz, die den gesamten Raum erfüllt und durch die das Licht sich bewegt.

1887 versuchten die beiden Amerikaner Albert Michelson und Edward Williams Morley, den Äther experimentell nachzuweisen. Dies gelang ihnen nicht, und daher schlossen sie, daß der Äther nicht existiert. Ungefähr dreißig Jahre später wurde das Konzept völlig fallengelassen, als Albert Einstein seine Relativitätstheorie vorbrachte. Sie besagt, daß es im Universum keine Hintergrundstruktur wie den Äther gibt. Statt dessen beeinflussen alle Objekte im Universum wie Sterne und Planeten sich gegenseitig. Das heißt, nichts im Raum ist absolut.

Doch wie bei allen Theorien gab es Dinge, die Einsteins Theorie nicht erklären konnte. Deshalb bat 1954 der berühmte englische Physiker P.A.M. Dirac die Wissenschaft, den Äther noch einmal eingehender zu untersuchen: „Die ätherlose Grundlage der physischen Theorie mag das Ende ihrer Fähigkeiten erreicht haben, und wir sehen im Äther eine neue Hoffnung für die Zukunft."

Ein Wissenschaftler, E. W. Silvertooth aus dem Staate Washington, reagierte auf Diracs Aufruf. 1986 führte er ein Experiment mit Lasern durch, bei dem er sein Wissen in der fortschrittlichen Optik einsetzte. Indem er die Erdbewegung im Raum maß, berechnete er, daß unser Sonnensystem sich mit fast 400 Kilometern pro Sekunde – oder ungefähr 1 436 783 Kilometern pro Stunde – dem Sternbild Löwe nähert. Silvertooth hatte Erfolg, wo Michelson und Morley versagt hatten. Die Tatsache, daß die Erdbewegung im Raum gemessen werden konnte, bedeutete, daß es einen festen Bezugspunkt – wie den Äther – geben mußte, gegen den diese Bewegung meßbar war.

Damit ein wissenschaftliches Experiment für gültig erachtet werden kann, muß es erfolgreich wiederholt werden. Doch Silvertooth benutzte eine sehr teure Ausrüstung, und seine Forschung wurde zum Teil von der U.S.-Air Force und einer anderen Verteidigungseinrichtung gesponsert, die sich mit fortschrittlicher Forschung beschäftigt. Meines Wissens wurde Silvertooths Experiment nicht wiederholt, wenngleich ein österreichischer Physiker ebenfalls behauptet, den Äther entdeckt zu haben.

Ein schnell rotierender Wirbel?

Die Äthertheoretiker von heute betrachten den Äther nicht mehr als unsichtbares Fluidum, das den gesamten Raum erfüllt. Statt dessen, sagen sie, sei er eine Spiralbewegung, eine Bewegungsform, aus der das gesamte Universum hervorgeht und die mit heutigen Meßinstrumenten nicht registriert werden könne, da sie zu schnell abläuft.

Moray King ist nicht der einzige Raumenergie-Wissenschaftler, der annimmt, daß der Äther sich spiralförmig bewegt. Auch Dr. Paramahamsa Tewari aus Indien sagt, die Vorstellung, daß es in jedem Quadratzentimeter Raum enorme Energieniveaus gebe, könne nicht stimmen, es sei denn, der Raum rotiere mit unglaublicher Geschwindigkeit „wie ein Vortex". Er glaubt, das Universum bestehe seinem Grundaufbau nach aus Bewegung und nur hier und da konzentriere sich Materie – eine Galaxie, ein Sonnensystem, ein Planet, ein Elektron.

Was es schwierig macht, diese Bewegung nachzuweisen, ist die Tatsache, daß wir uns alle mitdrehen und somit keinen Vergleichspunkt haben. Sie wahrzunehmen kommt dem Versuch gleich, die Drehung der Erde um ihre Achse wahrzunehmen – da sich alles mitdreht, auch wir selbst, spüren wir die Bewegung nicht. Ein Wissenschaftler beschreibt die Raumenergie als zwei gigantische, unsichtbare Elefanten, die von beiden Seiten gegen eine Tür drücken. Solange sie mit derselben Kraft drücken, bewegt sich die Tür weder in die eine noch in die andere Richtung.

Der Äther existiert nicht nur, sondern die Raumenergie, die er erzeugt, energetisiert auch die Erde. Um zu verstehen, wie das funktioniert, stellen Sie sich einen Mikrowellenherd vor. Wenn Sie eine Kartoffel in eine Mikrowelle legen, sehen Sie weder, wie sie gar wird, noch spüren Sie, daß

Wärme vom Herd ausgeht. Der Ofen bleibt kalt, doch das Innere der Kartoffel wird sehr heiß. Auf dieselbe Weise „kocht" die Raumenergie den Erdkern, der sehr heiß ist, während die Erdoberfläche relativ kalt bleibt. Der große Unterschied liegt darin, daß die Energie in einer Mikrowelle von auswärts gerichteten Zerfalls,- Explosions- bzw. Verbrennungskräften herrührt, während die Raumenergie die Form einer sich nach innen bewegenden Spirale annimmt, wie in „Energiespiralen" auf Seite 44 erklärt.

Trotz einer Theorie, die die universale Fülle von Raumenergie stützt, können viele Ingenieure ihren Glauben an eine Welt nicht aufgeben, die von einer endlichen Energiemenge beherrscht wird. Um den Ingenieuren gegenüber fair zu sein – sie möchten diesen Glauben nicht aufgeben, weil er sich als Grundlage für die angewandte Technik bewährt hat. Er bildet die Grundvorstellung des gesamten Industriezeitalters.

Doch die Theoretiker der Neuen Energie erklären, die Raumenergie verletze die Gesetze der Energieerhaltung nicht, die besagen, daß Energie weder geschaffen noch zerstört werden kann. Diesen Theoretikern zufolge hat diese Energie immer schon existiert und wird daher nicht aus dem Nichts geschaffen. Sie kann lediglich für die Nutzung durch den Menschen entdeckt werden. „Es fällt den Leuten schwer zu entscheiden, ob sie es glauben wollen oder nicht", sagt King.

MAGNETE UND ENERGIE

Der Schlüssel zu vielen der Geräte, über die Sie lesen werden, ist der Magnet. Das Magnetfeld der Erde – jene Kraft, die dafür sorgt, daß die Kompaßnadel nach Norden zeigt – könnte mit der Raumenergie in Wechselwirkung stehen. Und die Erforscher der Neuen Energie stellen fest, daß die kleineren Magnetfelder, die künstlich hergestellte Magnete umgeben, eine Schlüsselrolle dabei spielen, ihre Energieerzeugungsgeräte zum Laufen zu bringen. Einige Erfinder benutzen superstarke, aus seltenen Materialien gefertigte Magnete, andere bedienen sich gewöhnlicher Magnete, wie sie in Stereoanlagen verwendet werden.

Wie zapfen Magnete Raumenergie konkret an? Es ist nicht möglich, diese Frage verbindlich zu beantworten, da die Wissenschaftler weder genau erklären können, was das Kraftfeld eines Magneten ist – die Kraft, die Metallobjekte zum Magneten hinzieht –, noch womit dieses Feld interagiert. Der Elektronikingenieur Gerry Diel sagt, wir seien wie die frühen Menschen, die das Feuer entdecken – sie wußten, was es bewirkte, doch sie wußten nicht, warum. Viele Forscher auf dem Gebiet der Neuen Energie haben unterschiedliche Theorien darüber aufgestellt, was die Wirkung eines Magneten hervorbringt. Doch diese Theorien haben sich noch nicht zu einem durch das Wissenschaftsestablishment anerkannten Wissen verdichtet.

Vom Magnetismus wissen wir immerhin, daß er in einer Beziehung zur Elektrizität steht. In den dreißiger Jahren des neunzehnten Jahrhunderts zeigte der englische Wissenschaftler Michael Faraday, daß sich mit Magneten Elektrizität erzeugen läßt und daß ein elektrischer Strom ein Magnetfeld hervorruft. Obwohl man noch nicht vollständig versteht, warum das so ist, ließ sich dieses Wissen in Form von Elektromotoren und Generatoren in der Praxis anwenden. So ist es also nicht überraschend – wenn die Raumenergie tatsächlich elektrischer Natur ist –, daß Magnete sich einsetzen lassen, um Raumenergie einzufangen, selbst wenn wir nicht ganz verstehen, wie sie dies tun.

Außenseiter in hohen Positionen

Im vergangenen Jahrzehnt haben sich Wissenschaftler auf der ganzen Welt Moray Kings Erforschung der Raumenergie angeschlossen, und ihre Resultate haben in der Welt der Neuen Energie große Aufregung ausgelöst. Der frühere Astronaut Dr. Edgar D. Mitchell sah diese Aufregung 1980 voraus, als er sagte:

[Es] gibt Energiearten, die außerhalb des elektromagnetischen Spektrums liegen. Bedauerlicherweise sind diese Forschungsarbeiten noch nicht anerkannt und noch nicht publiziert und werden zumeist von Einzelgängern unternommen, die größtenteils ohne Unterstützung arbeiten, deren Arbeiten vor den Grenzen der derzeitigen Wissenschaft liegen, und die der etablierten Wissenschaft um Jahre voraus sind.

Viele Verfechter der Raumenergie entstammen dem wissenschaftlichen Establishment. Diese Tatsache zeigt, wie ernst die Raumenergie zu nehmen ist, die lange für eine fixe Idee von Sonderlingen gehalten wurde.

Die Publicity, die der Raumenergie laut Mitchell fehlte, verschafft ihr Dr. Harold Puthoff vom Institute of Advanced Studies in Austin, Texas. Puthoff ist ein Wissenschaftler, dessen zurückhaltende Persönlichkeit sich in zahlreiche Szenarien einfügt – von Labors mit Sicherheitssperre bis hin

Dr. Harold Puthoff vom Institute
of Advanced Studies in Austin,
Texas, ist ein bedeutender
Theoretiker der Raumenergie.

zu Treffen von Umweltschützern. Er war bei verschiedenen Firmen beschäftigt, hat mehrere Jahre im Verteidigungsministerium der Vereinigten
Staaten und kurze Zeit beim Stanford Research Institute International gearbeitet. Er berät höchste Regierungsmitglieder sowie leitende Vertreter
der Ölindustrie und hält weltweit Kontakt zu weiteren Publikumskreisen.

Puthoff wurde von der Zeitschrift *New Energy News* zum Theoretiker
des Jahres 1994 erklärt – für eine Abhandlung, die *News*-Herausgeber Dr.
Hal Fox als die bedeutendste theoretische Abhandlung des Jahrhunderts
bezeichnete. Puthoff und zwei Koautoren sagen, die Trägheit – die Tendenz eines bewegten Körpers, in Bewegung zu bleiben, oder die eines
ruhenden Körpers, im Ruhezustand zu verharren – könne durch das Vorhandensein der Raumenergie erklärt werden. Puthoff erläutert dies, indem er sagt, es sei die Raumenergie, die einen umwirft, wenn man in
einem Zug steht und der Zug aus dem Stillstand heraus schnell beschleunigt.

Fox sagt: „Angesichts der Struktur verschiedener wissenschaftlicher
Einrichtungen ist es wichtig, innerhalb des Systems zu arbeiten, um neue
wissenschaftliche Theorien und Fakten erfolgreich einzuführen. Das ist

Oberstleutnant Thomas Bearden a. D. aus Huntsville, Alabama, hat einen Weg gefunden zu erklären, wie Raumenergie nach den Gesetzen der Physik funktionieren kann.

es, was Dr. Harold Puthoff über die letzten paar Jahre hinweg auf sanfte Weise zustande gebracht hat."

Thomas Bearden, pensionierter Oberstleutnant der U.S.-Army, ist ein eher kontroverser Theoretiker, den manche auf dem Gebiet der Raumenergie geradezu für einen Guru halten. Bearden glaubt, daß die heutigen Vorstellungen sowie die Mathematik der Mechanik und Elektrotechnik auf dem Umgang mit Wirkungen basieren und nicht auf den darunter liegenden Ursachen. Er vergleicht das mit einem Autofahrer, der sein Fahrzeug beschleunigen und abbremsen kann, ohne zu verstehen, wie der Motor funktioniert. Die von den Mainstream-Ingenieuren gebauten Geräte funktionieren so, wie sie sollen, bemerkt er, doch sie sind plump im Vergleich zu den Anlagen, die sich konstruieren ließen, wenn man die tieferen Ursachen verstünde.

Beardens Appell entspricht Kings Forderung: Wir müssen lernen, wie man in einem kleinen Teil des schäumenden Raumvakuums Ordnung erzeugt und diese enorme Energie zur Wirkung bringt: „Wir können unser Schaufelrad in diesen Fluß eintauchen."

Puthoff und Bearden sind nur zwei der vielen konventionell ausgebildeten Wissenschaftler, die in der Theorie zur Raumenergie eine neue Anschauungsweise der Welt gefunden haben. Und nicht nur für die Welt der Wissenschaft sind ihre Ideen sowie ihre theoretische Physik von Bedeutung. Sie bilden die Grundlage für eine Technologie, die letztlich jeden betreffen wird.

Im nächsten Kapitel begegnen wir Erfindern, die versucht haben, die Theorie der Raumenergie in Raumenergie-Geräten umzusetzen.

5

Solid-State-Energiegeräte und ihre Erfinder

Stellen Sie sich eine Welt vor, in der unsere Städte, Autos und Häuser mit unbegrenzter, sauberer und praktisch kostenloser Energie versorgt werden.
— Owen Davies, Wissenschaftsautor

Unser Stromversorgungsunternehmen erzählt uns, die beiden einzigen praktischen Wahlmöglichkeiten für ihren Strom seien Kohle oder Kernenergie. Es gibt noch eine weitere Alternative.
— Wingate Lambertson, Erfinder

In diesem Kapitel werden wir drei der in Nordamerika führenden Erfinder von Solid-State-Energiegeräten kennenlernen – Geräte ohne irgendwelche beweglichen Teile. Diese Erfinder sind nur drei unter vielen.

Diese Männer sind von ihrem Werdegang und ihrer Persönlichkeit her sehr verschieden. In Kalifornien arbeitet ein Wissenschaftler, den das *Omni magazine* als Star auf dem Gebiet der Elektronik beschrieben hat, in einem privaten Hightech-Labor, das von Finanziers gesponsert wird. In Florida bezahlt ein ehemaliger Regierungsbeamter seine Forschung aus den Ersparnissen seiner Rente und macht Entdeckungen in seiner Garage. In Kanada brütet ein Mann, der sich selbst als Exzentriker beschreibt und der in seinem eigenen Land zwar kaum, in Japan hingegen recht bekannt ist, in einer winzigen Küche ein Energiegerät auf Kristallbasis aus – und er verwendet dazu gewöhnliche Steine.

Was diese Erfinder gemeinsam haben, ist die Freude am Forschen. Ihre Arbeit an der vordersten Front der Energiewissenschaft verspricht die Entwicklung von kleinen, aber leistungsfähigen Konvertern im kleinen Maßstab – Geräte, die Raumenergie in nutzbaren elektrischen Strom umwandeln.

KEN SHOULDERS' LADUNGSCLUSTER

Dr. Ken Shoulders, ein großer, kräftig gebauter Mann, wirkt wie jemand, der sich nicht mit gewöhnlichen Dingen abgibt. Er forscht in den Grenzbereichen der Wissenschaft. Die Sorge darüber, ob seine Erkenntnisse in die anerkannten Grenzlinien der wissenschaftlichen Theorie passen, überläßt er anderen.

In den frühen Sechzigern hatte Shoulders großen Anteil an der Entwicklung der modernen Mikroschaltungen. Heute arbeitet er an einem sogar noch fortschrittlicheren Konzept – dem hochverdichteten Ladungscluster. Es ist ein Konzept, das zu großen Hoffnungen auf dem Gebiet der Raumenergie Anlaß gibt, da diese ringförmigen, miniaturisierten Cluster mehr als dreißigmal so viel Energie abgeben, wie zu ihrer Erzeugung benötigt wird.

Shoulders arbeitete jahrzehntelang in verschiedenen Institutionen, immer dort, wo er eine Chance sah, mehr über die Wissenschaft zu lernen und Neues auszuprobieren. Er arbeitete auch in der Forschung an Universitäten wie dem Massachusetts Institute of Technology, in Labors wie dem am Stanford Research Institute und in privaten Firmen. Im Laufe der Zeit trug Shoulders die Ausrüstung zusammen, die er brauchte, um sein eigenes Labor einzurichten, was er 1968 in die Tat umsetzte.

Wie Nikola Tesla, der Vater der Neuen Energie, dem wir in Kapitel 2 begegneten, machte Shoulders eine Entdeckung, durch die seine frühere Arbeit an den Mikroschaltkreisen überholt sein könnte. Es war eine zufällige Entdeckung.

Um 1980 wurde Shoulders von Physikern am Stevens Institute in Hoboken, New Jersey, an seltsame fadenartige Teilchenstrukturen herangeführt, die von Wissenschaftlern als Wirbelstrings bezeichnet werden. Nachdem er eine Weile daran gearbeitet hatte, stellte Shoulders fest, daß es überhaupt keine Fäden waren, denn sie waren so breit wie lang. Sie erschienen auf den Instrumenten der meisten Forscher wie Fäden, da es den Forschern nie gelang, die extrem schnelle Bewegung dieser höchst mobilen undeutlichen Kleckse zu stoppen. Als Shoulders lernte, deutliche Bilder von diesen Flecken anzufertigen, stellte er fest, daß es kleine perlenartige Strukturen waren. Die einfachste Bezeichnung für sie ist Ladungscluster. Shoulders nennt sie allerdings Electrum Validum, was „starke Ladung" bedeutet.

Was ist ein Ladungscluster?

Die dem Ladungscluster zugrunde liegende Idee ist ziemlich einfach. Er ist eine Traube von rund 100 Millionen dicht zusammengeballten Elektronen, wobei ein Elektron der Teil eines Atoms ist, der um den Kern kreist. Shoulders ist es gelungen, Bedingungen herzustellen, unter denen Elektronen sich von ihren Atomkernen losreißen und sich zu bemerkenswert stabilen, kleinen ringförmigen Clustern zusammenschließen. „Das ist der verrückteste elektronische Effekt, den man sich überhaupt vorstellen kann", sagt Shoulders, der seine Kreationen als „kleine Maschinen von ungeheurer Komplexität [bezeichnet], die einfach nicht totzukriegen sind!"

So einfach der Ladungscluster auch ist, die konventionelle Wissenschaft tut sich mehr als schwer damit, seine Existenz zu akzeptieren, und zwar deshalb, weil er ein physikalisches Gesetz verletzt: „Gleiche elektrische Ladungen, negative oder positive, stoßen sich ab." Da alle Elektronen negative Ladung tragen, sagt die konventionelle Wissenschaft, dürften sie keine Cluster bilden.

Hal Puthoff, den wir in Kapitel 4 kennengelernt haben, hat mit Ladungsclustern gearbeitet. Er glaubt, die Kraft, die sie zusammenhält, ist das Ergebnis eines Effektes, der nach dem niederländischen Physiker Hendrik Casimir benannt wurde. Als Casimir-Effekt bezeichnet man die Tendenz von zwei vollkommen glatten Metalloberflächen, die man in geringen Abstand zueinander bringt, sich aufeinander zuzubewegen. Puthoff erklärt den Effekt folgendermaßen: Stellen Sie sich zwei Metallplatten vor, die im Raum ganz dicht beieinander schweben. Da die Platten sich gegenseitig von der aus einer Richtung kommenden Raumenergie abschirmen, preßt die Raumenergie, die auf jede der beiden Platten aus der entgegengesetzten Richtung drückt, die beiden zusammen und setzt Energie in Form von Wärme frei.

Shoulders nutzt den Casimir-Effekt, um ein kaltes Plasma – eine besondere Zustandsform von Gas, das Elektrizität leitet – einzudämmen und so Wärme und Ladungscluster zu erzeugen. Die Elektrizität, die er benutzt, ist statische Elektrizität, die Elektrizität in einem Funken, der von einem Türknauf überspringt, wenn man mit den Füßen über einen Teppich schlurft. In Shoulders' System liefert diese Elektrizität die Elektronen, die den Cluster bilden. Im wesentlichen ist es eine elektrische Ladung, die zu einer sichtbaren Form verdichtet wird.

Shoulders' Ehrfurcht vor diesen winzigen Gebilden wird vor allem dadurch erregt, daß sie fast so etwas wie Intelligenz zu besitzen scheinen – sie sind selbstorganisierend. Die Cluster scheinen sich in unterschiedlichen Größen zu formieren, sind aber in Organisation und Verhalten uniform. Sie sehen häufig aus wie ein Ring oder eine Halskette aus winzigen Gliedern. „Es ist irgendein Naturgesetz, das sich uns nur noch nicht erschlossen hat", sagt Shoulders.

Shoulders entdeckte die Verbindung zwischen Ladungsclustern und Raumenergie, als er herauszufinden versuchte, was das hohe Maß an Energie liefern könnte, das nötig ist, damit Elektronen ihre Neigung überwinden, sich gegenseitig abzustoßen, und sich in dicht gepackten Clustern zusammenschließen. Ihre hohe Energie verleiht den Ladungsclustern große Kräfte – sie können Löcher durch Keramikkacheln bohren, ohne dabei an Stärke zu verlieren. Wegen des Casimir-Effektes scheint Raumenergie als wahrscheinliche Quelle dieser Energie zu den Indizien zu passen, die sich aus Shoulders' Experimenten ergeben haben.

So futuristisch diese Technik auch anmutet, Shoulders ist es gelungen, einen zähen Kunden von deren Wert zu überzeugen – das Patentamt der Vereinigten Staaten. Während frühere Versuche scheiterten, ein Patent auf Raumenergie zu gründen, hat Shoulders mit einem 1991 erteilten Patent den Durchbruch geschafft. Es trägt den Titel: „Energieumwandlung unter Anwendung von hoher Ladungsdichte." Es ist ein Meilenstein – das erste erfolgreiche Patent, das besagt, daß Raumenergie als Quelle für praktisch nutzbare elektrische Energie genutzt werden kann.

Ladungscluster und kommerzielle Produkte

Inzwischen arbeitet Ken Shoulders mit seinem Sohn Steve zusammen und erzielt weitere Durchbrüche. Was Shoulders unter dem Mikroskop sieht, ist eine neue Welt. In ihr lassen sich Maschinen der Zukunft erahnen, die viele tausendmal stärker als unsere jetzigen Maschinen sein werden.

Die Ladungscluster-Technologie könnte eine der ersten kommerziell einsetzbaren Raumenergie-Technologien sein. Anders als einige der anderen Raumenergie-Erfindungen benötigen Ladungscluster keine Magnetfelder oder niedrigen Temperaturen, um zu funktionieren. Der Neue-Energie-Autor Hal Fox sagt, der Ladungscluster stelle vielleicht eines der vielversprechendsten Forschungsgebiete seit dem Transistor dar.

Unbegrenzte, saubere Energie zu liefern ist nicht das einzige, was Ladungscluster leisten können. Puthoff zufolge gibt es eine ganze Bandbreite von möglichen Produkten auf der Basis der Ladungscluster-Technologie. Neben Energiegeräten listet er einige der Produkte auf, die aus den Entwicklungen in diesem Bereich resultieren könnten:

- Hochauflösende Fernsehbildschirme, die so flach sind, daß man sie an die Wand hängen kann.
- Notebook-Computer, die leistungsfähiger als der größte Mainframe sind.
- Winzige Röntgengeräte, die in den Körper eingeführt werden und Krebszellen töten können, ohne das umgebende Gewebe zu beschädigen.

Während das Shoulders-Team Fortschritte im Labor erzielt, macht eine Privatfirma mit dem nötigen Know-how zur Produktplazierung schon Pläne für die Markteinführung. Diese Firma wird gewährleisten, daß für die letztendliche Entwicklung einer Reihe von Produkten weltweit Lizenzen auf die Ladungscluster-Technologie erteilt werden können.

WINGATE LAMBERTSONS KERMET

In seiner Garage in Florida bringt Dr. Wingate Lambertson eine Reihe von Lampen zum Leuchten – wie er sagt, mit der Elektrizität der Energie des Raumes. Lambertson, ehemaliger Direktor der Science and Technology Commission in Kentucky, brauchte Jahre, um seine akademische Skepsis gegenüber der Behauptung zu überwinden, daß man etwas aus nichts gewinnen könne – daß aus dem Weltraum gratis erhältliche Energie angezapft werden könne, um nützliche Arbeit zu leisten.

Nach seiner Promotion an der Rutgers Universität arbeitete Lambertson zuerst für die United States Steel Company in Chicago und ging dann zur U.S.-Navy. Anschließend kehrte er wieder an die Rutgers Universität zurück, um dort weiterzuarbeiten. Später schloß er sich dem Argonne National Laboratory an, wo er an Kernbrennstoff-Techniken arbeitete.

Dann entdeckte Lambertson die Fülle von Forschungsliteratur zur Raumenergie. Schließlich gelangte er zu der Annahme, daß etwas existieren

Dr. Wingate Lambertson aus Florida hält den Energiekollektor seines E-dams hoch, der frei bewegliche Elektronen nutzt, um Raumenergie einzufangen. Dieser Teil besteht aus Kermet, einem Materialgemisch aus Keramik und Metall.

könnte, das einem Äther – die in Kapitel 4 erörterte Grundsubstanz des Universums – ähnelt, und daß sich dieser gebündelt zur Stromerzeugung nutzen lassen müßte.

Nach über zwanzig Jahren des Forschens und Experimentierens ist sich Lambertson sicher, daß Raumenergie in eine praktische Energiequelle verwandelt werden kann, und zwar durch einen Prozeß, den er „Welt zu Neutrinos" (World Into Neutrinos – WIN) nennt. Er stellt sich vor, kleine Einheiten zu bauen, die, wie heute die zentralen Klimaanlagen, außerhalb des Hauses auf ein kleines Betonfundament gestellt und mit Kabeln an den Hauptsicherungskasten der Häuser angeschlossen werden. Der Preis? Rund 3 000 US-Dollar für Kauf oder Leasing – billiger als ein Auto.

Kermet und der WIN-Prozeß

Der wichtigste Teil des WIN-Prozesses ist Lambertsons E-dam, und die interessanteste Komponente des E-dams ist Kermet. Kermet ist ein 1948 erfundener Materialmix aus hitzebeständiger Keramik und Metall. Die NASA erwog, diese Zusammensetzung für Raketendüsen und Turbinenschaufeln von Düsentriebwerken einzusetzen. Lambertson, der in seinem Beruf fast durchweg mit fortschrittlichen Keramiken arbeitete, testet gerade, welcher Kermet für sein Gerät am besten geeignet wäre. Der E-dam enthält eine Platte aus Kermet, die zu einer runden Scheibe von etwa sie-beneinhalb Zentimetern Durchmesser geformt und schichtweise zwischen Metallplatten gebracht wird, die dieselben Abmessungen haben.

Der WIN-Prozeß selbst beginnt mit einer elektrischen Ladung – im Grunde ein Strom aus Elektronen – aus einer herkömmlichen Energie-quelle. Die Ladung fließt in den E-dam, wo sie im Kermet aufrechterhal-ten wird: „Er speichert Elektronen, so wie ein [herkömmlicher] Damm Wasser speichert", sagt Lambertson. Öffnet man den Damm, so werden die Elektronen freigesetzt. Wenn sie beschleunigen, beziehen die „herab-stürzenden" Elektronen Energie aus der im E-dam gespeicherten Raum-energie. Dieser Energiezuwachs ermöglicht es dem Gerät, mehr Kraft zu liefern, als es verbraucht.

Der Elektronenstrom fließt dann in das zu betreibende Gerät, etwa eine Lampe, und bewegt sich anschließend zur Auffrischung in einen anderen E-dam. Lambertson sagt, es sei ausgeschlossen, daß der Prozeß gefähr-lich werden könne – wenn zuviel Energie erzeugt würde, würden die E-dams sich überhitzen und das System stillegen.

Jahrelang war Lambertson mehr daran interessiert zu beweisen, daß der Prozeß Energie erzeugt, als an der tatsächlich gewonnenen Energie-menge. Er glaubte nämlich, es sei ein relativ einfaches Konstruktions-problem, den Prozeß für höhere Wirkungsgrade maßstäblich zu vergrö-ßern. Als der erste von drei Patentanträgen abgelehnt wurde, kam ihm das wie ein Segen vor, denn es zwang ihn dazu, die Literatur über Raum-energie sorgfältiger zu studieren. Im Herbst 1994 hatte er den WIN-Pro-zeß bis zu dem Punkt verbessert, an dem er doppelt so viel Energie er-zeugte, wie zu seinem Ingangsetzen aufgewendet werden mußte.

Lambertson findet Hilfe

In der Zwischenzeit durchlebte Lambertson eine frustrierende Phase, in der er versuchte, Hilfe bei der Finanzierung und Vermarktung zu finden. Die Reaktionen auf seine Vorschläge fielen gewöhnlich in eine der beiden folgenden Kategorien:

• „Das wird nicht funktionieren, Ihre Berechnungen stimmen nicht."

• „Sie werden das Gerät zum Laufen bringen und alle technischen Proble-me überwinden, und dann werden wir es Ihnen wegnehmen."

Wie andere Erfinder in diesem Buch auch lernte er, daß es Zeitverschwendung ist, die Leute von der Stichhaltigkeit seiner Behauptungen überzeugen zu wollen, wenn sie sich weigern zuzuhören. Doch 1987 fand er tatsächlich Unterstützung, als er auf einer Konferenz zur Neuen Energie in Deutschland sprach. Dort traf er Menschen, die die Notwendigkeit seiner Erfindung einsahen und einwilligten, sie zu vermarkten, sobald der WIN-Prozeß vervollkommnet ist.

Lambertson sagt, daß er jetzt aktive Verbündete in der Schweiz hat. Außerdem hat die U.S.-Navy Interesse angemeldet. Insgesamt sind drei verschiedene Gruppen daran interessiert, die WIN-Methode zu übernehmen und zu entwickeln.

JOHN HUTCHISON:
ENERGIE AUS GEWÖHNLICHEN STEINEN

Wenn Sie die Bewohner eines bestimmten Wohnhauses in Vancouver fragen, werden diese wahrscheinlich eingestehen, daß es sie ziemlich neugierig macht, was ihr Mitbewohner John Hutchison wohl treibt. Beinahe wöchentlich sehen sie einen großen muskulösen Mann alte Schaltkonsolen mit Elektronikkomponenten in den Aufzug schleppen. Ihre Neugier steigerte sich noch, als eine japanische Fernsehmannschaft auftauchte und für ein paar Stunden in Hutchisons Wohnung verschwand. Und im Sommer 1995 gab er den Zuschauern weitere Rätsel auf, als er auf dem Bordstein saß und Steine vom Pflaster klaubte. Ein Mineraliensammler, der gewöhnliche Steinchen von der Straße aufliest?

Was die Nachbarn nicht wissen, ist, daß John Hutchison in Neue-Energie-Kreisen bestens bekannt ist. Und er ist sogar einigen derjenigen bekannt, die in den etablierten Wissenschaftskreisen verkehren. Zu seinen Besuchern zählten ausgezeichnete Physiker. Doch anders als Shoulders und Lambertson ist er ein Wisssenschaftsautodidakt. Als Junge in Vancouver las er über Nikola Tesla und verblüffte dann die Nachbarn mit seinen Experimenten mit Tesla-Spulen im Hinterhof.

Als er in den Zwanzigern war, bekam er eine Krankheit, die ihn zum Invaliden machte. Heute lebt er von einer kleinen Behindertenrente. Jahrelang führte er ein recht zurückgezogenes Leben, suchte in Läden mit alten Armeeutensilien und auf Schrottplätzen nach seltenen Elektronikteilen und schleppte seine Funde im Stadtbus nach Hause. Abgesehen von der Zeit, in der er als Freiwilliger in einem örtlichen Ökozentrum arbeite-

John Hutchison aus Vancouver hat Geräte gebaut, die Kristalle verwenden – u. a. Kristalle, die aus gewöhnlichen Steinen gewonnen werden –, um Raumenergie einzufangen.

te, brachte er Stunden in seinem zum Labor umgewandelten Schlafzimmer zu, wo er mit viel Geduld Geräte neu zusammenbaute. Er dachte daran, ein Museum zu eröffnen.

Antigravitation und der Hutchison-Effekt

1979 änderte sich Hutchisons Leben drastisch, als er spürte, wie ihn beim Einschalten einer Reihe von Hochspannungsapparaten etwas an der Schulter traf. Er schleuderte das Metallteil dorthin zurück, wo es hergekommen zu sein schien, und es flog hoch und traf ihn erneut. So entdeckte er erstmals den Hutchison-Effekt. Als seine Tesla-Spulen, der elektrostatische Generator und andere Geräte ein komplexes elektromagnetisches Feld erzeugten, begannen schwere Metallteile zu schweben, schossen in Richtung Decke, und einige sprangen entzwei.

Was ist der Hutchison-Effekt? Wie so oft im Bereich der Neuen Energie kann das niemand genau sagen. Einige Theoretiker glauben, der Effekt sei das Ergebnis entgegengesetzter elektromagnetischer Felder, die sich gegenseitig aufheben und dabei einen starken Fluß von Raumenergie erzeugen.

Ein Geschäftsmann aus Vancouver hörte vom Hutchison-Effekt und nahm Kontakt mit dem Erfinder auf. Er brachte einen Ingenieur als Berater mit, denn er wollte eine Firma gründen, die die aus diesem Effekt entwickelte Technologie vermarkten sollte. Trotz Vorführungen vor potentiellen Kunden aus Kanada und den Vereinigten Staaten entwickelten sich die Dinge nicht wie erwartet. Hutchison und die Firma trennten sich 1986.

Nach einer Reihe weiterer erfolgloser geschäftlicher Versuche, unter anderem auch in Deutschland, nahm Hutchison Ende 1990 wieder sein relativ zurückgezogenes Leben auf. Stück für Stück verkaufte er, was von seiner Laboreinrichtung übriggeblieben war, um seine Rechnungen bezahlen zu können. Es sollte mehrere Jahre dauern, bis seine Sammlung wieder komplett war.

Hutchison wollte sich mit anderen Forschern zusammentun, aber die Lokalmedien hatten sein Werk als das eines verrückten Spinners dargestellt und ihn nicht ernstgenommen. In Japan allerdings gab es ein Buch über Hutchisons Leben und Werk sowie über den Hutchison-Effekt, das sich dort gut verkaufte. Das Leben in einem Land fast ohne natürliche Ressourcen hat die Japaner dahin gebracht, die Ideen zur Neuen Energie sehr ernst zu nehmen, wie wir in Kapitel 8 sehen werden.

Aufgrund des Bucherfolges bat man Hutchison, in Japan Vorträge zu halten. Dort zahlten Tausende von Menschen Eintritt, um seine zweistündigen Vorträge zu hören. Diese Tourneen wurden von Hiroshi Yamabe organisiert, einem bekannten Redner, der Vorträge über Tesla hielt und ein Vermögen mit solch fortschrittlichen Ingenieursbereichen wie Robotik und künstlicher Intelligenz gemacht hatte. Yamabe bot an, ein Labor für Hutchison einzurichten, doch der Kanadier war unschlüssig ob der Aussicht, nach Japan zu ziehen.

Der Kieselstein-Energiekonverter

Hutchison war sich nicht sicher, was er tun sollte. Er war über den Hutchison-Effekt hinausgegangen, hatte sich auf das Gebiet der Raumenergie begeben und einen kanadischen Geschäftsmanager engagiert. Im Winter vor seiner Japan-Tournee 1995 baute Hutchison ein funktionierendes Raumenergie-Gerät, das etwa die Größe eines Mikrowellenherdes hatte. Der Hutchison-Konverter basierte auf Teslas Resonanzprinzip. Tesla hatte dieses Prinzip vorgeführt, indem er in gleichbleibendem Takt Energieschübe in seine elektrischen Spulen schickte, wobei die Impulse erfolgten, ehe die Energie aus dem vorherigen Schub Zeit zum Abebben hatte. Dies führte zu immer höheren Energiemengen, wie bei einem Kind, das sich auf einer Schaukel immer höher und höher schaukelt.

Hutchison fing dieselbe pulsierende, rhythmische Energie ein, indem er Kristalle aus Barium-Titanat verwendete. Dabei handelt es sich um ein Material, das die Impulse bestimmter elektromagnetischer Frequenzen so auffangen kann, wie ein Radio bestimmte Radiofrequenzen empfängt. Wenn der Kristall pulsiert oder in Resonanz tritt, erzeugt er elektrische Energie.

Ich war bei einer Demonstration dabei, bei der der Konverter eine Leistung von sechs Watt abgab, genug Energie, um einen Motor anzutreiben, der einen kleinen Propeller in schneller Drehung hielt. Das Schwirren des winzigen Propellers sah ziemlich albern aus, bis man erkannte, daß der Apparat weder Batterien enthielt noch mit Benzin versorgt wurde oder mit einer Stromquelle verbunden war. Er funktionierte monatelang ohne Unterbrechung.

Eines Tages zerbrach Hutchison jedoch ein wichtiges Teil, und er beschloß, das Gerät auseinanderzunehmen. Er baute ein kleineres, leichter zu transportierendes Modell, das er auf seine Vortragsreisen mitnahm. Der tragbare Konverter, der in Form und Größe einer Oscar-Statue ähnelte, stieß etwas mehr als ein Watt Energie aus. Zur Demonstration erleuchtete er eine winzige Lampe und trieb auch einen kleinen Motor an.

Am Ende der Tour knallte Hutchison das Gerät vor einem Publikum von rund 500 Einwohnern Hiroshimas auf einen Tisch, der von den grellen Scheinwerfern einer Fernseh-Crew angestrahlt wurde. Schnell schraubte er alle Teile ab und enthüllte die inneren Details, während die Kamera für eine Naheinstellung heranzoomte. Ein Paar Eßstäbchen diente als Maßstab, um die Größe des Gerätes zu zeigen. Es war eindeutig, daß der Konverter keine Batterien enthielt. Anschließend umringten einige Geschäftsleute Hutchison, streckten ihm ihre Visitenkarten entgegen und baten ihn, ihnen einen Vorrat Barium-Titanat zu verkaufen.

Wieder daheim, wetterte Hutchisons Geschäftsberater, der Erfinder habe seine Geheimnisse preisgegeben. Doch Hutchison zuckte nur mit den Schultern. Er war über die Prototyp-Technologie, die er mit nach Japan genommen hatte, hinausgekommen. Jetzt hatte er ein neues Geheimnis – den Prozeß auf der Herdplatte, den er „Kieselsteinmethode" nannte, da zu den Bestandteilen gewöhnliche Kieselsteine gehören.

Der neue Prozeß ergab sich aus dem Einsatz von Barium-Titanat. Er fragte sich: „Kann ich nicht ein Material herstellen, das sogar noch besser funktioniert?" Hutchison wußte, daß andere Forscher Elektroden auf bestimmte Steine gesetzt hatten, um zu zeigen, daß die Steine einen winzigen elektrischen Strom erzeugten, der irgendwie aus dem Kosmos gesogen wurde.

So sortierte Hutchison auf der Straße vor seiner Wohnung kleine Steine aus und warf sie in einen röhrenförmigen Metallbehälter. Als nächstes gab er eine Mischung aus billigen, gebräuchlichen Chemikalien dazu – er will nicht sagen, welche – und stellte diese Steinsuppe zum Kochen auf den Herd. Dadurch verdampfte das Wasser, und winzige Lufttaschen stiegen von den Steinen auf, so daß die Chemikalien in sie eindringen konnten. Ehe die Mischung sich zu einer festen Masse abkühlte, gab Hutchison besonders behandelte Stäbe dazu, um aus den kristallartigen Substanzen, die sich gebildet hatten, Elektrizität zu ziehen. Auch hierbei weiß niemand genau, wie die Kieselstein-Methode funktioniert, obwohl ein Physiker dem Erfinder erzählte, daß es vielleicht eine Auswirkung des Casimir-Effekts (siehe Seite 101) sei, den Ken Shoulders nutzt, um Ladungscluster zu erzeugen.

Als er seinen Kieselstein-Prozeß erstmals entdeckte, kümmerte Hutchison sich nicht um die Patentierung. Er hatte von anderen Erfindern gehört, wie ihre Labors verwüstet und ihr Eigentum gestohlen wurden, nachdem das Patentamt benachrichtigt worden war. Und er war überhaupt nicht darauf versessen, der erste Erfinder zu sein, der sich mutig soweit hervorwagte, eine große Einheit für ein Haus oder eine Fabrik herzustellen, die ganze Industriezweige umstrukturieren könnte. Außerdem hatte er in den achtziger Jahren, als er noch am Hutchison-Effekt arbeitete, von Fremden ein paar Drohungen erhalten.

Wie könnte Hutchison sein friedvolles Leben genießen und es dennoch schaffen, der Öffentlichkeit auf zurückhaltende Weise ein Raumenergie-Produkt zu präsentieren? Er sagt, er sei auf eine ungewöhnliche Strategie gestoßen: miniaturisierte fliegende Untertassen zu bauen, die mit der aus der Kieselstein-Methode gewonnenen Elektrizität versorgt werden, und sie als Kinderspielzeug zu verkaufen, das mit Raumenergie betrieben wird. Hutchison hofft, daß ein umweltfreundliches Spielzeug, das ohne Batterien aufleuchtet, die Öffentlichkeit so faszinieren wird, daß man Kieselstein-Geräte kauft, die größere Apparate mit Strom versorgen könnten. Und vielleicht könnte der Kieselstein-Prozeß zu einer Welt mit sauberer Neuer Energie führen.

Im nächsten Kapitel werden wir einen Erfinder kennenlernen, der Magnete benutzt hat, um die Raumenergie anzuzapfen.

6

Floyd Sweet – Pionier des Solid-State-Magneten

Jeder Freie-Energie-Erfinder, der erfolgreich oder dem Erfolg nahe ist, wird der Unterdrückung ausgesetzt.
— Thomas Bearden, Oberstleutnant a.D.

Laßt uns alle das Wissen weise einsetzen.
— Floyd Sweet und Thomas Bearden

Der verstorbene Floyd „Sparky" Sweet schuf einen bahnbrechenden magnetischen Solid-State-Energiegenerator. Aus verschiedenen Gründen entwickelte er sein Gerät nicht zu einem kommerzialisierbaren Produkt. Doch der Magnetfachmann Sweet, der eine beachtliche Karriere in der Industrie hinter sich hatte, war jemand, dessen technische Hypothesen von Kritikern nicht so einfach abgetan werden konnten.

Sweets Geschichte ist aus drei Gründen wichtig. Erstens sahen glaubwürdige Zeugen, wie seine Erfindung die unsichtbare Energie des Raumes in elektrischen Strom in nutzbarer Höhe umwandelte – ohne Brennstoff, Batterien oder Kontakt mit einer Stromquelle. Zweitens war er derselben Art von Repressalien ausgesetzt wie die Erfinder, die wir in Teil I kennengelernt haben, so z. B. Morddrohungen. Drittens, und das ist der wichtigste Aspekt, hat Sweets Forschung andere Raumenergie-Erfinder inspiriert. Einigen davon dürfte es durchaus gelingen, nützliche Permanentmagnetgeräte herzustellen.

Floyd „Sparky" Sweet
baute den Vakuum-
trioden-Verstärker, in
dem Magnete als
„Tor" dienten, durch
das Raumenergie
fließen konnte.
Dadurch wird es
möglich, diese
Energie als Kraftquel-
le zu nutzen.

FLOYD SWEET UND DIE MAGNETE

Floyd Sweet (1912-1995) wuchs in Connecticut auf, zu einer Zeit, als die Radiogeräte noch selbstgebastelte Kristallempfänger waren. Im Alter von neun Jahren wurde sein Interesse daran, wie die Dinge funktionieren, darauf gelenkt, Radios und andere elektrische Apparate zu bauen und auseinanderzunehmen, darunter auch eine kleine Tesla-Spule (siehe Kapitel 2), die ihre Energie von einer Zündkerze aus einem alten Ford T bezog.

Als Sweet achtzehnjährig aufs College ging, half ihm ein Freund der Familie, eine Nebenbeschäftigung im nahegelegenen Kraftwerk von General Electric zu finden. Er bekam den Spitznamen „Sparky", nachdem er eines Tages ein paar Drähte falsch verbunden hatte, was dazu führte, daß ein Instrument mit einem enormen Funkenregen explodierte. Trotz dieses Vorfalls waren seine Vorgesetzten mit seiner Arbeit zufrieden – besonders mit seiner intuitiven Gabe, Lösungen für elektrische Probleme zu liefern.

Sweet blieb bei General Electric, nachdem er seine Ausbildung abgeschlossen hatte. Er arbeitete von 1957 bis 1962 im Forschungs- und Entwicklungszentrum der Firma in Schenectady, New York – ein Traumjob, in dem er ein gut ausgerüstetes Labor benutzen konnte, um seinem sicheren Gespür für interessante Magnetprojekte nachzugehen. Dieser Forschungszweig faszinierte ihn. 1969 wurde ihm vom Massachusetts Institute of Technology der Magistergrad verliehen.

Mitte der Siebziger waren Sweet und seine Frau Rose in die Gegend von Los Angeles gezogen, um den Vorruhestand zu genießen. Neben seiner Tätigkeit als einer von General Electrics bevorzugten Beratern baute Sweet noch elektrische Geräte für andere Kunden.

Floyd Sweet war mehr als ein professioneller Wissenschaftler, der mit Magneten arbeitete. Er hegte eine Leidenschaft für den Magnetismus und für die Vorstellung, daß das gesamte Universum von einem Magnetfeld durchzogen ist. Als er Anfang der Achtziger ganz in den Ruhestand ging, brachte er jeden Tag viele glückliche Stunden damit zu, ein Gerät zu bauen, das Energie aus dem Magnetfeld zapfen konnte. Doch Rose wurde krank und war die letzten sieben Jahres ihres Lebens invalide. Dies erforderte Floyds Zuwendung und zwang ihn, an die gemeinsamen Ersparnisse zu gehen. Zu schaffen machte ihm auch sein eigener schlechter Gesundheitszustand. Eine Zeitlang war er fast vollkommen erblindet. Trotz dieser Probleme arbeitete er an seinem Gerät, wenn er nicht gerade die Mahlzeiten zubereitete und sich um die Bedürfnisse seiner Frau kümmerte.

GEGEN ALLE KONVENTIONEN: SWEETS VAKUUMTRIODEN-VERSTÄRKER

Jahrzehntelang sprachen die Neue-Energie-Forscher von der Möglichkeit, einen Magneten so zu beeinflussen, daß sein Magnetfeld ständig oszilliert oder vibriert. Nur ganz selten konnte Sweet diesen Effekt, den er Eigenschwingung nannte, in elektrischen Transformatoren beobachten. Er spürte, daß man den Effekt zu etwas Brauchbarem nutzen könnte, zum Beispiel, um Energie zu erzeugen. Wenn er herausfinden könnte, so dachte sich Sweet, auf welche Weise genau sich das Kraftfeld eines Magneten erschüttern oder stören ließe, würde das Feld eigenständig weiterschwingen. Das wäre so, als würde man eine Glocke einmal anschlagen, und sie würde unaufhörlich weiterläuten.

Wie gewöhnlich kam Sweet – der sagte, seine Ideen kämen ihm im Traum – auf seine Magnet-Fachkenntnisse zurück, um daraus weitere Inspiration zu beziehen. Er wußte, daß sich Magnete zur Stromerzeugung nutzen lassen, wie wir in Kapitel 4 erfuhren, und er wollte feststellen, ob er auf andere Weise als über den üblichen Induktionsvorgang Energie aus einem Magneten ziehen könne. Dieser Prozeß erfordert entweder, einen Magneten an einer Drahtspule entlangzubewegen – eine Spule aus leitendem Draht wie zum Beispiel Kupfer – oder eine Spule durch das Feld eines Magneten zu bewegen. Dieser Wechsel des Magnetfeldes bringt im Kupferdraht einen elektrischen Strom zum Fließen.

Sweet wollte nicht den Magneten bewegen, sondern allein dessen Magnetfeld zum Schwingen anregen. Dieses Schwingen wiederum erzeugte einen elektrischen Strom. Ein Neue-Energie-Forscher vergleicht die Eigenschwingung mit Laub an einem Baum, das in einer sanften Brise schaukelt. Die Richtung der Luftströmung ändert sich zwar nicht, versetzt aber dennoch das Laub in diese Art von Bewegung. Wenn man die Raumenergie einfangen könnte, so dachte sich Sweet, entspräche sie der Luftströmung und das Magnetfeld dem Blatt. Er würde nur ganz wenig Energie aufwenden müssen, um das Magnetfeld in Bewegung zu versetzen, und diese Bewegung würde dann durch die Raumenergie aufrecht erhalten werden.

1985 hatte er eine Anordnung von speziell behandelten Magneten geschaffen, die mit Drähten umwickelt waren. Um sein Gerät zu testen, entlud Sweet einen Strom in die Drahtspule um den Magneten. Als Ergebnis störte die Spule das Feld des Magneten. Es war, als ob Sweet das Magnetfeld aus seiner Position gerissen und es damit in Bewegung versetzt hätte. Dann schloß Sweet an die Spule eine Zwölf-Volt-Glühbirne von der Art an, wie sie in Taschenlampen verwendet wird. Wenn das Gerät Strom erzeugte, würde die Glühbirne aufleuchten müssen.

Das Ergebnis überstieg Sweets Erwartungen. Aus der Spule entlud sich ein Spannungsstoß, und die Glühbirne erhielt so viel Strom, daß sie hell aufleuchtete und schmolz. Jahre später erinnerte Sweet sich, daß Rose den Blitz gesehen und gerufen hatte: „Was hast du jetzt wieder hochgejagt?"

Der Erfinder war verblüfft über das blendende Blitzlicht – warum so viel Energie? Er ging zurück an seine Werkbank, um weitere Modelle herzustellen. Doch er brauchte eine Theorie, um seine überraschende Entdeckung zu erklären. Er erinnerte sich, in einer Lokalradiosendung etwas über Thomas Bearden gehört zu haben, einen pensionierten Offizier der Army und Kernphysiker, und über einen Elektronikexperten namens John Bedini. Sweet rief Bedini an, der mit Bearden einen Besuch bei Sweet vereinbarte.

Dort stellte Bearden fest, daß das merkwürdige Gerät einen Strom von fast sechs Watt Leistung aus dem Nichts heraus lieferte, während nur ein paar Bruchteile eines Watts zum Betrieb der Maschine eingespeist werden mußten. Bearden führte nach Herzenslust Tests durch, höchst erfreut darüber, auf ein kleines Gerät gestoßen zu sein, das die unorthodoxen Vorstellungen verkörperte, über die er im Laufe der Jahre geschrieben hatte – die Grundkonzepte der Raumenergie. Er nannte Sweets Anordnung aus Magneten und Drahtspulen Vakuumtrioden-Verstärker (Vacuum Triode Amplifier – VTA). Bearden stellte fest, daß das Gerät als Tor dient, durch das hindurch Energie aus dem Raum in einem elektrischen Schaltkreis zusammengepfercht wurde.

Der erstaunlichste Aspekt an Sweets Gerät bestand darin, daß es viel mehr Strom abgab, als es aufnahm. Wieviel mehr? Bei einem Exemplar aus dem Jahre 1988 stellte Sweet fest, daß bei einer Eingangsleistung von 330 Mikrowatt – 330 Millionstel Watt – die Drahtspulen des VTA mehr als 550 Watt nutzbare Energie abgeben konnten, rund eineinhalb *Millionen* Mal soviel wie die Eingangsleistung.

Die speziellen Wirkungen des VTA und seine schwierige Entwicklung

Wie sich herausstellte, brachte der VTA einige sehr seltsame Effekte hervor, doch Bearden war durch seinen Forschungshintergrund darauf vorbereitet. 1987 bat Bearden Sweet, ein Experiment zur Antigravitation durchzuführen. Beardens Berechnungen besagten einerseits, daß die sechs Pfund schwere Maschine levitieren würde, wenn man aus ihr rund 1 500 Watt Leistung zieht, andererseits aber, daß bei etwa demselben Energieniveau die Magnete explodieren könnten. Er ermahnte Sweet, den Output auf höchstens 1 000 Watt zu begrenzen. Ein VTA wurde auf eine Waage gestellt, so daß sich sein Gewicht sorgfältig überwachen ließ, während er mit einer Leiste aus Glühbirnenfassungen verbunden war. Mit dem Eindrehen der Glühbirnen in die Fassungen sollte der Strom abgenommen werden.

Etwa eine Woche später gab Sweet voller Erregung die Werte, die er ablas, telefonisch an Bearden durch – der in Alabama wohnte –, während er nacheinander zehn 100-Watt-Birnen einschraubte. Das Gerät verlor allmählich an Gewicht, bis es sich auf 90 Prozent seines ursprünglichen Gewichtes verringert hatte. Aus Sicherheitsgründen stoppten Sweet und Bearden das Experiment, ehe das Gerät anfangen konnte zu schweben oder zu fliegen.

Warum verlor der VTA an Gewicht? Beardens Theorie zufolge wird die Gravitation unter bestimmten Umständen zu einer drückenden anstelle einer ziehenden Kraft. Bearden sagt auch, daß Raumenergie einen Druck besitzt, den man als Energiedichte bezeichnet. Wenn der Druck über einem Objekt gedrosselt und zugleich unter dem Objekt erhöht wird, wird das Objekt nach oben gezogen. Möglicherweise hatte der VTA, indem er Raumenergie anzog, die Energiedichte verändert.

Mit dieser Technik ließ sich gelegentlich Unheimliches vollführen. Walter Rosenthal aus Kalifornien, ein Prüfingenieur, der schon vielen sich abmühenden Erfindern beim Testen ihrer Geräte half, erinnert sich an einen Vorfall, von dem Sweet ihm erzählt hatte. Der Vorfall ereignete sich, während Sweet versuchte, sein Antigravitationsexperiment zu dokumentieren:

Es wurde beobachtet, wie das Gewicht der Maschine unter zunehmender Belastung [durch die Glühbirnen] in gleichmäßiger, geordneter Weise abnahm, bis plötzlich ein Punkt erreicht wurde, an dem Floyd einen enorm lauten Ton hörte, als ob er sich im Zentrum eines gigantischen Wirbelwindes befände, doch ohne eigentliche Luftbewegung. Der Ton wurde von Rose im anderen Zimmer ihrer Wohnung und von anderen außerhalb der Wohnung gehört.

Diese Erfahrung wurde von einem kanadischen Raumenergie-Forscher bestätigt, der während eines seiner Experimente ein ähnliches Wirbelwind-Geräusch hörte.

Einen weiteren ungewöhnlichen Effekt von Sweets VTA bildet die Tatsache, daß er anstelle von Hitze, die beim Betrieb von elektrischen Geräten normalerweise anfällt, Kälte produzierte. Das Innere des VTA war ganze zwanzig Grad kälter als die Umgebungsluft. Je höher das Gerät belastet wurde, desto kälter wurde es. Wenn die VTA-Drähte zufällig kurzgeschlossen wurden, blitzten sie mit einem hellen Licht auf und waren dann, wie sich herausstellte, mit Eis bedeckt. Einmal vereiste ein kurzer Kontakt mit der Anlage ein wenig von Sweets Fleisch, was ihm noch zwei Wochen danach Schmerzen bereitete.

Sweet entdeckte weitere interessante Effekte. Doch die Entwicklung des VTA verzögerte sich aufgrund von Schwierigkeiten mit Materialien und Verfahren und durch finanzielle Hindernisse. Sweet mußte Magnete finden, die den Eigenschwingungs-Effekt aushalten konnten. Dies erforderte Magnete mit Kraftfeldern, die keine großen Abweichungen über die gesamte Magnetoberfläche hinweg aufwiesen.

Außerdem funktionierten die herkömmlichen mathematischen Berechnungen beim VTA nicht. 1991 stellte Sweet eine mathematische Theorie für den VTA auf – ein Konstruktionsplanungsmodell, das zeigte, wie bestimmte Faktoren, z.B. die Anzahl von Drahtwicklungen in den Spulen, das Verhalten des Gerätes beeinflußten. Diese Theorie aufzustellen war ein bedeutender Schritt. Ohne sie könnten andere Forscher Sweets Arbeit nicht reproduzieren.

Manchmal war es selbst für Sweet schwierig, seine eigene Arbeit zu reproduzieren. Wie jeder Prototyp einer neuen Technologie waren die VTAs, die er baute, sehr unzuverlässig. Zum Beispiel sank ihre Ausgangsleistung gelegentlich nachts ab und nahm tagsüber wieder zu. Manchmal hörten sie einfach ohne ersichtlichen Grund auf zu funktionieren. Doch wenn der VTA funktionierte, war die Energie, die er ausstieß, für seine Größe unerhört.

Sweet fordert die Gesetze der Physik heraus

Bearden trug zu der Theorie bei, die Sweets Erfindung erklärte. Ein Großteil der Theorie, die Bearden benutzte, um zu erklären, wie der VTA funktionierte, rührte aus den Fortschritten auf dem Gebiet der phasenverbundenen Optik her, einem speziellen Zweig der Lichterforschung durch Laserexperten und Waffenforscher. Bezug nehmend auf die Erkenntnisse aus diesem Bereich sagte Bearden, der VTA sei in der Lage, die Raumenergie, die er aufnimmt, zu verstärken.

Das Wissenschaftsestablishment verlangt, daß sich eine Erfindung durch die anerkannten Gesetze der Physik erklären läßt. Und so viel Output bei so wenig Input *scheint* diese Gesetze, die dergleichen nicht zulassen, zu verletzen. Doch Sweet und Bearden erkannten, daß diese Gesetze für gewöhnliche oder geschlossene Systeme gelten – Systeme, aus denen man nicht mehr Energie herausbekommen kann, als man hineingesteckt hat. Da der VTA es zuließ, daß Energie aus dem Vakuum des Raumes einfließt, operierte er nicht in einem geschlossenen, sondern in einem offenen System. (Siehe Kapitel 1, in dem geschlossene und offene Systeme erörtert werden.) Ein VTA, der im Fluß der Raumenergie läuft, ist wie eine Windmühle, die vom Wind angetrieben wird. Beide beziehen Überschußenergie von einer äußeren Quelle. Da beide nicht in einem geschlossenen System operieren, verletzen sie die Gesetze der Physik nicht.

1991 wurde bei einer formellen Versammlung konventioneller Ingenieure und Physiker in Boston ein Thesenpapier von Sweet und Bearden vorgelesen. Weder Bearden noch Sweet konnten teilnehmen – Bearden war wegen eines Geschäftstermins unabkömmlich, und Sweet erholte sich von einer Herzoperation. Statt dessen ging Walter Rosenthal hin. Das Thesenpapier besagte, daß der VTA die Anzeichen für ein wahrhaft negentropes Gerät zeigte, ein Gerät, das in der Lage ist, willkürlich verteilte Raumenergie in nutzbare elektrische Energie umzuwandeln (siehe Kapitel 4).

Wie geschieht dies? Zur Beantwortung dieser Frage ist es hilfreich, sich eine Handvoll Murmeln auf einem Tisch vorzustellen. Man kann sie entweder alle in eine Richtung rollen, oder sie in alle Richtungen zerstreuen. Wenn man die Murmeln in einen Reflektor schickt, so wirft dieser sie auf geordnete Weise zu einem zurück. Sie benutzten zwar eine recht technische Sprache, doch im Grunde sagten Sweet und Bearden, daß der VTA in der Lage war, Energie-„Murmeln" zu nehmen, sie beständig hin- und herzurollen und aus ihrem Vorbeirollen Energie aufzubauen.

Nachdem Beardens Papier vorgelesen worden war, stand Walter Rosenthal auf und überraschte das skeptische Ingenieurs-Auditorium: „Ich habe Floyd Sweets Maschine persönlich in Betrieb gesehen. Sie trieb … diese kleinen Motoren an, die Sie im Video gesehen haben. Sie wurde mit einer Neun-Volt-Batterie gestartet. Ein weiterer Eingangsstrom war nicht nötig. … Es gab keine Verbindung zum Stromnetz oder Ähnliches." Und es gab keine beweglichen Teile.

Obwohl der Großteil des Publikums höflich zuhörte, wurde es einem Professor der Ingenieurswissenschaften zuviel. Er verließ den Raum mit den Worten: „Solch eine Bemerkung auf einer Ingenieurskonferenz zu machen ist der Gipfel der Verantwortungslosigkeit! Es verletzt so gut wie jedes einem Ingenieur bekannte vernünftige Konzept."

SWEET WIRD BEDROHT

Ist es denkbar, daß die Aktivität in Sweets Haus heimlich von Dritten überwacht wurde? Sweet erzählte, wie ihn Ende der Achtziger ein Mann ansprach, als er gerade einen Supermarkt verließ. Sweet erinnerte sich an die offenbar teuren Schuhe, die der Mann trug, und daran, daß er insgesamt tadellos gekleidet war. Doch in der Hektik des Augenblicks konnte er sich kaum auf mehr konzentrieren.

Was den Erfinder nervös machte, war das Foto, das der Mann in der Hand hielt, ein Foto, das Sweet bei der Arbeit an seinem VTA-Tischmodell zeigte – in der vermeintlichen Privatsphäre seines eigenen Hauses. Auf dem, wie Sweet sagte, bemerkenswert scharfen Foto saß er im Eßzimmer im zweiten Stock des Apartmenthauses, in dem Rose und er lebten.

„Er folgte mir den ganzen Weg zu meinem Haus und erzählte mir, was mit mir passieren würde, wenn ich nicht mit meiner Forschung aufhöre", erinnert sich Sweet. „Ich werde nie erfahren, wie sie dieses Bild durch mein Fenster hindurch aufnahmen." Soweit Sweet sich erinnerte, behauptete der Mann, mit einem Konzern in Verbindung zu stehen, der nicht wollte, daß der VTA zu diesem Zeitpunkt auf den Markt käme. Er sagte zu Sweet: „Es ist nicht auszuschließen, daß Sie aus dem Weg geräumt werden."

Sweet berichtete, er habe anschließend das FBI in Los Angeles angerufen. Er glaubte, daß zwei Agenten sein Haus ein paar Wochen lang überwachten. Doch das Einschalten des FBI führte zu nichts.

Um die Zeit des Vorfalls mit dem Foto bekam Sweet anonyme Telefonanrufe und Todesdrohungen. Er sagte, es waren „Leute, die zu jeder Tages- und Nachtzeit anriefen. Die Polizei installierte eine Fangschaltung zu meiner Telefonleitung, und über einen Zeitraum von sechs Monaten gingen 480 Anrufe aus allen Teilen der Vereinigten Staaten ein. Doch sie kamen von Münzfernsprechern." So konnte die Polizei die Anrufer nicht ermitteln.

Zu Beginn der VTA-Entwicklung brach jemand in Sweets Wohnung ein und stahl seine Notizen. Dann begann er seine Notizen zu verschlüsseln.

Sweet unterbrach die Arbeit an seiner Erfindung zeitweilig aus Sorge um seine kranke Frau: „Sie müssen gewußt haben, daß ich aufgehört hatte; sie belästigten mich nicht mehr."

NACHFOLGER IN SWEETS FUSSTAPFEN

Am 5. Juli 1995 erlitt Sweet im Alter von dreiundachtzig Jahren einen tödlichen Herzinfarkt. Ein paar Wochen vor seinem Tod sagte Sweet, die Automobilindustrie teste sein Energiegerät für den Einsatz in Autos, und sie hätten ein Gerät, das 5 000 Stunden lang laufe. Er sagte, er verhandle mit Vertretern von General Motors, doch niemand war in der Lage, seine Behauptungen zu bestätigen.

Die Entwicklung des VTA steckt aufgrund rechtlicher Probleme fest. Doch Tom Bearden, der viel Zeit und eigenes Geld in das Projekt gesteckt hat, hofft, daß der VTA wieder zum Leben erweckt werden kann, damit die Welt erkennt, was für ein Pionier Floyd Sweet war. Und trotz der Verwirrung, die Sweets Angelegenheiten zur Zeit seines Todes umgibt, verfolgen andere Forscher diese Forschungsrichtung weiter.

Verwirrung und Geheimhaltung

Die Automobilindustrie dürfte nicht der einzige potentielle Investor gewesen sein, mit dem Sweet in Verbindung stand. Zur Zeit seines Todes herrschte Verwirrung bezüglich der Rechte an seinen Geräten und Papieren, die bei Sweets zweiter Frau Violet lagen. Bearden sagt, Sweet habe Verträge mit einer Reihe von Geldgebern unterschrieben, von denen einige ihre Rechte an der Erfindung geltend gemacht hätten. Mindestens zwei dieser Investoren sagen, sie wollten Sweets Laboreinrichtung, seine Erfindungen und technischen Unterlagen in ein geplantes Floyd-Sweet-Museum einbringen, damit andere Forscher diese Technik studieren könnten. Walter Rosenthal versucht, alle Parteien zu einer Einigung zu bewegen.

Trotz Beardens Drängen ließ Sweet den VTA nie unabhängig testen. „Er fürchtete, daß sein Leben sofort ausgelöscht werden würde, wenn er auch nur versuchte, so etwas zu tun", sagt Bearden.

Sweet frustrierte außerdem seine Forscherkollegen, indem er sein bedeutendstes Verfahren geheimhielt – die Konditionierung der Magneten, die die Kernstücke des VTA bilden. Pumpte er die Magnete mit starken elektromagnetischen Impulsen voll, damit sie ihre innere Struktur veränderten? Er weigerte sich, Einzelheiten bekanntzugeben, und sagte, es sei nicht wahrscheinlich, daß andere Forscher seine Geheimnisse herausfänden: „Die Chancen, sie herauszubekommen, stehen etwa so, als versuche man einen Safe mit hundert Einstellknöpfen mit jeweils hundert Einstellmöglichkeiten zu öffnen, ohne die Kombination zu kennen."

Sweet fürchtete nicht nur um sein Leben, sondern sagte einmal, er fürchte, wenn er beschreibe, wie er sein Gerät zum Laufen bringe, würden skrupellose Leute Modelle bauen, ohne ihm seinen Anteil dafür zu geben. Er war auch darum besorgt, was geschehen würde, wenn der VTA auf einen Schlag überall im großen Maßstab vertrieben würde und viele andere Elektrogeräte ersetzte. „Wenn alles auf einmal herausgebracht würde, würde der Aktienmarkt zusammenbrechen", sagte er. „Die Regierung will das nicht." Aus Fairneß Sweet gegenüber sollte ich darauf hinweisen, daß er nicht der einzige Erfinder ist, dem nicht wohl dabei war, die Schlüsselaspekte seiner Arbeit preiszugeben.

Andere Forscher und der VTA

Andere Erfinder versuchen, Sweets Werk fortzuführen. Der VTA ist in den Computer-Nachrichtenforen, die Diskussionsgruppen über Freie Energie unterhalten, bestens bekannt. Die Experimentatoren balgen sich um die Einzelheiten bei der Konstruktion des Gerätes.

Ein Forscher, der behauptet, dabei einen gewissen Erfolg erzielt zu haben, ist Don Watson, ein autodidaktischer Erfinder aus Texas. Watson sagt, er habe ein funktionierendes Gerät ähnlich Sweets VTA gebaut, an dem er nachts experimentiere. Tagsüber arbeitet er als Fernmeldeanlagen-Techniker.

In der englischen Grafschaft Somerset hat der Elektronikexperte Michael Watson (nicht mit Don verwandt) Sweets VTA nachgebaut, gibt aber an, Versuche damit seien nicht erfolgreich gewesen. Trotzdem sagt er: „Meiner Meinung nach hat der Erfinder des VTA, Floyd Sweet, eine wissenschaftliche Entdeckung von größter Bedeutung gemacht."

Watson glaubt, daß die Versuche, Sweets Resultate zu reproduzieren, deshalb auf Schwierigkeiten stoßen, weil die Art von Magneten, die Sweet verwendete, nicht mehr zu bekommen sei. Doch er sagt: „Das Wichtige am VTA ist, daß es eine Form von magnetischer Instabilität gibt, die als bedeutsame Energiequelle wirken kann."

Wie wird sich der VTA auf unser aller Leben auswirken, wenn diese gerade flügge gewordene Raumenergie-Wissenschaft erst einmal ausgereift ist? Bearden spekuliert, daß die Neue Physik unser Leben auf eine Weise verändern wird, von der wir nicht zu träumen wagen:

Durch die Meisterung, Beherrschung und Kanalisierung dieser gigantischen, unglaublichen Energie des schäumenden Vakuums [des Raumes] können wir unsere Autos, unsere Flugzeuge und unsere Technik unerschöpflich antreiben. Ferner kann dies auf absolut saubere Weise getan werden; es gibt keine schädliche chemische Verschmutzung.

Mit angewandter Antigravitation ließen sich Raumschiffe entwickeln, die das Sonnensystem mit derselben Leichtigkeit durchqueren, mit der man heute den Ozean überquert. ... Das unerschöpfliche Vakuum erfüllt jedes System – überall und bis zum Überquellen.

Trotz der Schwierigkeiten, auf die Sweet bei seinen Versuchen stieß, seine Erfindung zu perfektionieren, verhalf er der Wissenschaft zu einem Sprung in die Zukunft. Der Sprung hätte wohl noch weiter reichen können, wenn er im letzten Jahrzehnt seines Lebens offener mit anderen Forschern zusammengearbeitet hätte und in seinem geschäftlichen Umgang penibler gewesen wäre. Doch Sparky Sweet hat einen neuen Kurs abgesteckt, und dafür gebührt ihm Lob.

Im nächsten Kapitel lernen wir mehr Energie-Erfinder kennen, die die Kraft entdeckt haben, die von in Bewegung versetzten Magneten ausgeht.

7

Energie-Erfindungen mit rotierenden Magneten

Ich denke, es ist möglich, Magnetismus als Energiequelle zu nutzen. Doch wir Wissenschaftsidioten sind dazu nicht in der Lage; es muß von außerhalb kommen.
— Werner Heisenberg, Nobelpreisträger

Der Magnet ist ein Fenster zur freien Raumenergie des Universums.
— Bruce DePalma, Erfinder

Wie wir in Kapitel 6 gesehen haben, lassen sich Magnete nutzen, um Raumenergie einzufangen und nutzbar zu machen. Magnetfelder können so manipuliert werden, daß sie als Tore dienen, um Raumenergie in elektrische Geräte zu leiten – auf dieselbe Weise, wie eine Schleuse in einem Fluß Wasser zu einem Wasserrad leitet. Dadurch eröffnet sich eine völlig neue Welt von Energiemöglichkeiten.

Dieses Kapitel stellt zwei Erfinder vor, die gezeigt haben, daß es möglich ist, den Magnetismus als Kraftquelle zu nutzen. Anders als Floyd Sweet und sein stationäres Magnetgerät verwenden diese Männer rotierende Magnete, um Raumenergie in Elektrizität umzuwandeln. Einer begann seine Laufbahn als Physiklehrer am Massachusetts Institute of Technology (MIT) und lebt nun in seinem selbstauferlegten Exil in Neuseeland, der andere ist Flugsicherheitsberater und hielt kürzlich einen Vortrag vor einer Gruppe Physiker am MIT. Wir werden auch sehen, wie ernst die Raumenergie-Technologie in Asien genommen wird. In Nordamerika hingegen ignoriert man sie.

BRUCE DEPALMA UND DIE N-MASCHINE

Während sein Bruder Brian in Hollywood Karriere machte und bei Filmen wie *Carrie, Scarface* und *Die Unberührbaren* Regie führte, sah es so aus, als hätte Bruce DePalma als allseits geachtetes Fakultätsmitglied des MIT eine gesicherte Existenz in der akademischen Welt vor sich. Nachdem er 1958 am MIT seinen Ingenieursabschluß in Elektrotechnik gemacht hatte, arbeitete er in Verwaltung und Industrie, ehe er 1961 in Harvard eine Fortbildung in angewandter Physik absolvierte. Ende der 1960er wurde er Dozent am MIT.

Während dieser turbulenten Zeit nahm DePalmas Leben eine Wende. Diese Phase der Seelensuche war durch die Studentenbewegung und seinen Eindruck geprägt, daß sich die Gesellschaft in der Auflösung befinde. In der Folge schied er aus der akademischen Welt aus und zog nach Westen ins kalifornische Mendocino, wo er zu meditieren begann. Eines Nachmittags dachte er über etwas nach, womit er als Kind gespielt hatte. Er hatte nie verstanden, warum ein Kreisel sich gerade so verhält, wie er es tut. Die Idee kam aus heiterem Himmel: Vielleicht richtete sich die Drehung eines Kreiselrades irgendwie auf den Raum um einen rotierenden Körper wie die Erde aus.

Experimente mit Rotation und Energie

Manchmal führen die einfachsten Experimente zu neuen Erkenntnissen. Im sechzehnten Jahrhundert gelangte Galileo Galilei zu einer bahnbrechenden Erkenntnis, indem er einen großen und einen kleinen Stein vom Schiefen Turm in Pisa hinunterfallen ließ. Beide fielen gleich schnell herab. Diese Tatsache stand im Widerspruch zum herrschenden Glauben seiner Zeit.

Auch DePalma erzielte seinen Durchbruch in einem einfachen Experiment. Er ließ Kugellager – mit Stahlkugeln, wie man sie in Flipperautomaten findet – mit großer Geschwindigkeit rotieren und katapultierte sie in die Luft, während er davon sorgfältig zahlreiche Fotos in schneller Folge nacheinander machte. Zu seiner Überraschung entdeckte er, daß sie höher stiegen und schneller fielen als solche Kugellager, die beim Abschießen nicht in Drehung versetzt wurden. Er hielt dies für ein Indiz dafür, daß die Kugellager mit einer neuen Art von Energie in Wechselwirkung traten – heute bezeichnen wir sie als Raumenergie.

DePalmas Faszination steigerte sich noch, als er Paare von Kugellagern abschoß, von denen sich eines links und das andere rechts herum drehte. Er stellte fest, daß beide Lager unterschiedlich schnell aufstiegen und herabfielen, was darauf hindeutete, daß vielleicht jedes von beiden mit dieser fremdartigen Energiequelle auf andere Weise interagierte.

DePalma hatte das Gefühl, daß seine Erkenntnisse bedeutsam waren. Er legte sie einem seiner renommierten Mentoren, einem Physiker von der Princeton Universität, vor. Doch es gelang ihm nicht, dessen Interesse zu wecken.

Zur weiteren Forschung mit rotierenden Objekten zog sich DePalma daher zusammen mit einigen Freunden auf eine Farm in Pennsylvania zurück. Er begann mit dem, was gerade zur Hand war, dem Pendel einer alten Standuhr. Dieses brachte er in ein Vakuum, um alle Einflüsse aus Luftdruck und Reibung auszuschließen. Wie er feststellte, ergaben sich dadurch, daß das Pendel rotierte, tatsächlich Abweichungen im Pendelausschlag. Dann führte er ein Experiment durch, in dem sich zeigte, daß ein rotierendes Objekt, das mit etwas anderem zusammenstößt, weiter zurückprallt als ohne Eigendrehung. Wie bei den Experimenten mit Kugellagern deuteten diese Resultate darauf hin, daß ein Objekt während des Drehens Raumenergie aufnehmen könnte. (Vergleiche „Energiespiralen" auf Seite 44.)

Aufgrund seiner eigenen Experimente – und denen anderer Forscher – stellt sich DePalma heute vor, daß die Raumenergie durch einen metallischen Leiter fließt und ihm verschiedene Eigenschaften verleiht, ähnlich wie die von einem trockenen Schwamm aufgesogene Flüssigkeit dem Schwamm Gewicht verleiht.

DePalma setzte seine Untersuchungen über Schwerkraft und Trägheit auch fort, als er in ein Haus im Hügelland bei Santa Barbara, Kalifornien, zog. In seinem Wohnzimmer gab es allerhand Merkwürdiges zu sehen, zum Beispiel einen Kreis aus Gras, der über einem laufenden Stereo-Plattenspieler wuchs, und Gewichte, die für Pendelexperimente an Haken von der Decke herabhingen.

DePalma entwickelt die N-Maschine

DePalma beschloß, die Ergebnisse seines neu entdeckten Wissens aus dem Bereich schwingender Objekte auf elektrische Meßgeräte zu übertragen, wo genaue Instrumente jedermann zur Verfügung stehen. Durch seine In-

Dr. Bruce DePalma verwendet in seiner N-Maschine starke Magnete. Mit ihr läßt sich die Raumenergie auch auf der Erde zur Verrichtung von Arbeit nutzen.

tuition geleitet, erfuhr er allmählich mehr und mehr über die Eigenschaften von rotierenden Magneten und machte eine Entdeckung im Energiebereich, die sein Leben weiter veränderte.

DePalma wandte sich den Schriften von Michael Faradays (1791-1867) zu, dem berühmten britischen Pionier der Elektrizität und des Magnetismus. Man kennt Faraday als den Erfinder des zweiteiligen Induktionsgenerators, eines Gerätes, das, seinen Grundprinzipien nach, auch heutzutage noch für die Stromerzeugung benutzt wird.

Doch Faraday erfand 1831 auch den sogenannten Homopolar-Generator. Er fand heraus, daß elektrischer Strom von einer sich drehenden Kupferscheibe abgenommen werden kann, wenn die Scheibe zusammen mit den Magneten statt an ihnen vorbei gedreht wird, wie dies beim Induktionsgenerator der Fall ist. Durch diese einzigartige Anordnung könnte es Faraday möglich gewesen sein, eine andersartige Energiequelle anzuzapfen – die Raumenergie. Faraday entwickelte den Homopolar-Generator allerdings nie bis zur umfassenden Funktionsfähigkeit weiter. DePalma studierte diesen Generator mit großem Interesse, überzeugt, etwas von enormer Bedeutung entdeckt zu haben.

Fast 150 Jahre nach Faraday wiederholte DePalma dessen Versuch. Allerdings verwendete DePalma moderne Materialien wie superstarke Magnete, um Elektrizität zu gewinnen. DePalma nannte sein Gerät N-Maschine, was für n-gradig steht, da er das Potential der N-Maschine für nahezu unbegrenzt hält. Der Name bezieht sich auch auf seine Vermutung, nach der Magnete Energie aus einer anderen Dimension anziehen. Wie er glaubt, bewirken die Magnete eine Verzerrung des Äthers – ein Konzept, das wir in Kapitel 4 erörtert haben –, wodurch die Raumenergie in die Maschine hineinfließen kann.

Von 1978 bis 1979 benutzten Bruce DePalma und seine Assistenten die Werkstatt einer kalifornischen Kommune – der spirituellen und landwirtschaftlichen Gemeinschaft Sunburst nahe Santa Barbara –, um einen Prototyp-Generator zu bauen, den sie Sunburst Homopolar-Generator nannten. Nach einjähriger Verfeinerung begannen sie 1980 mit ernsthaften Tests. Die Testergebnisse bei Sunburst deuteten darauf hin, daß die Ausgangsleistung die Eingangsenergie überstieg und die N-Maschine effizienter war als ein herkömmlicher Generator.

Dann testete sie ein Professor für Elektrotechnik an der Stanford Universität. Robert Kincheloe führte von 1985 bis 1986 eine Testreihe mit einer von DePalma entworfenen und von Charya Bernard aus der Sunburst-Gemeinschaft gebauten Maschine durch. Auch Kincheloe registrierte, daß mehr Leistung herauskam, als hineingesteckt werden mußte. Er berichtete:

DePalma könnte insofern recht gehabt haben, als hier tatsächlich eine Situation vorliegt, bei der Energie aus einer zuvor unbekannten und unerklärlichen Quelle gewonnen wird. Die meisten Wissenschaftler und Ingenieure würden diese Schlußfolgerung von der Hand weisen, da sie eine Verletzung der anerkannten Gesetze der Physik darstellt. Wenn sie stimmt, birgt sie unglaubliche Implikationen in sich.

DePalma stößt auf Schwierigkeiten

„Ich dachte, jedermann würde nun versuchen, sich einen Weg zu meiner Tür zu bahnen, nachdem ich diese Experimente durchgeführt hatte, doch ich rannte gegen eine Wand aus Stein", sagt DePalma. „Es ist, als ob die Wissenschaft alt geworden sei und sich weit vom Labor entfernt hätte." Er ergänzt, es sei, als ob das Wissenschaftsestablishment die Experimente, die im neunzehnten und frühen zwanzigsten Jahrhundert durchgeführt wurden, hergenommen, allesamt auf mathematische Gleichungen reduziert und ein Glaubensbekenntnis daraus gemacht hätte. „Wenn man zum Energieministerium nach Washington, D.C., geht und eine neue Methode zur Energiefreizusetzung präsentiert, kramen sie all diese alten Zusammenhänge hervor und sagen: 'Das steht nicht im Einklang mit [dem Gesetz der] Energieerhaltung,' oder: 'Es verletzt Einsteins Relativitätstheorie.'"

DePalma selbst hatte voll und ganz an das Energieerhaltungsgesetz geglaubt, wonach man aus einem System nicht mehr Energie herausholen kann, als man hineinsteckt. Doch was ist mit den Ergebnissen seiner Experimente? Wie den meisten anderen Energieforschern, die wir bisher kennengelernt haben, dämmerte es ihm, daß die Überschußenergie direkt aus dem Raum selbst stammte. Deshalb wurde das Energieerhaltungsgesetz nicht wirklich verletzt.

Nicht nur das skeptische Wissenschaftsestablishment bereitete DePalma Schwierigkeiten. 1990 schrieb er:

Drei oder vier Konsortien sind an mich herangetreten, um Geld für die kommerzielle Produktion von N-Maschinen bereitzustellen. Es wurde viel versprochen, doch Mittel wurden noch nicht zur Verfügung gestellt. Daß die Angelegenheit insgesamt sehr zäh verläuft, liegt vor allem an der Gier der Geldleute, nicht etwa daran, daß meine Maschine ihre Aufgabe nicht erfüllen würde. … Was jetzt gebraucht wird, ist eine Bewegung, die die N-Maschine als Stromquelle zu einer nationalen Priorität erklärt.

Zu dieser Zeit fragte ich DePalma, warum er den Kreis nicht schließe und einen Teil des Energie-Outputs in die Maschine zurückleite, um ständige Bewegung zu erzeugen. Ein Haus oder eine Reihe von Geräten mit solch einer Anlage zu betreiben wäre die geeignete Vorführung zur Überzeugung von Skeptikern.

Er entgegnete, ein Grund, warum er den Prototyp in den Vereinigten Staaten nicht weiterentwickelt habe, sei „weil sie mir den Kopf abreißen würden". Er fügte hinzu, ihm sei durch einen Boten mit Verbindungen zu höchsten Stellen in der U.S.-Regierung eine Drohung übermittelt worden. 1992 begriff er, daß Raumenergie vielleicht sonstwo erwünscht sei, nicht aber in den Vereinigten Staaten. Deshalb bürgerte er sich selbst aus, ging zunächst nach Australien und dann nach Neuseeland, wo er weiter an seiner Erfindung arbeitet.

BERTIL WERJEFELT UND DER MAGNETISCHE
BATTERIE-GENERATOR

Bertil Werjefelt ist von der Sonne Hawaiis gebräunt, denn die Inseln sind seine Wahlheimat. Nur hat er für den Strand kaum Zeit. Er ist Flugsicherheitsberater, leitet eine kleine Firma und erstellt technische Unterlagen, doch dies macht nur einen Teil seines Lebens aus. Mehrere Jahre lang hat Werjefelt auch an einem Magnet-Energiegerät gearbeitet. Ein Vertreter der Sumitomo Gesellschaft, der Werjefelts Produktionsanlage besichtigte, sagte, die Erfindung könnte „die bedeutendste Entdeckung dieses Jahrhunderts" sein.

Werjefelt wurde in seinem Heimatland Schweden ausgebildet und kam in den frühen sechziger Jahren in die Vereinigten Staaten. Er setzte sein Studium des Maschinenbaus an der Universität von Utah und an der Universität von Hawaii fort. Heute steht er einer Forschungs- und Entwicklungsgruppe namens Poly Tech USA vor, die Sicherheitsanlagen für Flugzeuge erfindet, zum Beispiel ein System, das es Piloten ermöglicht, die Flugbahn und wichtige Instrumente selbst dann sehen zu können, wenn sich im Cockpit dichter Rauch ausbreitet.

Ein neues Gerät nach alten Konzepten

In den Siebzigern war Werjefelt einer von vielen, die sich Sorgen über die Umweltverschmutzung durch fossile Brennstoffe machten. Deshalb erfand er auf der Basis seines technischen Wissens einen Generator, den aus Magnetfeldern gezogene Energie antreibt.

Herkömmliche Generatoren, die Magnete verwenden, unterliegen dem Problem, das als magnetischer Widerstand bekannt ist. Dieser Widerstand ist ein Restmagnetismus, der das Drehen des Rotors verlangsamt, die Komponente also, die, je nach Aufbau des Generators, entweder die Magnete an einer elektrischen Spule oder die Spule an den Magneten vorbeibewegt. Werjefelt verbesserte den herkömmlichen Generator; er fügte ein spezielles Drehsystem hinzu, das den magnetischen Widerstand aufhebt, indem er ihm die Kraftfelder zusätzlicher Magneten entgegensetzt. Das Resultat ist ein Generator, der beim selben Input mehr Energie ausstößt.

Das wirft die Frage auf: Woher stammt die Überschußenergie? „Ich weiß es nicht", sagt Werjefelt. „Es könnte [Raum-] Energie sein oder etwas, von dem wir überhaupt nichts wissen."

Werjefelts Versuchsmodelle sind noch nicht bis zur Vorstufe der Serienreife gediehen – sie haben jeweils nur einige Minuten lang mehr Energie
abgegeben als in sie hineingegangen ist. Doch die Ergebnisse sind ein-
drucksvoll genug, um ihn bei der Stange zu halten. Zum Beispiel wies
sein Generator einmal bei einem Input von 160 Watt eine Ausgangsleistung von 450 Watt auf, also fast dreimal so viel Energie. Er glaubt, daß
seine Mannschaft einige der schwierigsten technischen Probleme gelöst
hat und daß magnetisch betriebene Elektrogeneratoren in ein paar Jahren
für den täglichen Gebrauch zur Verfügung stehen könnten.

Einige Beobachter der Neuen Energie sind von den wissenschaftlichen
Schriften, die Werjefelt verfaßt hat, ebenso beeindruckt wie von seinen
Versuchsmodellen. Nachdem er den Entwurf veröffentlicht hatte, erkannte Werjefelt, daß er die Ergebnisse würde erklären müssen, um ein Patent
zu bekommen. Und er mußte auch die skeptische Wissenschaftszunft überzeugen.

So vertiefte sich Werjefelt in die Physikliteratur und fand Anhaltspunkte, die seine Behauptung stützen. Er nutzte sie 1995 bei einem Vortrag am
MIT, um darzulegen, daß die Standardlehren der Wissenschaft zum Magnetismus von Anfang an unvollständig waren und daß als Folge hiervon
die Wissenschaftsgemeinde vorschnell erklärt hatte, es sei unmöglich, den
Magnetismus als Energiequelle zu benutzen. Die anderen grundlegenden
Kräfte der Natur – Kernkräfte und Gravitation – sind in Form von Atom-
und Wasserkraftwerken erschlossen worden, doch für die Möglichkeit,
den Magnetismus als Kraftquelle zu nutzen, war die Wissenschaft blind.

Dennoch möchte Werjefelt sich nicht in etwas verstricken, das er „Pa-
ralyse durch Analyse" nennt. Er ist mehr daran interessiert zu beweisen,
daß sein Gerät funktioniert. „Betrachten Sie es als einen Quantensprung
im Bereich der Energie", sagt er, „wie der Sprung vom Rechenschieber
zum elektronischen Taschenrechner."

Japanische Firmen bekunden Interesse

1990 schickte Werjefelt eine Mitteilung über seine Entdeckung an große
Gesellschaften wie General Electric und Westinghouse in den Vereinigten
Staaten, Siemens in Europa und Hitachi und Sumitomo in Japan. Die meisten Antworten lauteten: „Es ist nicht möglich." Andere dankten ihm und
sagten: „Rufen Sie uns an, wenn das Patent erteilt ist."

Wie sich herausstellte, waren die Japaner an Magneten und Energie sehr interessiert. Im Oktober 1993 strahlte das japanische Fernsehen eine Sendung aus, *Die Traumenergie*, in der der japanische Wissenschaftler Teruhiko Kawai ein Gerät erläuterte, das dem von Werjefelt ähnelte. Gut ausgestattete japanische Forschungsteams haben aus dieser Entdeckung zuverlässige Aggregate für bestehende Motoren entwickelt. Werjefelt verbrachte zwei Tage mit einem Vertreter von Sumitomo und erfuhr, daß die japanischen Motoren stunden-, tage-, ja wochenlang laufen. Die japanischen Industriellen stellen sich auf die neuen Aggregate um, die etwa halb so viel Brennstoff wie bestehende Motoren verbrauchen werden. In der Fernsehsendung wurden als Beispiele ein Kühlschrank, ein Staubsauger und andere gebräuchliche Haushaltsgeräte gezeigt, die mit solchen Motoren ausgestattet sind.

Werjefelt wiederum ist eher an Stromerzeugung gelegen. Wenn Kraftwerke gebaut würden, in denen sein magnetischer Batterie-Generator statt der konventionellen Anlagen eingesetzt wird, schätzt er, könnten sie fünfzehn bis achtzehn Mal so viel Strom produzieren.

STAATLICHE UNTERSTÜTZUNG FÜR ERFINDER IN ANDEREN LÄNDERN

Wie wir an Bertil Werjefelts Geschichte gesehen haben, halten sich amerikanische Firmen im allgemeinen von Neue-Energie-Entwicklungen fern, während die Regierungen anderer Länder der gemeinsamen Forschung in diesem Bereich zustimmen. Zum Beispiel wird in zwei Ländern an Geräten gearbeitet, die Bruce DePalmas N-Maschine ähneln.

Japan wird aktiv

In Japan bekommt ein sympathischer Wissenschaftler bei seiner Variante der N-Maschine Hilfe von der Regierung. Dr. Shiuji Inomata arbeitete am elektrotechnischen Labor des Ministeriums für Internationalen Handel und Industrie (Ministery of International Trade and Industry – MITI) in Ibaraki, Japan. Inomatas Version der N-Maschine – nach einem privaten Forschungsinstitut JPI genannt – erzeugte als ein erster Prototyp bescheidene Mengen Überschußenergie.

Jetzt befindet sich Inomata im Ruhestand, doch er setzt seine Arbeit am JPI fort. Er würde es sehr begrüßen, wenn andere seine Forschung weiterführten. „Politiker und Industrie werden sich zunehmend des Durchbruchs

Dr. Shiuji Inomata arbeitet an einer Maschine namens JPI, bei der Magnete zum Einsatz kommen, um die Raumenergie anzuzapfen.

bewußt, den die Neue Energie darstellt", sagt er. Dadurch könnte Japan einen beträchtlichen Vorsprung im Rennen um die Produktion der N-Maschinen-Technik erlangen. Warum die Neue Energie die Japaner so fasziniert, wird auf Seite 145 erörtert.

Auch Indien arbeitet an der Raumenergie

Japan ist nicht das einzige Land in Asien, das die Raumenergie-Technologie aktiv verfolgt. Auch in Indien arbeitet ein von der Regierung angestellter Atomwissenschaftler an einer Art von N-Maschine – mit dem Segen seiner Arbeitgeber.

Dr. Paramahamsa Tewari ist Oberingenieur bei der Nuclear Power Corporation (NPC) des Ministeriums für Atomenergie. Seine Version der N-Maschine nennt sich Raumkraftgenerator (Space Power Generator – SPG). Zu den Westlern, die Tewari im Laufe der Jahre ermutigt haben, gehört Bruce DePalma. Tewari sagt: „Ohne DePalma wäre ich nicht in der Lage gewesen, meine Theorie aufzustellen. Er arbeitete an ähnlichen Ideen und schickte mir ständig seine Ergebnisse."

Tewari ist Leiter des Kaiga-Projekts des NPC im Staat Karnataka. Auch wenn die freie Zeit begrenzt ist, die er auf die Verfeinerung seines SPG

Dr. Paramahamsa Tewari
aus Indien ist in einer
ungewöhnlichen Position:
Während seiner Arbeits-
zeit arbeitet er in einem
Kernkraftwerk, und in
seiner Freizeit baut er dort
seinen Raumenergie-
Generator.

verwenden kann, ist Tewari davon begeistert. Der leitende Manager des
NPC, S. L. Kati, sagt: „Tewaris Prototyp SPG kann als wesentlicher Durchbruch betrachtet werden."

Für eine Regierung ist es recht ungewöhnlich, einen ihrer Kernphysiker bei der Erforschung der Raumenergie zu unterstützen. Doch Tewari
erfährt von seiner Regierung eine Sonderbehandlung. Als er zum Beispiel
vor mehreren Jahren zu einem Symposium zur Neuen Energie in die Vereinigten Staaten fuhr, war sein Paß von der indischen Regierung mit einer
Unbedenklichkeitsbescheinigung versehen worden, was ihm seinen Weg
durch die Flughäfen vereinfachte. Beim Bau von SPG-Prototypen nutzt er
die Dienste von Elektrikern und Mechanikern ebenso wie eine Werkstatt
im Kernkraftwerk, in dem er arbeitet. Tewari freut sich darüber, wie die
Dinge bei seinem Tagesjob laufen – das Projekt geht voran. So hält er es
für gerechtfertigt, wenn er zweimal in der Woche ein „Bitte-nicht-stö-
ren"-Schild an seiner Tür anbringt, um für ein paar Stunden am SPG zu
arbeiten.

Warum genießt Tewari so viel Entgegenkommen von einer Einrichtung,
die Strom im Megaprojekt-Maßstab liefert? Er sagt: „Sie haben das Gefühl, wenn etwas Bedeutsames herauskommt (der Raumkraftgenerator),
kann die Welt vielleicht davon profitieren." Er fügt hinzu:

Ich stehe der gesamten Elektroabteilung eines Kernkraftprojektes vor...
Ich mache meine Arbeit sehr gut, und es herrscht gegenseitiger Respekt.
Niemand stellt sich mir in den Weg. Außerdem habe ich alle Widerstände
mit schonungsloser Offenheit ausgeräumt. Ich habe bloß gesagt: „Sehen
Sie, ich kümmere mich nicht um Sie. Nun ja, ich verdiene mein Geld als
Regierungsangestellter. Doch ich muß meine Forschung betreiben, und
daran können Sie mich nicht hindern."

Raumenergie ist nicht die einzige Quelle für Neue Energie. Im nächsten Teil werden wir uns andere unglaubliche Technologien ansehen.

TEIL III

Aufstrebende Neue-Energie-Technologien

Kürzlich las ich in einer Zeitung den Leserbrief eines jungen Mannes aus einer kanadischen Kleinstadt. Ich kann die darin zum Ausdruck gebrachten Gefühle gut nachempfinden. Er schreibt, seine Generation stehe vor einem heillosen Durcheinander. Im Hinblick auf den schonungslosen Verbrauch natürlicher Ressourcen, wie etwa die Vergeudung fossiler Brennstoffe, sagt er im wesentlichen, daß das Spiel auf diesem Planeten aus sei.

Seine Bitterkeit ist typisch für viele junge Leute, die angesichts unserer Umweltprobleme entmutigt in die Zukunft blicken. Wie es aussieht, werden sie eine Erde übernehmen, die von Treibhausgasen künstlich erwärmt und durch radioaktiven Müll verseucht ist, während Öllachen die Gewässer verdrecken.

Ihre pessimistische Einschätzung der Zukunft könnte sich jedoch ändern, wenn sie die Bandbreite der sich neu abzeichnenden Energietechnologien in Betracht zögen: Wärme als Quelle sauberer Energie zum Beispiel, oder Wasser als Brennstoff. Gerade die Vielzahl von Antworten auf die drängenden Umweltfragen gibt an sich schon Anlaß für Optimismus. Mutige Forscher sind dabei, ungeahnte, effiziente Werkzeuge zur Reinigung unseres Planeten zu entwickeln. Menschen aller Altersstufen, die diese Tatsache erkennen, könnten dadurch schlagartig zu positiveren Aktivitäten veranlaßt werden, etwa dazu, sich für eine landesweite sensible Energiepolitik einzusetzen. Wissenschaftler Hal Fox ist ein solcher Optimist. Freudig bezeichnet er die Zukunft als das Zeitalter perfektionierter Energie.

In diesem Abschnitt werden wir uns einige der aufstrebenden Neue-Energie-Technologien anschauen, die kurz vor der Serienreife stehen.

8

Kalte Fusion:
die bessere Kerntechnologie

Wir glauben, daß ... es durch Kalte Fusion betriebene Autos, Systeme zur Beheizung von Häusern, kleine kompakte Anlagen zur Stromerzeugung und Raumfahrtanwendungen geben wird.
— Dr. Eugene Mallove und Jed Rothwell,
Zeitschrift *Cold Fusion*

Ich hätte gedacht, daß ein Bereich, der so eine potentielle Bedeutung für die Energieerzeugung und die Atomtheorie hat, mehr Aufmerksamkeit erregen würde.
— Edmund Storms, Strahlenchemiker

Im Jahre 1989 taten die Wissenschaftler Stanley Pons und Martin Fleischmann etwas, das die Wissenschaft für unmöglich erklärt hatte. Sie verkündeten, sie hätten die Kalte Fusion entdeckt – das Verbinden bzw. Verschmelzen von Atomen bei Zimmertemperatur unter Freisetzung von Überschußenergie. Übereinstimmend hatte die Auffassung geherrscht, daß eine solche Fusion extrem hohe Temperaturen erfordere und nur in Milliarden Dollar teuren Reaktoren ablaufen könne. Doch Pons und Fleischmann meldeten, ihnen sei mit einem selbstentwickelten Gerät, das auf einen Labortisch paßt, die Kernfusion gelungen.

Sobald der erste Schock vorüber war, begannen die Kontroversen. Die Tatsache, daß Pons und Fleischmann ihre Entdeckung vor der Presse verkündet hatten, paßte vielen Wissenschaftlern nicht. Sie kritisierten, die beiden hätten ihre Erkenntnisse zunächst in einem der etablierten Wissenschaftsjournale veröffentlichen sollen. Andere versuchten vergeblich, die Versuche des Duos zu wiederholen, und sie kritisierten Pons und Fleischmann wegen ihrer unzulänglichen Versuchsanordnung. Im Laufe desselben Jahres beschloß das Energieministerium der Vereinigten Staaten (DoE), die Kalte-Fusionsforschung nicht zu fördern.

All das konnte Pons, Fleischmann und eine Reihe anderer Wissenschaftler nicht davon abhalten, die Kalte Fusion weiterzuverfolgen. Doch zunächst einmal zur Frage: Was ist überhaupt Kernfusion?

HEISSE UND KALTE FUSION

Kernfusion ist das Gegenteil von Kernspaltung, beide Vorgänge setzen am Atom an. Atome sind die winzigen Bausteine, aus denen alle Materie besteht. Ein Atom besteht aus einem Kern, der sich aus Protonen und Neutronen zusammensetzt, sowie aus den Elektronen, die eine Wolke um den Kern bilden. Unterschiedliche Atome enthalten abweichende Anzahlen von Protonen, Neutronen und Elektronen und bilden verschiedene Arten von Materie – die Elemente.

Bei der Spaltung eines Atomkerns, zum Beispiel durch das Bombardement mit Neutronen, wird eine große Menge Energie freigesetzt. Für die Spaltung werden Stoffe mit schweren, instabilen Atomkernen benötigt, wie zum Beispiel bestimmte Arten von Uran. In Atombomben und Kernkraftwerken kommt die Kernspaltung zum Einsatz.

Kernfusion ist das Verschmelzen von Atomkernen. Die Heiße Fusion, die einigen Wissenschaftlern zufolge auch die Energie unserer Sonne erzeugt, arbeitet mit einer Form des leichtesten Elements, dem Wasserstoff.

In den Lehrbüchern steht, daß Temperaturen bis zu mehreren Millionen Grad nötig sind, ehe die positiv geladenen Wasserstoffkerne ihre natürliche gegenseitige Abstoßung überwinden können, da Ladungen sich abstoßen – denken Sie daran, was passiert, wenn man versucht, die Nordpole zweier Magneten zusammenzubringen. Wenn die Wasserstoffkerne einander ausreichend nahe kommen, bilden sie etwas Neues – Heliumkerne. Bei diesem Vorgang werden enorme Energiemengen freigesetzt. Eine Anwendung, die die Heiße Fusion nutzt, ist die Wasserstoffbombe. Ein auf Kernfusion basierendes Kraftwerk ist zwar bereits seit langem ein Ziel, das Wissenschaftler erreichen möchten, doch mit einer Realisierung ist frühestens in einigen Jahrzehnten zu rechnen.

Auf der anderen Seite sind sich selbst diejenigen, die an die Existenz der Kalten Fusion – das Verschmelzen von Atomkernen bei normaler Zimmertemperatur – glauben, nicht ganz sicher, wie sie funktioniert. Statt auf ultrahocherhitztem Gas scheint die Kalte Fusion auf der Reaktion eines Metalls wie Palladium, das zwischen seinen Atomkernen große Lücken aufweist, mit einer flüssigen Form des Wasserstoffs, dem Deuterium, zu basieren. Das Deuterium scheint sich in die Leerräume innerhalb des Palladiums zu bewegen, und zwar genauso, wie Wasser in die offene, saugfähige Struktur eines Handtuchs eindringt.

Niemand bestreitet die Tatsache, daß das Metall das Deuterium absorbiert. Doch können die Verfechter der Kalten Fusion nicht beweisen, daß die Reaktion, die auf die Absorption folgt, eine Kernreaktion ist. Deshalb lehnen die meisten konventionellen Wissenschaftler die gesamte Idee der Kalten Fusion ab.

Die Probleme sowohl der Kernspaltung als auch der Heißen Fusion, zu denen hohe Kosten und die Gefahren der Radioaktivität gehören, sind hinlänglich bekannt. Doch auch die Kalte Fusion ist nicht ganz unproblematisch. Zum Beispiel ist eines der Nebenprodukte der Kalten Fusion das radioaktive Gas Tritium, eine seltene Form von Wasserstoff. Somit mag die Kalte Fusion vielleicht mehr Umweltprobleme aufwerfen als andere Energiealternativen. Wie eine Neue-Energie-Organisation bemerkt hat, bleibt die Kalte Fusion im Hinblick auf Radioaktivität bedenklich, und selbst ein geringer Grad von Strahlung kann letztlich zu Umwelt- und Gesundheitsproblemen führen.

Auf der anderen Seite sagen Kalte-Fusionswissenschaftler, die bei Reaktionen der Kalten Fusion erzeugte Menge Tritium trete nur in winzigen Spuren auf. Tritium hat eine kurze Halbwertszeit von nur rund zwölf Jahren und kann durch eine dünne Metallfolie leicht abgeschirmt werden, im Gegensatz zu den dicken Betonschichten, die bei einem üblichen Kernkraftwerk nötig sind.

STANLEY PONS UND MARTIN FLEISCHMANN: EINE PRESSEANKÜNDIGUNG SCHOCKIERT DIE WISSENSCHAFT

Ende der vierziger Jahre arbeitete ein glänzender junger Wissenschaftler namens Martin Fleischmann am Imperial College in England an seiner Doktorarbeit. Seine These beschäftigte sich mit der Frage, wie Wasserstoff durch Platin hindurchdiffundiert – ein Thema, das vierzig Jahre später zu einer äußerst hitzigen Kontroverse führen sollte.

Doch in der Zwischenzeit verdiente sich Fleischmann einen Ruf als ausgezeichneter Elektrochemiker. Von den zahllosen Forschungsprojekten, die ihm bekannt waren, beeinflußte eines sein Denken ganz besonders. Er wußte von Projekten in den Vereinigten Staaten und in der ehemaligen Sowjetunion, die Deuterium und Palladium unter extremen Druckbedingungen einsetzten. Die große Geschwindigkeit, mit der Deuterium in die innere Struktur des Palladiums eindrang, irritierte ihn, und er fragte sich, ob man nicht mit diesem Vorgang Kalte Fusion zuwege bringen könne.

Als er an der Universität von Southampton arbeitete, hatte er Gelegenheit, in die Vereinigten Staaten zu reisen. In den Achtzigern experimentierten er und ein Kollege in Utah, ein jüngerer Wissenschaftler namens Stanley Pons, auf eigene Faust mit Fleischmanns Idee der metallischen Kernreaktionen. Wann immer der britische Wissenschaftler Gelegenheit hatte, mit Pons – der Leiter der chemischen Fakultät der Universität von Utah war – in Salt Lake City etwas Zeit zu verbringen, arbeiteten sie an einem erstaunlich einfachen kleinen Gerät, mit dem sie das Unmögliche möglich machen wollten – Fusion bei Zimmertemperatur zu erzeugen. Zu ihrer Überraschung stellten sie fest, daß das Gerät Überschußwärme erzeugte, mehr Wärme, als sich durch die Elektrizität, die für den Prozeß aufgewandt werden mußte, oder durch irgendeine chemische Reaktion erklären ließ.

Unterdessen tat an der Brigham Young Universität der Physiker Steven Jones fast dasselbe. Um die Zeit, als Jones im Begriff stand, etwas über seine eigene Arbeit zu veröffentlichen, waren Pons und Fleischmann noch nicht so weit, eine Erklärung abzugeben. Die Versuche des Duos ergaben noch kein verläßliches Bild; manchmal funktionierten sie und manchmal nicht. Das Wettrennen um den ersten Platz forderte hohe Spieleinsätze, wie die Patentrechte auf eine weltbewegende Erfindung, doch es widerstrebte ihnen, etwas voreilig anzukündigen.

Aufgrund von Informationen, die ihnen eher durch Zufall von außen zugingen, sahen sie sich zu einem dramatischen Schritt gedrängt. Das Resultat war ihre umstrittene Pressekonferenz am 23. März 1989. Das Forscherduo verkündete, man habe in speziellen elektrolytischen Zellen Überschußwärme gemessen. Pons und Fleischmann glaubten, die Wärme stamme aus der Kernfusion – einer Kalten Fusion, die eine neue Quelle unbegrenzter Energie für Häuser und Industrie und möglicherweise auch für Autos bedeuten könnte.

Was ist eine elektrolytische Zelle?

Was war das für ein Gerät, das Pons und Fleischmann bauten? Im wesentlichen war es ein Ein-Liter-Glasgefäß mit Schraubverschluß, das mit Deuterium gefüllt war. In das Glas wurden ein Platindraht und eine sechs Quadratzentimeter große Folie aus Palladium an einem Draht eingehängt. Wenn ein elektrischer Strom durch solch eine Anordnung fließt, führt dies normalerweise zur Hydrolyse, bei der Sauerstoff und Deuterium als Gasblasen freigesetzt werden.

Doch diesmal stellten Pons und Fleischmann fest, daß die Zelle Überschußwärme erzeugte, mehr Wärme, als unter normalen Umständen zu erklären war. Sie schlossen, daß die Kerne der Deuterium-Atome in die atomare Struktur des Palladiums hineingezwungen und nahe genug aneinander gedrängt wurden, um ein anderes Element zu erzeugen, wobei Hitze frei wurde.

Das Schiff gerät ins Wanken: Angriff auf die Kalte Fusion

Die Wissenschaftsgemeinde war entsetzt über die Art und Weise, wie Pons und Fleischmann ihre Ankündigung vornahmen. Dr. John O'Malley Bockris von der Texas A und M University, ein Förderer von Pons und Fleischmann, erinnerte sich bei seiner Rede auf einem Neue-Energie-Symposium mit gespieltem Entsetzen an jenen Aufruhr: „Im Fernsehen zur besten Nachrichtenzeit eine Superentdeckung zu verkünden … war das schlimmste, was ein Wissenschaftler überhaupt nur tun kann."

Während sein Publikum bei diesem Gedanken gluckste, erwähnte Bockris, daß Pons und Fleischmann es somit tatsächlich gewagt hatten, den prallsten Ballon der Wissenschaft anzustechen – die Investition in die Heiße Kernfusion. Die Vereinigten Staaten haben im Laufe von Jahrzehnten rund zehn Milliarden Dollar in den Bau riesiger Fusionsreaktoren gesteckt, die entweder auf Magnetfelder oder Laser setzen, um Fusionsbrennstoff einzukapseln und zu erhitzen. Addiert man die Gehälter der Wissenschaftler, die in U.S.-Labors an der Kernfusion arbeiten, so hat dieser Forschungszweig in den letzten Jahren mehr als die Hälfte des Budgets der National Science Foundation verschlungen – einer staatlichen Forschungs- und Entwicklungseinrichtung. Unterdessen haben Pons und

Fleischmann nur rund 100 000 US-Dollar für die Entwicklung ihrer elektrolytischen Zelle aufgewendet.

Bockris meint: „Die Presseerklärung schien diese gigantische Physikeinrichtung ausgesprochen dumm aussehen zu lassen."

Doch das Establishment reagierte 1989 sehr wohl: Hunderte von Physikern, die nie zuvor mit einer elektrochemischen Zelle gearbeitet hatten – und einige wenige, die Erfahrung damit hatten –, versuchten das Experiment zu wiederholen. Es passierte aber so gut wie nichts, obwohl ein paar Forscher durchaus positive Resultate erzielten. Deshalb entschied das Establishment, es lohne sich nicht, die Kalte Fusion weiterzuverfolgen.

Die Gegner beurteilen die Kalte Fusion mit Begriffen der Heißen Fusion. Doch dabei ignorieren sie die Tatsache, daß die Kalte Fusion insgesamt eine andere Art von Kernreaktion darstellen könnte, da sie in Metallen wirkt und nicht in Gasen. So spotten die Kritiker beispielsweise über die im Vergleich zu den großen Strahlungsmengen bei der Heißen Fusion geringe Strahlung, die bei der Kalten Fusion auftritt. Sie sagen, eine Kernreaktion, die eine signifikante Menge Hitze abgebe, müsse auch stark radioaktiv sein – ausreichend jedenfalls, um den Versuchsleiter zu töten und die Anlage zu zerstören.

Es gibt noch mehr, was die Wissenschaftler an der Kalten Fusion nicht verstehen: Warum gibt es viele Wege – Radiofrequenzen, Hitze, Klang –, um sie auszulösen? Wie kann sie mit so vielen Arten von leitenden Stoffen funktionieren? Wichtiger noch, woher stammt die Überschußenergie? Die etablierten Physiker haben darauf keine Antworten. Die Kalte Fusion trotzt den herkömmlichen Fusionstheorien und wird deshalb angegriffen.

Der bemerkenswerteste Aspekt an dieser Geschichte war die unwissenschaftliche Einstellung, die dabei an den Tag gelegt wurde: blinde Feindseligkeit seitens vieler etablierter Wissenschaftler. Großer Zorn entstand offenbar angesichts der Tatsache, daß Außenseiter – Chemiker – sich mit etwas befassen, was bislang das exklusive Terrain der Physiker gewesen war. Diese Feindseligkeit hat einige Kalte-Fusionsforscher gezwungen unterzutauchen.

Zu den Opfern dieser Feindseligkeit gehörten Pons und Fleischmann selbst. Sie wurden beide in der Öffentlichkeit hämisch verlacht und sogar des Betruges bezichtigt. Das Sperrfeuer der Kritik kam zuerst von Wissenschaftskollegen. Die Medien schlossen sich schnell an und machten das Duo zu einer Zielscheibe für Spott und Hohn. 1993 produzierten die

Canadian Broadcasting Corporation und die British Broadcasting Corporation eine der ersten Sendungen, die die Kalte Fusion ins rechte Licht rückten. In diesem Programm zeigte sich Stanley Pons' feinsinniger Charakter. Obwohl er vielleicht mit noch üblerem Vorsatz angegriffen wurde als sein Freund und Partner Martin Fleischmann, sprach Pons nicht darüber, was ihm selbst widerfahren war, sondern über die beschämende Behandlung, der der ältere Wissenschaftler ausgesetzt worden war.

Bockris ist einer jener Wissenschaftler von Weltrang, der den brutalen Anfeindungen zum Trotz an der Kalten Fusion arbeitet. Doch selbst sein ausgezeichneter Ruf hat ihn nicht vor Bosheiten bewahrt. So kursierte Ende 1993 an der Texas A and M University eine Petition, in der dazu aufgerufen wurde, dem hervorragenden Professor seinen Titel abzuerkennen. Es bedurfte einer Untersuchung, um seinen Namen reinzuwaschen.

Die Feindseligkeit gegenüber der Kalten Fusion hat noch andere Formen angenommen. Aus den wissenschaftlichen Standardjournalen ausgeschlossen zu werden hat viele Forscher auf diesem Gebiet frustriert. Diese Journale verlangen, daß ein eingereichter Artikel von Wissenschaftlern beurteilt wird, die im Interessenbereich dieses Journals arbeiten. Artikel, die dabei nicht bestehen, werden nicht veröffentlicht. Manche Forscher haben diese Journale als „Publikationen des wissenschaftlichen Konsens'" bezeichnet – Veröffentlichungen, in denen nur die Ideen zugelassen sind, mit denen die meisten Wissenschaftler übereinstimmen. Da die Versuchsergebnisse aus der Kalte-Fusionsforschung für „unmöglich" gehalten werden, setzt man voraus, daß sich jeder Wissenschaftler irren muß, der darüber berichtet.

Auch beim Patentamt der Vereinigten Staaten hat man mit der Kalten Fusion kurzen Prozeß gemacht. Patentanträge wurden abgelehnt, wobei sich das Patentamt auf drei negative Artikel berief: auf ein Papier vom Massachusetts Institute of Technology (MIT), einen Artikel in der *New York Times* und einen weiteren in der *Washington Post.* Hal Fox zufolge, dem Herausgeber des Newsletters *Fusion Facts,* wurde der Abteilungsleiter des Patentamtes gefragt, warum die Patentprüfer nicht auf die vielen positiven Artikel aus Zeitschriften wie *Fusion Technology* und *Journal of Electroanalytical Chemistry* zurückgreifen. Der Abteilungsleiter antwortete: „Ich schätze, unsere Leute haben zu diesen Publikationen keinen Zugang." Der leitende Bibliothekar des Patentamtes gab jedoch an, diese Publikationen stünden den Patentprüfern sehr wohl zur Verfügung.

Fox schreibt: „Die Schlußfolgerung hier in *Fusion Facts* war die, daß irgend jemand oder irgendeine Gruppe in Washington einen sehr großen Einfluß hat", der wahrscheinlich ausreicht, um Patente zur Kalten Fusion zu unterdrücken. Und die Verteidiger der Kalten Fusion äußerten sich kritisch zur unsauberen Auswertung der Daten, die sich im MIT-Papier zeigte. Trotz all dieser Hindernisse wurde schließlich ein Patent zur Kalten Fusion erteilt.

Warum steht der Kalten Fusion eine solch mächtige Opposition entgegen? „Ein umfassendes Gesetz, an das zu glauben wir alle gewohnt waren – das Gesetz, daß Kernreaktionen nur bei hohen Temperaturen stattfinden –, es stimmt nicht", erklärt Bockris. Ich glaube, es fällt den Experten auf einem bestimmten Gebiet manchmal sehr schwer zu akzeptieren, daß ein neuer, gegenteiliger Beweis ihre Weltsicht verändert. Deshalb kann es sein, daß Physiker, denen man beigebracht hat zu glauben, Fusion trete nur unter bestimmten Bedingungen auf, einfach nicht hinnehmen können, daß es vielleicht noch einen anderen Weg gibt.

WIE GEHABT: DESINTERESSE IN AMERIKA – INTERESSE IN JAPAN

Anders als das Heiße-Fusionsestablishment im Westen behandelt Japan die Kalte Fusion – die in diesem Land als neue Wasserstoffenergie bezeichnet wird – ganz nüchtern als einen neuen Zweig der Physik. Ende 1992 verkündete das japanische Ministerium für Internationalen Handel und Industrie (MITI), es habe ein Zentrum für Kalte-Fusionsforschung eingerichtet, mit einem Vierjahresbudget von 25 Millionen US-Dollar und zusätzlichen Geldern von rund fünfzehn japanischen Firmen, die daran interessiert sind, diese Forschung weiterzuverfolgen.

Ein weiteres Beispiel für Japans Interesse an der Kalten Fusion ist das Vorgehen, mit dem das Land die Arbeit von Pons und Fleischmann gefördert hat. Anfang 1990 nahm das Duo freudig das Traumangebot einer Tochterfirma der Toyota Motor Company an – die Chance, in einem Multimillionen-Dollar-Labor in Südfrankreich zu arbeiten, dem Ort ihrer Wahl.

Es ist nicht das erste Mal, daß Japan eine Technologie begeistert aufgenommen hat, die in den Vereinigten Staaten torpediert wurde – siehe die Geschichte über die N-Maschine in Kapitel 7. Warum ist Japan diesen Ideen gegenüber so aufgeschlossen? Dafür scheinen mehrere Faktoren eine Rolle zu spielen:

• *Abhängigkeit*. Anders als die Vereinigten Staaten muß Japan sämtliches Öl importieren. Dies ist für Japan ein starker Ansporn, neue Energiequellen zu finden.

• *Risikobereitschaft*. Japans Bedürfnis nach neuen Energiequellen führt das Land zu einer größeren Risikobereitschaft bei der Entwicklung solcher Quellen. Ein Vertreter von MITI beschreibt diese Haltung als „technologischen Optimismus".

• *Rücksichtnahme*. Nicht alle japanischen Wissenschaftler glauben, daß die Kalte Fusion funktionieren wird. Einer von ihnen, Professor Akito Arima, der früher Rektor der Universität von Tokyo war, inzwischen aber pensioniert ist, sagte, er würde seine Stelle aufgeben, sich den Kopf rasieren und buddhistischer Mönch werden, falls die Kalte Fusion funktioniere. Doch anders als die westliche Gesellschaft, die auf Konfrontation basiert, gründet sich die japanische Gesellschaft auf die Vermeidung von Konfrontation. Darum begegnet man den Kalte-Fusionsforschern in Japan nicht mit so offener Feindseligkeit wie bei uns.

• *Aufgeschlossenheit*. Einige Forscher vermuten, daß im Prozeß der Kalten Fusion auch die Raumenergie eine Rolle spielt und daß sich die erzeugte Überschußwärme dadurch erklärt. Wie kommt es, daß die Japaner diese Möglichkeit bereitwilliger akzeptieren als die meisten Westler? Shiuji Inomata, der Wissenschaftler, den wir in Kapitel 7 kennengelernt haben, sagt, viele Menschen im Osten glauben an eine alles durchdringende Energie im gesamten Universum, die sich zur Heilung von Krankheiten nutzen läßt. Wie er sagt, ist es dieser Glaube, der es den Menschen ermöglicht, die Existenz dieser Energie unter anderen Namen zu akzeptieren.

Im Gegensatz zur japanischen Regierung hatte die Regierung der Vereinigten Staaten für die Kalte-Fusionsforschung nur ein Almosen übrig, während sie riesige Summen für die Heiße Fusion ausgibt. 1989 verfaßte das Energy Research Advisory Board (ERAB), das das Energieministerium in Fragen der Förderungswürdigkeit von Forschungsprojekten berät, einen kritischen Bericht zur Kalten Fusion. Dieser Bericht wurde als Rechtfertigung für die Streichung öffentlicher Mittel zur Kalte-Fusionsforschung in den Vereinigten Staaten benutzt. Der ERAB-Bericht wurde von einem Wissenschaftler der Nationallaboratorien in Los Alamos, New Mexico, als „ein sehr unvollständiges und nachteiliges Dokument [bezeichnet], das nur ein geringes Maß an Objektivität aufweist." Einige Wissenschaftler in Los Alamos, die dort an der Kalten Fusion arbeiteten, mußten aufhören, weil das Geld für die Experimente zurückgezogen wurde, nachdem die Ergebnisse veröffentlicht waren.

Und die Regierung fördert die Kalte Fusion nicht nur nicht, sie hält ihre eigenen Forscher nicht einmal auf dem laufenden darüber, was sich in diesem Bereich tut. Dr. Edmund Storms, ein pensionierter Wissenschaftler der Los-Alamos-Labors, sagt: „Wenn sich die Einstellung des Energieministeriums einmal ändert, und das muß sie, wird das [Los Alamos]-Team nicht einmal mehr in der Lage sein, nützliche Vorschläge zu unterbreiten."

DIE ARBEIT AN DER KALTEN FUSION GEHT WEITER

Inmitten der Kontroverse geht die Arbeit an der Kalten Fusion in dreißig Ländern weiter. Vieles vollzieht sich im stillen. Dr. Eugene E. Mallove, Verfasser eines Buches über die Kalte Fusion mit dem Titel *Fire on Ice*, sagt: „Wir wissen von Arbeiten, die mit Waffentechnik zu tun haben; wir wissen von geheimen Arbeiten im kommerziellen Sektor; doch von beiden Bereichen kennen wir wahrscheinlich bloß unbedeutende Bruchstückchen." Und selbst einige Gegner der Kalten Fusion geben sich angesichts der wissenschaftlichen Ergebnisse geschlagen. So gelang es zum Beispiel Storms schließlich, in der Zeitung *Technology Review* des Massachusetts Institute of Technology einen Artikel zu veröffentlichen, der die Situation aus einem positiven Blickwinkel beschreibt.

In Nordamerika wird die Arbeit an der Kalten Fusion sowohl an Universitäten als auch in rund einem Dutzend Privatfirmen fortgesetzt. Eugene Mallove zufolge bereiten sich einige der größten Gesellschaften der Welt darauf vor, in die Kalte-Fusionsforschung einzusteigen.

Neue Ideen bilden den Antrieb dafür, daß die Kalte Fusion bald auf den Markt kommen wird. Ein Beispiel dafür ist die von Dr. James Patterson aus Dallas erfundene Kalte-Fusionszelle. Wissenschaftler bezeichnen sie als ein robustes Stück Technik. Obwohl ständig daran herumgefummelt wurde, lief sie auf einer Konferenz zur Neuen Energie vier Tage lang störungsfrei. Die Zelle, die von Pattersons Firma Clean Energy Technology

Inc. hergestellt wurde, stößt weit mehr Energie in Form von Hitze aus, als sie an Elektrizität verbraucht.

Wissenschaftler arbeiten an einer Reihe weiterer Ideen:

• Andere Substanzen, wie gewöhnliches Wasser, geschmolzene Salze und Bronzekristalle, sind zur Erzeugung von Kalter Fusion vielleicht ebenso nützlich wie Deuterium.

• Möglicherweise läßt sich Kernfusion in winzigen implodierenden Blasen hervorrufen, die durch die Bombardierung einer Flüssigkeit mit Klangwellen erzeugt werden. Die Implosionen erzeugen Druck, der seinerseits zur Fusion führt.

• Wenn alle Teilchen einer Substanz wie Deuterium im Gleichklang schwingen, während sie in der Gitterstruktur eines metallischen Stoffs eingeschlossen sind, könnten sie die Raumenergie anzapfen, wodurch sich vielleicht irgendwie die Überschußwärme erklären läßt.

Von allen Ideen zur Neuen Energie ist die Kalte Fusion vielleicht der kommerziellen Entwicklung am nächsten.

Im folgenden Kapitel werden wir zwei Erfinder kennenlernen, die versucht haben, die Welt mit einer auf Wasserstoff basierenden Wirtschaft vertraut zu machen.

9

Volle Kraft voraus
mit Wasserstoff

*Der einzige Grund, warum wir Jahre [von alternativ
angetriebenen Autos] entfernt sind, ist ein politischer
und kein wissenschaftlicher.*
        — John O'Malley Bockris, Physiker

*Meine Rolle in der aufstrebenden Wasserstoffwirtschaft
[ist] die Einführung von Technologien, die so viele
Leute zuvor für unmöglich erklärt haben.*
        — Roger Billings, Erfinder

Länder und Einzelpersonen sind gleichermaßen von den Preisen für
Benzin, Kohle und Öl betroffen. Wegen der auf Erdöl basierenden Wirtschaft ihres Landes müssen Einzelpersonen zuweilen sogar in den Krieg
ziehen.

Im zwanzigsten Jahrhundert haben wir erlebt, wie sich eine Wirtschaft
etabliert, die auf fossile Brennstoffe setzt. Doch wie die Dinosaurier ist
sie dem Untergang geweiht. Die Vorräte an fossilen Brennstoffen sind
ebenso begrenzt wie die Fähigkeit des Planeten, die Verschmutzung durch
fossile Brennstoffe zu schlucken.

Seit langem haben Zukunftsforscher vorhergesagt, daß die Menschheit
zu einer auf Wasserstoff basierenden Wirtschaft übergehen wird. Im Gegensatz zur Erdölwirtschaft würde sich eine Wasserstoffwirtschaft auf ein
sauberes, reichlich vorkommendes Naturprodukt gründen. Wasserstoff
kann aus Wasser gewonnen werden. Somit würde selbst ein Land, das
wenig Seen und Flüsse hat, niemals um Energievorräte kämpfen müssen,
solange es an ein Meer grenzt.

Es gibt Erfinder, die an der raschen Verwirklichung der Wasserstofftechnologie arbeiten. In diesem Kapitel werden wir erörtern, wer eine Wasserstoffwirtschaft kontrollieren würde. Dann werden wir Roger Billings und den verstorbenen Francisco Pacheco kennenlernen. Mit wenig Hilfe außer der moralischen Unterstützung ihrer Familien haben diese Männer stets auf das Ziel einer umfassend einsetzbaren Wasserstofftechnologie hingearbeitet. Es sind nur zwei von vielen Erfindern, die Energie aus Wasserstoff gewinnen.

VON WEM WÜRDE EINE WASSERSTOFFWIRTSCHAFT KONTROLLIERT?

Obwohl der Wasserstoff – anders als die Raumenergie oder die Kalte Fusion – eine alternative Brennstoffquelle konventioneller Art darstellt, wird er in diesem Buch behandelt, weil die vorderste Front der unabhängigen Wasserstofforscher an revolutionären, einfach realisierbaren Technologien arbeitet, die es Hausbesitzern und Industrien ermöglichen könnte, sich vom Stromnetz abzukoppeln.

Wasserstoff, das leichteste bekannte Element, ist der Treibstoff unserer Sonne. Er verbrennt bei einer höheren Temperatur als Benzin und enthält wesentlich mehr Energie als eine vergleichbare Menge Benzin. Wasserstoff, ein farbloses, geruchs- und geschmacksneutrales Gas, geht gern Verbindungen mit anderen Elementen ein, weshalb man es in der Natur selten in reiner Form antrifft.

Trotz seiner sanften Eigenschaften könnte Wasserstoff König Erdöl vom Thron stoßen. Während fossile Brennstoffe beim Verbrennen Kohlendioxid und giftige Kohlennebenprodukte in unsere Umwelt ausstoßen, ist Wasserstoff ein kohlefreier Stoff. Das Restprodukt aus sauber verbranntem Wasserstoff ist Wasserdampf. Somit könnte eine auf Wasserstoff basierende Energietechnologie unsere Umwelt säubern. (Wenn Sie sich Sorgen über die Sicherheitsaspekte des Wasserstoffs machen, lesen Sie Seite 152.)

Wasserstoff hat gegenüber dem Erdöl noch weitere Vorteile. Als das neunthäufigste Element auf der Erde ist der Vorrat an Wasserstoff praktisch unbegrenzt. Wasser, aus dem Wasserstoff gewonnen werden kann, kommt fast überall auf diesem Planeten vor, ganz im Gegensatz zu den begrenzten Erdölreserven oder Vorkommen von Kohle und Uran. Wenn wir über ein wirkungsvolles Verfahren verfügten, um den Wasserstoff im Wasser von seinen Bindungen mit dem Sauerstoff zu lösen, könnte das

Wasser in unseren Ozeanen, Seen und Flüssen sämtlichen Wasserstoff liefern, den wir brauchen. Normalerweise erfolgt diese Aufspaltung mit Hilfe des Verfahrens der Hydrolyse. Dieser Vorgang könnte durch den Einsatz einer anderen Energiequelle, wie Sonne oder Wind, angeregt werden.

Einige Wissenschaftler haben die Details einer Wasserstoffwirtschaft ausgearbeitet. In diesem Modell würde der Wasserstoff in Tanks gespeichert, durch Rohrleitungen oder mit Tankwagen transportiert und dann als sauberer Brennstoff verkauft, der in Hülle und Fülle zur Verfügung steht. Für ein entwickeltes Land wäre es relativ leicht, auf dieser Basis zu Wasserstoff überzugehen, ohne daß größere Veränderungen der gegenwärtigen Besitzverhältnisse nötig würden, in denen die meisten Energieressourcen sich in den Händen einiger weniger Großkonzerne befinden.

Einige weitere Forscher haben allerdings eine revolutionärere Vision. Sie haben ausgetüftelt, wie man Wasserstoff *zum Zeitpunkt des Verbrauchs* erzeugen kann. Wie bei anderen revolutionären Energiealternativen würden dadurch *dezentrale* Energiequellen möglich – Einzelpersonen und Unternehmen könnten also ihre eigene Energie erzeugen.

Die Forscher haben Regierungsvertreter über diese aufstrebenden Technologien informiert, doch in den amtlichen Energieberichten für die Öffentlichkeit steht nichts über diese revolutionären Fortschritte. Ich glaube, daß einige Entscheidungsträger in der Regierung befürchten, die staatlichen Einnahmen aus der Benzinsteuer einzubüßen. Denn es wäre für die Regierung schwierig, eine Brennstoffsteuer zu erheben, wenn man seinen Tank mit einem Gartenschlauch füllen könnte. Vielleicht werden diese Probleme deshalb nicht in öffentlichen Foren diskutiert.

Sich selbst mit Energie zu versorgen ist nichts Neues: Man denke nur an den autodidaktischen Erfinder John Lorenzen aus Iowa. Als ein Elektrizitätswerk 1940 die ersten Stromleitungen in seiner Region verlegte, weigerte sich Lorenzen, angeschlossen zu werden – er wollte die Dienstleistungsgebühren von drei Dollar pro Monat nicht bezahlen. Zwei neun Meter hohe Windmühlen überragen Lorenzens knapp 40 Hektar große Getreidefelder, die heute von seinem Sohn bewirtschaftet werden. Die Energie, die sie erzeugen, wird in Dutzenden von Batterien gespeichert und dann in nutzbaren Strom zur Versorgung des Haushalts umgewandelt. Ein Reporter sah, wie Lorenzen seinen Lastwagen so umbaute, daß er gänzlich mit Wasserstoff betrieben wurde. Und der Farmer hatte Pläne, auch seine Haushaltsgeräte auf Wasserstoff umzustellen.

Wasserstoff, die Hindenburg und die Sicherheit

Leider verbinden viele Menschen das Wort „Wasserstoff" nur mit zwei Dingen: entweder mit der Wasserstoffbombe oder dem Luftschiff Hindenburg. In einer Wasserstoffbombe findet Kernfusion statt, und sie benötigt eine Atombombe als Auslösemechanismus – so viel Energie wird nämlich gebraucht, um eine konventionelle Fusionsreaktion in Gang zu setzen. Es wäre unmöglich, eine solche Menge Energie in einem mit Wasserstoff betriebenen Auto oder Haus zu erzeugen.

Viele Menschen haben die dramatischen Fotos und Wochenschaufilme vom Brand der Hindenburg gesehen. Die Hindenburg war ein deutsches Passagierluftschiff, das 1937 mit fast 100 Menschen an Bord in Lakehurst, New Jersey, Feuer fing. Sechsunddreißig Menschen starben bei dem Unfall. Die meisten Opfer der Katastrophe kamen dadurch ums Leben, daß sie von Bord sprangen oder fielen, während es sich bei den meisten im Schiff eingeschlossenen Personen um Besatzungsmitglieder auf ihren Posten handelte. Wasserstoff wurde als Auftriebsmittel in der Hülle des Zeppelins benutzt. Verglichen mit den nachhaltig brennenden Flammen des Dieseltreibstoffs, die noch drei Stunden weiterloderten, erzeugen Wasserstoff-Flammen nur wenig Hitze. Außerdem steigt der Wasserstoff beim Entweichen nach oben.

Diese Tragödie hat die Begeisterung für den Einsatz von Wasserstoff als Treibstoff seitdem nachhaltig gedämpft.

Die Energiemonopolisten scheinen ein anderes Szenario im Kopf zu haben, wenn sie Wasserstoff anpreisen. Einzelpersonen zur Erzeugung ihres eigenen Brennstoffs zu ermutigen gehört sicher nicht dazu. Viele Bücher, die eine Sonnen-Wasserstoff-Wirtschaft proklamieren, sprechen davon, ein System aus Pipelines und Lastwagen für die Distribution des Wasserstoffs einzusetzen. Dadurch würde sich unser Leben nicht sehr verändern. Wie es scheint, betrachten sie den Wasserstoff als ein Erzeugnis, das genauso kontrolliert und in festgesetzten Rationen an den Verbraucher verteilt werden kann wie heute Erdöl und Benzin.

FRANCISCO PACHECO: EIN TRAUM ZERPLATZT

Francisco Pacheco, ein junger Bolivianer, machte sich eigenständig mit den Wissenschaften vertraut, während er in seinem provisorischen Labor herumzubasteln pflegte. Eines Tages veränderte ein Streichholz, das er anriß, um sich eine Zigarette anzuzünden, sein Leben. Es brachte Wasserstoffblasen, die sich in einem Becherglas bildeten, zur Explosion, wodurch ein Loch in Pachecos Labordecke gesprengt wurde. Dies brachte ihn dazu, die enormen Kräfte des Wasserstoffs zu untersuchen, und er verwandte seine Begabungen darauf, einen Wasserstoffgenerator zu bauen.

Mehr als dreißig Jahre später diente ein Pacheco-Generator als Antrieb bei einer historischen Schiffsfahrt. Am 27. Juli 1974 betrieb Pacheco in Point Pleasant, New Jersey, neun Stunden lang ein acht Meter langes Boot, indem er als Brennstoff Meerwasser verwendete. Mit seiner Erfindung konnte er Wasserstoff, sobald er gebraucht wurde, aus dem Meerwasser lösen und dessen Energie ausnutzen. Die Bedeutung, die darin lag, schien enorm – ein Treibstofftank, so groß wie ein Ozean, prall gefüllt mit kostenloser Energie. Anstelle des sonst üblichen Abgasqualms, der sich über dem Meer ausbreitete, bestand das Abfallprodukt seines Generators aus sauberem Wasser.

Warum blieb Pacheco bis zu seinem Tode jede Anerkennung versagt? Schließlich baute er, der Journalistin Karin Westdyk aus New Jersey zufolge, die Pacheco vor seinem Tode im Jahre 1992 interviewte und seinen Generator im Betrieb sah, Prototypgeneratoren, die mehrere Maschinen antrieben. Doch der junge Mann mit seinen großen Träumen traf in Bolivien auf Gleichgültigkeit und in den Vereinigten Staaten auf Unverständnis.

Ein Wasserstoff-Generator

Francisco Pacheco (1914-1992) war ein kleiner, freundlicher Mann, der Kinder und Tiere liebte. Als junger Mann in Bolivien konnte er sich keine fortschrittliche Schulbildung leisten, doch interessierte er sich lebhaft für die Naturwissenschaften. Er schätzte die Geheimnisse der Natur, selbst als er in den dreißiger Jahren während eines Krieges mit Paraguay um die Chaco-Grenzregion bei der ausgelaugten bolivianischen Armee kämpfte.

Nach dem Ausscheiden aus der Armee begann Pacheco sich für elektrische Dinge zu interessieren, vor allem für Batterien. Doch nach der Explosion der Wasserstoffblasen in seinem Labor richtete er seine Aufmerksamkeit auf die Herausforderung, Wasserstoff bei Bedarf aus Salzwasser zu gewinnen. Es war ein Traum, den er fünfzig Jahre lang verfolgte.

Für seinen Generator verwendete Pacheco in einem Behälter aus rostfreiem Stahl Platten aus zwei verschiedenen Metallen. Mit einem Verfahren, das man noch nicht genau verstanden hat, gelang es ihm, Strom im Generator zu erzeugen und diesen dann zur Aufspaltung des Meerwassers in Wasserstoff und Sauerstoff zu benutzen.

Pacheco betrieb mit seinem Generator ein Auto, ein Motorrad, einen Rasenmäher, einen Schweißbrenner sowie das erwähnte Boot. Seine Tochter Irene sagt, das Boot lief mit dem Wasserstoff aus dem Generator ihres Vaters ruhiger als mit dem fossilen Brennstoff, mit dem es ursprünglich angetrieben werden sollte.

Ein nicht eingelöstes Versprechen

Pachecos Pläne für seine Erfindung ließen sich bestens an. 1943 sah Henry Wallace, der damalige Vizepräsident der Vereinigten Staaten, der gerade eine Goodwilltour durch Südamerika machte, wie Pachecos Generator ein Auto antrieb. Wallace lud ihn nach Washington ein, wohin er den Generator mitbringen sollte und wo er ihn noch im selben Jahr vor Wissenschaftlern und Vertretern der Rüstungsabteilung in der Normenkontrollbehörde vorführte. Pacheco beantragte ein Patent, doch da die Vereinigten Staaten sich im Krieg befanden, waren alle Patente unter Verschluß und standen nur dem Militär zur Verfügung.

In jenen Jahren waren die Energiekosten allerdings noch kein Thema, denn Erdöl war billig. Pachecos Anwalt riet ihm, die Patentbeantragung aufzuschieben. Pacheco stellte einen Antrag auf Einbürgerung in die Vereinigten Staaten, brachte seine Familie in das Land seiner Wahl und wartete darauf, daß die Zeit für eine alternative Energietechnologie reif wurde. Während des Zweiten Weltkrieges fand er Arbeit in Rüstungsbetrieben und war anschließend bis zu seiner Pensionierung Ende der Siebziger als Heizungstechniker in New York City beschäftigt.

Während des Ölembargos im Mittleren Osten Mitte der Siebziger beschloß Pacheco auszuprobieren, ob jemand an seinem Generator interessiert sei. Aber er stellte bald fest, daß weder bei der Energieindustrie, bei den stark subventionierten Elektrizitätswerken noch beim Energieministerium (DoE) Interesse an der Entwicklung sauberer, reichlich verfügbarer, sicherer Energie aus Wasserstoff bestand.

Pacheco ließ nichts unversucht. 1975 wurde sein Brief an das DoE mit der Bitte um mehr Einzelheiten zurückgeschickt. Als Pacheco die Details lieferte, verwies ihn das DoE an die Normenkontrollbehörde mit den Worten, das Material sei nicht ausreichend geordnet, um es ihren Technikern zu übergeben. 1986 nahm Pacheco erneut Kontakt mit dem DoE auf und erhielt einen vorgedruckten Brief mit einer Zusammenfassung der Vorzüge und Nachteile von Wasserstoff als Brennstoff. Als einer der Nachteile war das Problem der Speicherung aufgeführt, obwohl doch gerade Pachecos Generator Wasserstoff nach Bedarf erzeugte und deshalb keine Speicherkapazitäten brauchte.

Pacheco schrieb geduldig zurück und erklärte, sein System erzeuge Wasserstoff nur dann, wenn er gebraucht werde, so daß es bei seinem System nicht nötig sei, den Wasserstoff zu speichern. „Seine ausführliche Antwort wurde ignoriert", sagt die Journalistin Westdyk.

In der Zwischenzeit erfuhr ein junger Ingenieur von Pachecos Generator und war daran sehr interessiert. Er sagte, er könne es nicht abwarten, Continental Edison, dem Elektrizitätswerk von New York City, davon zu berichten. Doch bei Con Ed wollte niemand etwas von dem Generator wissen.

Da Pacheco für seine Familie sorgen mußte, war er nie in der Lage, in den Genuß der höheren Bildung zu kommen, die er sich immer gewünscht hatte. Um den Skeptizismus zu überwinden, mit dem man ihm begegnete, weil er keinen Doktortitel vor seinen Namen setzen konnte, ließ Pacheco seine Erfindung 1979 von mehreren unabhängigen Labors analysieren. Sie bestand alle Tests.

Er verschickte Briefe an Autohersteller. Kein Interesse. Er verschickte Briefe an Ölfirmen. Dasselbe. Der Ingenieur einer Ölfirma sagte, es verstoße gegen die Firmeninteressen, Pachecos System zu entwickeln. Er schickte Briefe an rund dreißig Elektrizitätswerke. Keine Antwort. Er schickte Briefe an alle 100 Senatoren der Vereinigten Staaten. Nur einige davon antworteten, und diese Kontakte führten zu nichts.

Wie viele andere Erfinder, die auf diese Mauer des Schweigens stießen, sich aber weigerten aufzugeben, baute Pacheco Vorführmodelle, die er Vertretern von Regierung und Industrie zeigte. Seine hohen Besucher gaben zu, daß sie beeindruckt waren, und versprachen zu helfen. Doch das geschah nie. Zum Beispiel zeigte Pacheco seinen Generator 1974 seinem Kongreßabgeordneten Robert Roe. Der Abgeordnete versprach, Vertretern in Washington von der Erfindung für saubere Energie zu berichten, doch Pacheco hörte nie wieder von ihm.

Pacheco gab immer noch nicht auf, und 1977 versorgte sein Prototypsystem das 300 Quadratmeter große Haus seines Nachbarn in West Milford, New Jersey, mit Energie. Pacheco finanzierte das System, indem er eine Hypothek auf sein eigenes Haus aufnahm. Es lieferte elektrische Energie, ebenso Wasserstoff als Brennstoff zum Kochen und Heizen. New Jerseys Energiebeauftragter stattete ihm mit mehreren Mitgliedern seines Stabes einen Besuch ab. Alle waren beeindruckt und schrieben einen Brief an das DoE. Wieder geschah nichts.

Dann versuchte der hartnäckige Erfinder es über die Medien. Fernseh-Talkmaster Geraldo Rivera zeigte nach der Demonstration des Schiffsantriebs 1974 Interesse und wollte eine Sendung über den Generator machen. Die Idee wurde durch Einmischung des Fernsehsenders niedergeschmettert.

1980, nachdem der Amerikanische Erfinderclub Pacheco in seine Ruhmeshalle eingeladen hatte, nahm die TV-Nachrichtensendung *60 Minutes* Kontakt mit ihm auf. Das Fernsehteam besuchte die Familie Pacheco in ihrem Haus in West Milford und filmte den Generator, wie er Wasserstoff für einen Bunsenbrenner und für einen Schweißbrenner erzeugte, mit dem eine zwei Zentimeter dicke Stahlplatte durchtrennt wurde. Es wurde auch gezeigt, wie mit Wasserstoff ein Ballon aufgepumpt und ein Elektromotor angetrieben wurde.

Weiterhin wurde ein Rasenmäher vorgeführt, der allerdings nicht so gut lief, wie er es sonst getan hatte. Pacheco war losgeeilt, um für die Dreharbeiten einen neuen Rasenmäher zu kaufen, hatte aber keine Zeit gehabt, ihn vorher zu testen. So soff der Motor ab, weil er mit viel zuviel Wasserstoff versorgt wurde. Doch dies schien angesichts der Erfolge beim Bunsen- und Schweißbrenner und beim Motor nicht weiter wichtig. Das Team von *60 Minutes* versicherte ihm, es habe nun genug Material, um mit den erfolgreichen Vorführungen eine ganze Sendung zu füllen.

Westdyk schreibt: „Später, als die Sendung ausgestrahlt wurde, war Pacheco am Boden zerstört, da die Sendung einen ganz anderen Schwerpunkt erhalten hatte. Die einzige Demonstration, die gesendet wurde, war die mit dem Rasenmäher, und sie wurde als Beispiel für eine nicht funktionierende Erfindung eines unabhängigen Erfinders benutzt."

Pacheco führte seinen Generator bei mehreren Konferenzen und Zusammenkünften zur Neuen Energie vor. Nachdem Wissenschaftler ihm auf diesen Treffen Komplimente gemacht hatten, beantragte er ein weiteres Patent. 1990 wurde ihm auf seinen Namen das U.S.-Patent Nr. 5.089.107 für den „Pacheco Bi-Polar-Autoelektrolyse-Wasserstoffgenerator" erteilt. Doch ehe er seine Ideen in die Wirklichkeit umsetzen konnte, starb Pacheco. Bis zum Schluß hatte er versucht, die Welt für seine Erfindung zu interessieren, war aber nirgendwo auf Gehör gestoßen.

Das bedeutet nicht, daß es mit dem Pacheco-Generator vorbei ist. Mehrere Leute – einschließlich Pachecos Enkel Edmundo – haben über den Generator geschrieben, und es gibt Gruppierungen, die daran interessiert sind, die Technologie zu einem marktfähigen Produkt zu entwickeln.

ROGER BILLINGS: WETTLAUF MIT DER ZEIT

Ein Wasserstofferfinder mit mehr Erfolg bei der Entwicklung seiner Ideen ist der aus Utah stammende Roger Billings. Seine Laufbahn – und das Leben seines jüngeren Bruders – fanden beinahe ein jähes Ende, als Billings gerade fünfzehn Jahre alt war. 1963 baute er aus einem mit Benzin betriebenen Rasenmäher den Motor aus, entfernte den Vergaser und installierte seine eigene Erfindung – ein teilweise mit Wasser gefüllter Glaskolben, an den verschiedene Installationen und Röhren angeschlossen waren. Der überzeugungskräftige Jugendliche überredete seine Mutter, mit ihm zusammen eine Wasserstoffflasche zu kaufen. Dann zeigte er seinem Bruder Lewis, wie man das Ventil bedient.

Nur durch die religiöse Erziehung der Brüder Billings nahm der Tag ein gutes Ende. Roger hielt es für angebracht, zuerst ein kurzes Gebet zu sprechen. Als er und sein Bruder beteten, wurde Roger etwas besorgt um die große gläserne Gasflasche. In der Garage fand er die schwere Fliegerjacke seines Vaters. Die Jungen wickelten die Flasche darin ein und zurrten die Jacke fest.

Nach einem dramatischen Countdown von zehn bis null zog Roger mit all seiner Kraft das Startseil. Der Motor klang, als würde er anspringen, doch dann schoß ein Funke heraus, und sein perfektes Gemisch aus Wasserstoff und Sauerstoff entzündete sich – allerdings nicht etwa im Kolben, sondern in der Zuleitung. Das war nicht vorgesehen. Das Feuer schoß zurück in die Gasflasche und erzeugte eine ungeheure Explosion. Die Mutter kam nach draußen gelaufen. Die Fliegerjacke war zerfetzt, und von der Flasche war nur noch der Hals übrig. Doch die Jungen hatten keinen Kratzer abbekommen.

Die Karriere wurde durch diese Explosion zwar jäh unterbrochen, beendet war sie damit aber nicht. Roger Billings entwickelte sich zu einer weiterhin begeisterungs- und ausdrucksfähigen, magnetischen Persönlichkeit. Er hat sein Leben der Bereitstellung einer Wasserstoffenergietechnologie gewidmet, mit der er den Wettkampf gegen die Zeit gewinnen könnte, ein Rennen, das Billings als „unseren Wettlauf [bezeichnet], ... um diesen Planeten als einen Ort zu bewahren, an dem man gut leben kann."

Billings und die Erzeugung von billigem, sicherem Wasserstoff

Vor allem zur Frage der Kosten und der Sicherheit einer funktionsfähigen Wasserstofftechnologie hat Billings Lösungen geliefert.

Seine Suche nach einer effizienten Wasserstofftechnologie ging von bekannten Prinzipien aus. Viele Gymnasialphysiklehrer machen ihre Schüler mit der Gleichung „Wasserstoff und Sauerstoff ergibt Wasser und Energie" bekannt, indem sie zeigen, wie mit einem brennenden Streichholz Wasserstoffblasen, die aus einem Reagenzglas aufsteigen, knallend zum Explodieren gebracht werden. Wenn Wasserstoff an der Luft brennt, erzeugt er Wasserdampf, der sich dann zu Wasser destillieren und durch Hydrolyse wieder in Sauerstoff und weiteren Wasserstoff aufspalten läßt.

Billings lernte, wie man diesen Zyklus aus Verbrennung, Destillation und Verbrennung mit sicheren, kostenwirksamen Systemen für Haus und Auto verbinden kann. Seine Technologie macht es möglich, eine Barriere für den Einsatz von mit Wasserstoff betriebenen Fahrzeugen zu überwinden – die fehlende Infrastruktur, wie ein Transportnetz aus Pipelines, Lastwagen und Tankstellen, über das Benzin verteilt wird. Seine Brennstoffzelle kann umgekehrt eingesetzt werden, um Wasserstoff zu erzeugen, was es dem Haus- oder Autobesitzer ermöglicht, Wasserstoff für den zukünftigen Gebrauch zu speichern.

Wasserstoff hat immer auch ein anderes Problem aufgeworfen – die sichere Speicherung. Billings fand schließlich heraus, daß Metallhydride die Lösung sind. Metallhydride sind Metallverbindungen, die unter bestimmten Temperatur- und Druckbedingungen wie ein Schwamm Wasserstoff aufsaugen und ihn in ein Pulver verwandeln. Wenn der Druck – wie beim Öffnen eines Ventils – reduziert und Hitze zugeführt wird, wird der Wasserstoff freigesetzt.

Die Vorreiterrolle bei der Hydridanwendung wird allgemein der Daimler-Benz AG zugesprochen. Billings meint jedoch, diese Methode zur Speicherung von Wasserstoff habe die Firma von ihm gelernt. Wie er berichtet, haben deutsche Ingenieure sein Labor in Utah aufgesucht, sich mit der Technologie vertraut gemacht und sind dann nach Deutschland zurückgekehrt, um ihren eigenen Prototyp zu bauen.

Billings erzählt von den Tests, bei denen ein Metallhydridtank, der mit Wasserstoff gesättigt war, in ein Feuer geworfen wurde, ohne zu explodieren. „Die Army kam und beschoß ihn mit panzerbrechenden Brandgeschossen, brachte ihn aber selbst damit nicht zum Explodieren." Das bedeutet, daß jeder so ein Gerät mit Wasserstoffantrieb benutzen kann, ohne eine Explosion oder Feuer befürchten zu müssen.

Kampf mit der Geschäftswelt

Schon als junger Mann erfuhr Roger Billings, daß nicht jede Institution einem innovativen Forscher ihre Türen öffnet. 1972 arbeitete er an der Brigham Young Universität an einem von der Ford Motor Company subventionierten Forschungsauftrag. Sein Ziel bestand darin herauszubekommen, wie man die Spuren von Stickoxiden eliminiert, die den ansonsten sauberen Ausstoß aus einem mit Wasserstoff betriebenen Autor verunreinigen. Bei Computersimulationen zeigte sich, daß seine Methode, Wassertröpfchen in die Verbrennungskammer einzuspritzen, zu funktionieren schien. Doch er erhielt keine Bewilligung, dieses Verfahren auszuprobieren.

Trotz fehlender harter Beweise trieb es Billings und sein Helferteam zu einem Wettbewerb auf dem Testgelände von General Motors in Michigan. Ihr Auto stieß Wasserdampf mit geringen Mengen reinen Stickstoffs aus. Statt Luftverschmutzung zu verursachen, verringerte das Auto sie eher, denn aus dem Auspuff kamen weniger Kohlenwasserstoffe, als in einer gleichen Menge Umgebungsluft vorhanden waren.

Der Vertreter einer Umweltschutzeinrichtung bot ihm einen Zuschuß an, jedoch nur solange Billings irgendwo eine Forschungsstelle hatte. Aber die Vertreter der Brigham Young University gaben ihm zu verstehen: „Nein, Sie haben Ihren Abschluß gemacht und sind nicht an der Fakultät beschäftigt, wir können Sie nicht unterbringen." So beschloß Billings, eine Form von Nonprofit-Forschungsinstitut zu gründen. Er beantragte Steuerbefreiung, die die Finanzverwaltung jedoch ablehnte. Davon unbeirrt gründete

Dr. Roger Billings aus
Independence, Missouri,
hat innovative Wege
entwickelt, Wasserstoff
in Fahrzeugen und
Häusern einzusetzen.

er die Billings Corporation, eine private Forschungsgruppe. Nachdem ein Zuschuß Geld für die Startkosten lieferte, hatte die Billings Corporation eine feste Einkommensquelle – sie stellte einen der ersten Mikrocomputer des Landes her, zu einem Zeitpunkt, als Apple gerade erst dabei war, sich zu etablieren. Die Firma wurde auch Mitbesitzer des Patentes für die doppelseitige Diskette. Das Geld aus dem Computergeschäft floß in die Wasserstofforschung.

Wie im Fall von Francisco Pacheco half das Ölembargo der Siebziger, Billings' Arbeit voranzutreiben. Die Post stellte der Billings Corporation einen Lieferwagen zur Verfügung, der auf Wasserstoff umgerüstet und ein Jahr lang in Independence, Missouri, zur Postauslieferung benutzt wurde. Nur wegen der Treibstoffkosten, die 25 Prozent höher lagen als mit Benzin, wurde diese Testphase eingestellt. (Billings hofft, daß er in Zukunft neue gemeinsame Tests mit der Post vornehmen kann, da die Lieferwagen aufgrund der jüngsten technischen Fortschritte weit kostengünstiger betrieben werden können.)

1977 rüstete Billings' Team für die kalifornische Stadt Riverside einen Bus auf Wasserstoff um, ein Projekt, das vom Landesministerium für Transport finanziert wurde. Das Projekt ließ sich nur schwer an. Das Team bekam nicht so viel Geld, wie beantragt worden war. Von dem Geld, das bewilligt wurde, zweigte die Stadt einiges ab, um die Verwaltungskosten zu decken, und ein Teil der Summe wurde für den Kauf des Busses verwendet. Dem Billings-Team blieben von den ursprünglich bewilligten 125 000 Dollar nur 61 000.

Weitere Probleme ergaben sich dadurch, daß der Busmotor durch Silikate im Vergaser dauernd abgewürgt wurde. Da im Treibstoffsystem keine Silikate verwendet wurden, schloß Billings, daß der Bus sabotiert worden war. Er mußte einen Techniker nach Kalifornien schicken, der den Bus bewachen und warten sollte. In dieser Phase verloren die Personen, die mit dem Projekt zu tun hatten, vor allem deshalb den Mut, weil man den Wasserstoff für die Probleme verantwortlich machte.

Billings lernte aus dieser Erfahrung. Erstens teilte nicht jeder seinen Enthusiasmus für die Wasserstofftechnologie. Wichtiger war jedoch, daß er lernte, wie die Kosten der Technologie verringert werden konnten, indem man den Brennstofftank aus Aluminium baute, wodurch sich Gewicht einsparen ließ.

Als nächstes ging Billings daran, einen Cadillac Seville auf Wasserstoffantrieb umzurüsten, der 1977 bei Präsident Jimmy Carters Antrittsparade zu Ehren kam. Außerdem konstruierte er das Hydrogen Homestead, ein Wohnhaus für seine eigene Familie. Dessen Küche, Außengrill, Kamin und Rasenmäher wurden mit Wasserstoff betrieben. Sonnenkollektoren auf dem Dach dienten dazu, den Strom für sein wirksames Wasserstoff-Erzeugungssystem zu liefern, und beheizt wurde das Haus mit einer Wasserstoffwärmepumpe.

Billings glaubte Ende der Siebziger fest daran, daß die Regierung der Vereinigten Staaten seine Forschung ausreichend fördern werde, damit etwas wirklich Handfestes daraus würde. Doch das tat die Regierung nicht. Weshalb nicht?

Das Ölembargo war beendet. Die Schlangen an den Tankstellen gingen zurück, ebenso die staatlichen Subventionen für alternative Brennstoffe. „Die Leute verfielen in Schlaf; sie vergaßen die alternativen Brennstoffe, und ziemlich bald war alles wieder beim alten", erinnert sich Billings. Seine Firma war an die Öffentlichkeit gegangen, aber die Aktionäre konnten seine Hingabe an den Traum vom Wasserstoff nicht nachvollziehen. Statt dessen bestanden sie auf Gewinnausschüttung. Daraufhin verkaufte Billings Ende der Achtziger seine Anteile an der Firma.

Die Laserzelle: Es geht voran

Billings und seine Frau Tonja beschlossen, das Geld aus dem Aktienverkauf in die Entwicklung einer effizienteren Wasserstoff-Brennstoffzelle zu stekken, einer Zelle, die so leicht und preiswert sein sollte, daß sie sich für Automobilantriebe anbot.

Eine Brennstoffzelle ist im wesentlichen ein Kasten, in dem sich Wasserstoff und Sauerstoff verbinden, um Wasserdampf zu bilden. Dieser Prozeß setzt Energie in Form von Elektrizität frei. Ein Teil der Elektrizität wiederum wird verwendet, um den Prozeß in Gang zu halten. Umgekehrt betrieben, kann die Zelle Elektrizität und Wasser nutzen, um Wasserstoff zu erzeugen, mit dem sich dann der Wasserstofftank wieder auffüllen läßt.

In den sechziger Jahren wurden Brennstoffzellen für das Raumfahrtprogramm entwickelt. Heute versehen sie in den Raumfähren ihren Dienst als Stromquellen. Doch diese Brennstoffzellen sind teuer und sperrig.

Billings beschloß, die Brennstoffzellen leichter und billiger zu machen. Deshalb stellte er Mitte der Achtziger ein Forscherteam an der Amerikanischen Akademie der Wissenschaften in Independence, Missouri, zusammen und begann an seiner Brennstoffzelle fürs Auto zu arbeiten. Nach vielen Versuchen entdeckte die Gruppe schließlich eine Methode, um mit einem Hochenergielaser eine äußerst kompakte Zelle herzustellen.

Billings konnte kein Geld von der Bundesregierung bekommen, erhielt allerdings einiges an finanzieller Unterstützung vom Energieministerium in Pennsylvania für eine Brennstoffzelle der nächsten Generation. Anfang der Neunziger war Billings' Gruppe soweit, die LaserCel 1, die weltweit erste Brennstoffzelle für Automobile, auf Fachmessen vorzustellen. Der Wasserstoff wird in einem 300 Pfund schweren Metallhydridtank im Heck des Fahrzeugs gespeichert. Ein Auto mit einem von Wasserstoff angetriebenen Verbrennungsmotor kann mit so einem Tank 240 Kilometer weit fahren. Mit einem Brennstoffzellensystem, das einen Elektromotor versorgt, sagt Billings, ließe sich mit demselben Tank die Reichweite allerdings auf 720 Kilometer erhöhen. „Wir haben unser Gewichtsproblem beim Hydrid gelöst, indem wir den Wasserstoff dreimal so effizient ausnutzen. Wir haben außerdem unser Kostenproblem gelöst."

162

Das LaserCel-Auto ist preiswert im Betrieb, da es keine Energie verschwendet wie ein Verbrennungsmotor. Von der in einem herkömmlichen Motor erzeugten Energie wird mehr aus dem Auspuffrohr herausgepustet, als für die Fortbewegung des Autos nutzbar ist. Von der Energie jedoch, die die LaserCel erzeugt, wird der überwiegende Anteil zum Antrieb des Fahrzeugs genutzt.

Die LaserCel versorgt auch mühelos Heizung und Klimaanlage – der Fahrgastraum wird beheizt, indem der Dampf aus der Brennstoffzelle durch einen Wärmetauscher geschickt wird. Kühlung hingegen entsteht, wenn Wasserstoff aus dem Hydrid entnommen wird. Es gibt eine Beschleunigungsbatterie, die die Leistung beim Gasgeben erhöht und sich bei normaler Fahrt wieder auflädt. Und es fährt sich gut mit der kleinen LaserCel. Ein Zeitungsreporter, der sie testete, sagte: „Es ist schon toll, ein Auto mit alternativer Energie zu fahren, das schnell genug ist, um eine Verwarnung wegen Geschwindigkeitsüberschreitung zu bekommen."

Billings schätzt, daß das Wasserstoffsystem etwa 4 500 Dollar pro Auto kosten würde, wenn die Fertigung im Rahmen einer 10 000er Serie erfolgt. Wenn es in Massenproduktion hergestellt würde, mit Stückzahlen wie bei den Autofabriken in Detroit, glaubt er, wäre der Preis eines solchen Autos konkurrenzfähig – es würde etwa so viel kosten wie ein mittlerer Sportwagen.

Woran liegt es nun, daß diese planetenfreundliche Technologie noch nicht in Serie produziert wird?

„Leider scheint die Macht der großen Ölmultis die Menschen, die über die Gesetzgebung entscheiden, im Würgegriff zu halten", erklärt Billings. Wie er sagt, hat er versucht, eine Lobbyvertretung in Washington zu bezahlen, um im Kongreß für die Förderung der Wasserstofforschung zu werben. Ein Gesetzesentwurf zum Wasserstoff wurde aufgesetzt und unterbreitet, ging dann aber irgendwo im Komitee verloren. Kein Politiker wollte offen gegen einen solchen Entwurf stimmen, spekuliert Billings, deshalb kam es gar nicht erst so weit, daß er zur Abstimmung vorgelegt wurde.

Die Amerikanische Akademie der Wissenschaften nennt sich heute Internationale Akademie der Wissenschaften. Gefördert wird sie durch kleine Beiträge von Menschen in der ganzen Welt. Billings und die Akademie nehmen an einem umfassenden Unternehmen namens Project Hydrogen teil. Die Akademie hat ausgedehnte, Millionen von Quadratmetern große unterirdische Höhlen erworben, in denen einst Kalkstein abgebaut wurde, die zu Schlafsälen, Unterrichtsräumen, Laboratorien für Computer und für Brennstoffzellen, Metallbearbeitungswerkstätten und Büros ausgebaut wurden. Die Akademie bietet eine zertifizierte Forschungsausbildung an, die auf der Philosophie „Menschen lernen durch Tun" basiert. Es gibt nicht viele Studenten, weniger als hundert.

Project Hydrogen erforscht eine Reihe von neuartigen Technologien. Die blaugrüne Alge zum Beispiel, eine winzige Pflanze, von der man bislang meinte, sie sei zu nichts weiter gut, als auf Seen faulige Schaumschichten zu bilden, könne, wie Billings sagt, in der Hydrolyse, bei der Wasser in Sauerstoff und Wasserstoff aufgespalten wird, dieselbe Arbeit verrichten wie der elektrische Strom. Anschließend kann man die Algen trocknen und essen. Seit Jahren stehen Flaschen aus getrockneten Blaualgen in den Regalen der Gesundheitsläden, da sie eine konzentrierte Protein- und Mineralquelle darstellen. „Man kann seine eigene Energie erzeugen und sie außerdem noch essen", sagt Billings.

Roger Billings' Einsatz für die Entwicklung der Wasserstoffkraft geht weiter. Von mißlungenen Experimenten hat er sich nie entmutigen lassen. Ein Erfinder muß unverdrossen immer weiter probieren, bis etwas klick macht. Doch er hat so hohe Ziele, daß er nicht aufgeben kann.

Im nächsten Kapitel werden wir Erfinder kennenlernen, die ungenutzte Abwärme in Elektrizität umwandeln können.

10

Neue Wege zur Umwandlung von Abwärme in Elektrizität

*Alle großen Durchbrüche kommen von unbedeuten-
den Typen in irgendwelchen Hinterzimmern, die das
Unmögliche tun. Die großen Typen nämlich wissen
genau, was unmöglich ist, denn sie haben dieses Ge-
setzbuch, in dem steht, was funktionieren kann und was
nicht.*
— Les Adam, Produzent

*Ich denke, in der Niedrigtemperatur-Zustandswand-
lung liegt die Zukunft der Sonnenkraft.*
— Peter Lindemann, Energieberater

Der Schlüssel zu einer sich selbst in Betrieb haltenden Maschine könnte sich hinter Ihrem Kühlschrank verbergen. Er heißt Wärmetechnologie.
Im neunzehnten Jahrhundert begann Nikola Tesla, der Vater der Neuen
Energie, nach der besten Möglichkeit Ausschau zu halten, die Energie-
probleme der Menschheit zu lösen. Unmittelbar nach der Jahrhundertwende schrieb er einen Aufsatz, in dem er verschiedene Methoden unter-
suchte, um Energie aus der Umgebung zu ziehen. Er schloß, daß die Lösung
in der Ausnutzung der Energie liegt, die in der Wärme der uns umgebenden sonnenerwärmten Luft enthalten ist. Tesla betrachtete die Atmosphäre als eine gigantische Energiequelle, und er verbrachte rund zwanzig Jahre
mit dem Versuch, einen Motor zu entwerfen – er bezeichnete ihn als Selbstläufermotor –, der aus dieser sauberen, ergiebigen Energiequelle gespeist
wird.

In diesem Kapitel erfahren wir zunächst einiges darüber, wie diese Technik funktioniert und warum sie so vielversprechend ist. Anschließend werden wir einige der Erfinder kennenlernen, die versuchen, diese Technologie marktfähig zu machen.

ENERGIE AUS TEMPERATURUNTERSCHIEDEN

Der Neue-Energie-Historiker und -Berater Peter Lindemann aus New Mexico hat rund zwanzig Jahre damit verbracht, Energiealternativen zu untersuchen, und er hält Teslas Ideen zum Selbstläufermotor für die vielversprechendsten: „Tesla stellte sich folgendes vor: Wenn es ihm gelänge, eine Methode zur Erzeugung einer Kältezone zu finden, in der er ständig Wärme abladen könnte, dann müsse ihm auch eine Möglichkeit einfallen, aus dieser Wärme [-Differenz] Energie zu ziehen." Energie aus Wärme zu gewinnen, indem man sie in mechanische oder elektrische Energie umwandelt, ist in der Wissenschaft etwas Alltägliches – die Dampfmaschine ist ein gutes Beispiel dafür. Doch in der konventionellen Wissenschaft brauchen diese Maschinen Brennstoff.

Lindemann glaubt, daß die meisten Tesla-Forscher nicht wirklich begriffen haben, was Tesla unter einer selbstlaufenden Maschine verstand. Viele vermuten, Tesla hätte gemeint, die Wirkungen von Magnetismus oder Gravitation allein könnten genutzt werden, um Maschinen anzutreiben. Tesla sagte, diese Ansätze seien möglich, würden aber höchstwahrscheinlich nicht funktionieren. Andererseits, so Lindemann, habe Tesla vermutet, die Grundannahme, daß die Gesetze der Thermodynamik immer gelten, treffe nicht zu. Diese Gesetze limitieren die Menge an Energie, die uns eine Maschine bei einer uns bekannten Energiemenge, die wir hineinstecken, liefern kann. Der zweite Hauptsatz der Thermodynamik setzt voraus, daß wir Energie aufwenden müssen, wenn wir die Temperatur in einem Haus gegenüber der Außentemperatur erhöhen oder senken wollen. Tesla hielt diese Einschränkung nicht für universell gültig. Er dachte darüber nach, warum nicht auch Maschinen Energie aus der Umgebungswärme beziehen können sollten, wie es lebende Organismen tun.

Wärmetechnologie: das umgekehrte Kühlschrankprinzip

Lindemann demonstriert Teslas Konzepte anhand des Kühlschranks in seiner Küche: „Dieser Apparat ist der erste Verwandte von Teslas selbstlaufender Maschine. Wir müssen Energie in dieses Gerät stecken, um eine Kältezone zu erzeugen."

Ein Kühlschrank nutzt die Energie sehr effizient – nur gibt er für jedes Watt elektrischer Energie, das er verbraucht, dreimal so viel Wärmeenergie an die Umgebung ab. Dieser Wirkungsgrad zeigt einen potentiellen Energieüberschuß. Tesla wußte, daß solch eine Maschine umkehrbar ist – daß es möglich sein müsse, von einer Kältezone auszugehen und daraus Energie zu beziehen. Diese Energie wäre insoweit gratis, als der Verbraucher dafür kein Geld ans Elektrizitätswerk bezahlen müßte, da die Energie von der Sonne kommt und in der Atmosphäre als Wärme gespeichert wird. Tesla konstruierte seine Maschine so, daß sie diesen Energieüberschuß nutzt, um mechanische Arbeit zu verrichten. Doch er war nicht in der Lage, ein Arbeitsmodell zu bauen, da die übrige Technik – wie Kühlaggregate – zu Teslas Zeiten noch nicht ausreichend entwickelt war, um seine selbstlaufende Maschine zu versorgen.

Die Neue-Energie-Forscher unserer Tage machten dort weiter, wo Tesla aufhörte. Sie bauten eine Maschine, die Kühlung nutzt, um mechanische Energie zu produzieren. Heute nennt man dies Niedrigtemperatur-Zustandswandlungstechnologie (Low-Temperature Phase Change Technology – LTPC), da sie mit Flüssigkeiten arbeitet, die sich bei niedriger Temperatur in ein Gas umwandeln. Sie könnte in Form eines Aggregats realisiert werden, das Ihr Haus sowohl mit Strom als auch mit Luftkühlung versorgen würde. Dadurch wäre die Technologie sowohl umweltfreundlich als auch dezentral einsetzbar – Sie brauchten keinen Anschluß mehr an Ihr Elektrizitätswerk, es sei denn, Sie wollten Ihre Überschußenergie verkaufen oder Energie dazukaufen, wenn Sie Strom verschwenden.

Lindemann sagt, ein Kraftwerk, das als Energiequelle Wärme nutzt, ließe sich zur Lösung des globalen Erwärmungsproblems nutzen – die steigende Temperatur der Erdatmosphäre, die durch das Verfeuern fossiler Brennstoffe verursacht wird. „Wir könnten [diese Wärme] in eine Hauptquelle verwandeln ... und sie nutzen, um die Umwelt zu reparieren."

Wärmetechnologie und der Markt

Trotz einiger Probleme arbeiten verschiedene Gruppen an mehreren unterschiedlichen Strategien zur Weiterentwicklung der LTPC-Technologie. Die Arbeiten wurden dadurch zurückgeworfen, daß Fluorkohlenwasserstoffe, die Gase, die in Kühlaggregaten verwendet werden, als gefährlich für die schützende Ozonschicht der Erde eingestuft und in mehreren Ländern verboten wurden. Man entwickelt jedoch neue Kühlmittel.

Die LTPC-Technologie wird auf der ganzen Welt erforscht. In Deutschland wurde Dr. Bernhard Schaeffer ein Patent auf eine Maschine erteilt, die, anstatt Energie zu verbrauchen, Energie erzeugt, während sie kühlt. Schaeffer hat mit Flüssigkeiten experimentiert, deren Siedepunkt unter der normalen Umgebungstemperatur liegt.

Die Meerwasser-Wärmeumwandlung (Ocean Thermal Energy Conversion – OTEC) ist ein weiteres Beispiel für bereits angewandte Wärmetechnologie. Diese Technologie nutzt den Temperaturunterschied zwischen dem wärmeren Wasser an der Meeresoberfläche und dem kühleren Wasser der tieferen Schichten aus – ein Unterschied von rund zwanzig Grad. Ein Versuchsmodell auf einem großen Schleppkahn vor Hawaii leistete 50 000 Watt.

Lindemann gibt an, eine Reihe von Forschern auf dem Gebiet der LTPC-Technologie stünde kurz davor, kommerziell nutzbare Produkte auf den Markt zu bringen. Warum ist diese Technologie so fortschrittlich, verglichen mit einigen der anderen Neue-Energie-Technologien, die wir in diesem Buch kennengelernt haben?

Ein Grund, warum die LTPC-Technologie so kurz vor dem kommerziellen Durchbruch steht, ist die geringe Wartung, die solche Geräte erfordern. Wie häufig muß man einen Kühlschrank warten lassen? Lindemann weist darauf hin, daß sein Kühlschrank das zuverlässigste Gerät in seinem Haus ist – er schloß ihn ans Netz an, schaltete ihn ein und vergaß ihn. Es gibt nicht viele bewegliche Teile, die kaputtgehen oder verschleißen können. Dieser Aspekt der geringen Wartung der LTPC-Technologie wäre in einem Kraftwerk ein wichtiger Aktivposten, da die Versorgungswerke heute viel Geld für die Wartung ausgeben.

Ein weiterer Vorzug der LTPC-Technologie ist ihr Wirkungsgrad. Sie ist potentiell 400 Mal effizienter als die auf dem Markt erhältlichen Sonnen-Photovoltaik-Systeme – Sonnenkollektoren, die Sonnenlicht in Elektrizität umwandeln. Die LTPC-Technologie übertrifft auch die Kernkraft an Wirksamkeit. Lindemann sagt: „Man kann mehr Energie aus einem System wie diesem gewinnen, als man je aus einem Kernreaktor rausholen kann. Diese Dinger lassen sich zu Größenordnungen im Megawattbereich ausbauen."

Wenn ein LTPC-System dafür konstruiert ist, direktes Sonnenlicht zu nutzen, steigt sein Wirkungsgrad dramatisch an. Lindemann ist jedoch am meisten beeindruckt von Systemen, die keine direkte Sonne benötigen, denn sie laufen nachts, selbst in kälteren, bewölkungsreichen Regionen.

GEORGE WISEMAN UND DIE LTPC-WÄRMEPUMPE

Einer der Erfinder mit den größten Marktchancen lebt weit entfernt von den großen Verbrauchermärkten. George Wiseman, ein munterer, sehr gefragter Mann, lebt in Britisch Kolumbien, Kanada, auf einer Farm in den Rocky Mountains, wenn er nicht gerade als Energieberater um die Welt reist. Inmitten der Wälder schreibt der autodidaktische Elektronikexperte dort Anleitungsbücher für Menschen, die ihre Begeisterung für die Neue Energie entdeckt haben, und er betreibt Experimente in seiner grob gezimmerten Werkstatt.

Wiseman hat die LTPC-Technologie in Form einer Wärmepumpe zum Funktionieren gebracht – eine Maschine, die Wärme aus Stoffen gewinnt, die eine leicht höhere Temperatur als ihre Umgebung haben. So erhöht zum Beispiel das Einleiten heißer Abwässer aus einer Fabrik in einen Fluß die Temperatur des Flusses. Diese Wärme kann von einer Wärmepumpe eingefangen werden. Wärmepumpen sind an sich nichts Neues. Sie werden derzeit von einigen wohlhabenden, umweltbewußten Hausbesitzern eingesetzt, um aus dem Erdboden Wärme zum Heizen zu gewinnen.

Eine Wärmepumpe verwendet eine Flüssigkeit, die bei einer Temperatur von –40 Grad Celsius in den gasförmigen Aggregatzustand übergeht. Im Gegensatz dazu wird eine herkömmliche Dampfmaschine mit einer Flüssigkeit betrieben, die bei 100 Grad Celsius vom flüssigen in den gasförmigen Zustand übergeht, zu Dampf wird. Anstatt also kochendes Wasser zu verwenden, nutzt die Wärmepumpe Flüssigkeiten mit einem niedrigen Siedepunkt.

Zustandswandlung ist ein relativ einfaches Konzept. Eine Flüssigkeit kann entweder zu einem festen Körper gefrieren oder zu einem Gas verdampfen. Wir bezeichnen die feste, die flüssige und die gasförmige Erscheinungsform der Stoffe als deren *Aggregatzustände*. Wenn ein Stoff seinen Aggregatzustand verändert, zieht er sich entweder zusammen oder dehnt sich aus. Der Ausdehnungsvorgang erzeugt Druck, der eine Maschine antreiben kann. Es ist effizienter, eine Flüssigkeit mit niedrigem als eine mit hohem Siedepunkt, wie beim Wasser, zu verwenden, da erste-

George Wiseman
arbeitet an seinen
Erfindungen, zu der
auch eine Neue-
Energie-Wärmepumpe
gehört, im ländlichen
Britisch Kolumbien,
Kanada.

re die Wärme aus fast jeder Umgebungstemperatur ziehen kann, egal wie kalt sie ist.

Doch so umweltfreundlich eine Wärmepumpe auch ist, sie vergeudet immer noch Energie – Wärme geht durch den Kondensator verloren, das Bauteil, das das Gas durch Abkühlung wieder in eine Flüssigkeit umwandelt. Tesla entwarf eine Wärmepumpe, die keinen Kondensator besaß, wodurch er das Teil eliminierte, das Wärme vergeudet. Auf Teslas Entwurf aufbauend, bereitet Wisemans LTPC-System ungenutzte Wärme auf, um das System effizienter zu machen. Es kann Wärme aus Luft, Erde oder Wasser ziehen und sie in Elektrizität umwandeln.

Wisemans System weist zwei interessante Eigenschaften auf:

• Es ist ein billiger, wirksamer Kollektor für Sonnenwärme – eine radarschirmartige Schüssel, die mit einem reflektierenden Film überzogen ist.

• Es setzt auf preiswerte Materialien, so daß ein Mechaniker sich im Hinterhof ein System mit 1 bis 2 Kilowatt Leistung für den Hausgebrauch bauen kann, inklusive Batterien für unter 1 000 Dollar – ein Zehntel dessen, was es kosten würde, eine Standard-Solaranlage zu installieren.

Für ein Gehöft scheint Wisemans Wärmepumpe gut geeignet zu sein. Doch was könnten die Stadtbewohner damit anfangen? Wiseman stellt sich eine Reihe von Anwendungen vor, denn die Pumpe kann große Energiequellen überall dort anzapfen, wo Wärme gespeichert wird, wie in Meeren und Seen – einschließlich künstlich angelegter Seen. Dies bedeutet zum Beispiel, daß Wisemans Pumpe sich einsetzen läßt, um das Wasserreservoir einer Stadt zu kühlen. Dadurch verringert sich der Wasserverlust, der durch Verdunstung entsteht. Gleichzeitig erzeugt die Pumpe Energie, mit der sich z. B. die Klimaanlagen in der Stadt betreiben ließen.

Wiseman hält auch den Einsatz seiner Technologie in der Industrie für denkbar. Eine Fabrik könnte die Abwärme nutzen, die bei verschiedenen Produktionsprozessen anfällt, um sie in Elektrizität umzuwandeln. Dies würde die Betriebskosten der Fabrik senken, wodurch sie mehr Gewinn abwerfen könnte. Eine derartige zusätzliche Produktion von Elektrizität bedeutet, daß die Fabrik auch Energie an das Elektrizitätswerk zurückverkaufen könnte, was die Gewinne weiterhin steigern würde.

HAROLD ASPDEN UND DAS STRACHAN-ASPDEN-GERÄT

Der britische Physiker Dr. Harold Aspden ist in seinem Ruhestand so beschäftigt wie eh und je, und seine Neue-Energie-Laufbahn verläuft erfolgreich. Die Theorien, mit deren Entwicklung er Jahrzehnte seiner Freizeit verbracht hat, sind Gegenstand begeisterter Artikel in den Neue-Energie-Zeitschriften. Seiner beruflichen Laufbahn wegen traut man Aspden eher als vielen anderen. Neunzehn Jahre lang war er Leiter für europäische Patentverfahren bei IBM und nach seiner vorzeitigen Pensionierung neun Jahre lang von IBM gesponserter Gastdozent an der elektrotechnischen Fakultät der Universität von Southampton.

Obwohl er sich heute vom Universitätsbetrieb zurückgezogen hat, hat Aspden immer noch alle Hände voll zu tun. Sein Forschungsunternehmen Thermodynamics Limited erhielt von der britischen Regierung einen Zuschuß für Tests an einer neuen Art von Elektromotor. Er schreibt auch über Neue-Energie-Themen und schickt Beiträge an einen Neue-Energie-Newsletter, um all seine Mitstreiter rund um den Globus auf dem laufenden zu halten.

So überrascht es nicht, daß Aspdens Ideen in der Welt der Neuen Energie etwas gelten. Und die Idee, die am meisten Aufmerksamkeit erregt, basiert auf der Magnetkraft, einer Kraft, von der wir einiges in Teil II erfuhren. Einen Namen machte sich Aspden durch seine innovative Forschung zu Magnetmotoren sowie dadurch, daß er die Idee vorantrieb, die Magnetkraft müsse sich für eine Kältetechnik für geräuschlose Kühlschränke und Klimaanlagen verwenden lassen, die nicht mit Gasen arbeitet, welche die Ozonschicht zerstören.

Magnete und Wärmetechnologie

Aspden, der in England lebt, stand im Ideenaustausch mit dem Ingenieur John Scott Strachan, der für die amerikanische Gesellschaft Pennwalt im abgelegenen Schottland arbeitete. Dieser Austausch war für beide Männer äußerst fruchtbar, doch irgendwann mußten sie zusammenkommen und miteinander reden. Keiner von beiden mußte allerdings die 650 Kilometer weit fahren, um einander persönlich zu treffen, denn dieses Problem löste die Planetary Association for Clean Energy in Ottawa, Kanada, indem sie beide einlud, 1988 auf einer Konferenz zu sprechen.

Flugverspätungen auf Flughäfen sind selten angenehm, doch Aspden und Strachan befanden sich nach der Konferenz auf ihrem Heimweg nach Großbritannien auf einem Höhenflug geistiger Art. Als sie in der betriebsamen Schalterhalle saßen, sahen beide ganz klar eine gemeinsame Herausforderung vor sich: Wo finden wir supereffiziente alternative Energiequellen? Wie Wiseman und andere wollten sie Elektrizität aus ganz geringen Temperaturunterschieden gewinnen, unter Einsatz einer Kühlmethode, die all die Ozon zerstörenden Fluorkohlenwasserstoffe ersetzen sollte, die dabei normalerweise verwendet werden.

Aspden und Strachan kamen überein, daß die Antwort in einer Erfindung auf Basis der Wärmetechnologie liegen müsse, an der sie gearbeitet hatten. Bei Pennwalt hatte Strachan mit Sandwichanordnungen von plastikartigem Material und Metallfolien experimentiert. Er wollte herausbekommen, ob sich die daraus hervorgehende Konstruktion, die eine elektrische Ladung erzeugte, wenn man sie zusammendrückte, für ein medizinisches Gerät verwenden ließ, an dem er arbeitete.

Dr. Harold Aspden aus England ist ein sehr aktiver Neue-Energie-Forscher. Er entwickelte zusammen mit John Scott Strachan aus Schottland ein Gerät, das Wärme nutzt, um Elektrizität zu erzeugen.

Strachan stellte fest, daß die Konstruktion für diesen Zweck zu hitze-empfindlich war. Doch er und Aspden kamen darauf, Magnetismus ins Spiel zu bringen und diese magnetisierte Anordnung als ein einzigartiges Schema für stromerzeugende Thermoelemente zu verwenden. In einem Thermoelement werden zwei unterschiedliche Metalle verbunden bzw. gekoppelt. Die Verschiedenartigkeit der Metalle erzeugt eine elektrische Spannung an den Kontaktstellen. Die Spannungsstärke ändert sich mit der Temperatur der Verbindungsstelle. Deswegen werden Thermoelemente in Wissenschaft und Industrie als hochempfindliche Thermometer eingesetzt.

Die Spannung an der Verbindungsstelle eines Thermoelements ist zu gering, um sie als leistungsfähige Stromquelle zu nutzen. Doch Aspden und Strachan fanden heraus, daß sich Strachans Kombination aus Plastik und Metall und Aspdens Wissen über Magnetismus verbinden ließen und so zu einem Gerät führen konnten, das den Temperaturunterschied nutzt, um bei recht niedrigen Eingangsleistungen brauchbare Strommengen zu erzeugen – sogar aus einem schmelzenden Stück Eis.

Das Treffen am Flughafen gab ihnen die Zeit, darüber zu reden, wie sie ihre Idee testen und eine Entwicklungsstrategie ausarbeiten könnten. Die Erfindung war zunächst durch ein Patent zu schützen, ehe man sie veröf-fentlichen konnte. Die Firma Pennwalt würde formell einige Rechte an seiner Erfindung an Strachan abtreten müssen. Als Patentexperte formulierte Aspden zwei Patentanträge, von denen jeder einen anderen Aspekt des Gerätes abdeckte. In der Zwischenzeit verließ Strachan Pennwalt, um Testgeräte zu bauen.

Das Duo gründete die Firma Strachan-Aspden Limited, die die Patentrechte an ihren Apparaten hielt. Das U.S.-Patent wurde jedoch nicht ohne weiteres erteilt. Zuerst erklärte der Patentprüfer rigoros, das Strachan-Aspden-Gerät könne unmöglich Elektrizität erzeugen. Doch schließlich akzeptierte er die Beweise der beiden.

Wozu ließe sich das Strachan-Aspden-Gerät nutzen? Man könnte es in der Industrie einsetzten, um aus Abwärme Elektrizität zu gewinnen. Doch auch im Haushalt ließe es sich verwenden. Eine Familie mit einem Treibhaus könnte den Temperaturunterschied zwischen der Luft im Inneren des Treibhauses und der Außenluft nutzen, um Strom zum Betreiben der Haushaltsgeräte zu erzeugen. So kann das Gerät Einzelpersonen dazu dienen, zumindest einen Teil ihres Strombedarfs zu decken.

Das Gerät von Aspden und Strachan könnte auch den Weg zur Entwicklung praktikabler Supraleitfähigkeit ebnen. Man spricht von Supraleitung, wenn ein leitfähiges Material, ein Draht beispielsweise, plötzlich seinen elektrischen Widerstand einbüßt – jene Kraft, die den elektrischen Strom an völlig freiem Fließen hindert. Supraleitfähigkeit ermöglicht einen beinahe ungehinderten Stromdurchfluß durch das Material.

Supraleitfähigkeit tritt normalerweise nur bei sehr niedrigen Temperaturen auf und wird gewöhnlich genutzt, um starke elektromagnetische Felder zu schaffen. Doch durch das Strachan-Aspden-Gerät könnte Supraleitfähigkeit bei normaler Zimmertemperatur Wirklichkeit werden. Dadurch wiederum ließe sich die Supraleitfähigkeit bei der Schaffung einer praktisch verwendbaren Stromquelle einsetzen.

Die Wege trennen sich

Obwohl die Wärmetechnologie Scott Strachan faszinierte, wandte er sich schließlich wieder seinem ursprünglichen Spezialgebiet zu – dem Entwurf von optischen Meßinstrumenten. Das war zwar nicht ganz so spannend, aber dafür verläßlicher – alle drei von Strachan gebauten funktionsfähigen Modelle zur Wärmetechnologie hatten während ihres Gebrauchs über eine Zeitspanne von Monaten an Leistung verloren. Warum? Aspden schätzt, daß Wärme und Erschütterung die elektrische Speicherkapazität des Geräts zunichte machen, da sie bei dessen Betrieb stören. Bessere Materialien werden benötigt, und Strachan und Aspden warten die Fortschritte auf diesem Gebiet ab, um ihre Technologie voranzutreiben. Sie sind sich einig, daß die Erfindung im Prinzip stimmt und daß sie funktioniert. Allerdings bedarf es eines gut ausgerüsteten Firmenlabors, um diese Materialien bis zu dem Punkt zu entwickeln, ab dem das Produkt in großen Mengen hergestellt werden könnte.

Wegen der Schwierigkeiten, die sich aus der Zusammenarbeit über die Distanz hinweg ergaben, beschlossen Aspden und Strachan, separate Firmen zu gründen. In Schottland konzentriert sich die Strachan-Allen Limited auf Strachans optische Forschung, während die Thermodynamics Limited in England an der Wärmetechnologie arbeitet. Aspden erwarb Patentrechte am Strachan-Aspden-Gerät und fügte später weitere Patente hinzu. Doch die beiden Erfinder bleiben in Kontakt. Zum Beispiel hat Strachan mit der Zweigniederlassung einer englischen Forschungsfirma im optischen Bereich zu tun, die geschäftliche Verbindungen zu Aspden unterhält.

Während Aspden an einem anderen Gerät arbeitet, einem Magnetmotor zur Erzeugung von Elektrizität, steht das Strachan-Aspden-Gerät in der Abstellkammer. Die einsamen Forscher Aspden und Strachan waren in der Lage, es ins Vorführstadium zu bringen. Jetzt aber ist ein Fürsprecher in einer Firma gefragt, um es in ein kommerzielles Produkt zu verwandeln. Wie Aspden sagt, stoßen sie bei der Suche nach der benötigten Unterstützung auf ein Dilemma:

• Die Wissenschaftsgemeinde glaubt nicht, daß das Gerät funktionieren wird.

• Nichtwissenschaftler halten die High-Tech-Entwicklung für zu kompliziert, um sie zu verstehen.

Er fügt hinzu: „Der Neue-Energie-Traum von der Stromerzeugung aus Umweltwärme verspricht bereits in Erfüllung zu gehen, doch irgendwie haben wir nicht darauf geachtet, was die Natur uns zu sagen hat."

Im nächsten Kapitel werden wir erfahren, auf welche Weise Neue-Energie-Forscher sanftere Methoden finden, um eine herkömmliche Art von Stromerzeugung anders zu nutzen – die Wasserkraft.

11

Eine alte Technik mit neuem Dreh: umwelt-freundliche Wasserkraft

Die Öffentlichkeit erkennt nicht, daß Vorurteile [bei denen, die die Energieentscheidungen treffen] und Interessenkonflikte gangbare, umweltverträgliche Energiealternativen, die Arbeitsplätze schaffen, nicht zulassen.
— Pressemitteilung der Nova Energy Ltd.
(heute Blue Energy Canada Inc.)

Die meisten unserer wahren Erfinder stehen außer-halb des Systems.
— Martin Burger, Hauptgeschäftsführer von Nova

Jahrelang war Wasserkraft im allgemeinen ein Synonym für massive Stau-dämme und Zerstörung von Naturreservaten. Selbst die wenigen Wasser-kraftprojekte kleineren Maßstabs, die gebaut wurden, stellen für Fische, die versuchen, stromaufwärts zu schwimmen, unüberwindbare Hinder-nisse dar, während alle Staudämme, groß oder klein, die Wasserqualität stromabwärts mindern. Und es ist noch nicht einmal ein Standard-Stau-damm nötig, damit die Wasserkraft zerstörerisch wirken kann: Das Ge-zeitenkraft-Projekt an der Bay of Fundy an Kanadas Südostküste hat den Lebensraum zahlloser Meerestiere vernichtet.

Doch jetzt gibt es auf Wasser basierende Technologien, die mit der Na-tur arbeiten, nicht gegen sie. Viktor Schauberger, der Pionier der Wasser-technologie, den wir in Kapitel 3 kennengelernt haben, würde wahrscheinlich applaudieren. Eine dieser Technologien erzeugt ihre Energieeffekte, indem sie Wasser oder Luft in von Schauberger inspirierten Generatoren verwirbelt. William Baumgartner baut Prototypmaschinen, die zeigen, daß es eine Alternative zu den destruktiven Energieerzeugungstechniken von heute gibt, die entweder auf umweltschädlichem fossilen Brennstoff oder auf Staudämmen basieren, die die Flüsse zerstören.

Eine weitere revolutionäre Alternative läßt sich in Form von individuellen Modulen realisieren, die überall in einen Wasserstrom eingebracht werden können – von einem langsam fließenden Fluß bis hin zu einem Gezeitenbecken. Wenn man mehrere solcher Module zu ganzen Verbundsystemen zusammenschließt, können sie die Leistung von Megaprojekten erbringen – ohne deren Auswirkungen auf die Umwelt oder deren Kosten. Einer der Fürsprecher dieser Technologie beschreibt sie als „in Harmonie mit der menschlichen Existenz auf dem Planeten …, subtil im Vergleich zu der groben und rohen Technik, die wir heute haben." Wenn Schauberger heute noch lebte, würde er Martin Burgers Leidenschaft für die Davis-Hydro-Turbine verstehen – und Burgers Kämpfe gegen eine überholte Megaprojekt-Mentalität.

MARTIN BURGER: LICHT AUS DEM WASSER

Als ein Cree-Kind, das am Mackenzie River in den nordwestlichen Territorien Kanadas aufwuchs, lernte Burger von Schamanen – Medizinmännern – und anderen, welchen Stellenwert es hat, in Harmonie mit der Natur zu sein. Er wird die traumatischen Jahre 1963 und 1964 nie vergessen, als die Provinzregierung den ersten Staudamm am Peace River baute, der in den Mackenzie River mündet. Der Wasserstand des großen Flusses ging zurück. Doch nicht nur die Wassermenge hatte sich verringert, sondern auch eine Qualität, die sich nur mit feineren Sinnen wahrnehmen läßt.

„Die Ältesten waren verzweifelt. Sie sprachen darüber, wie ‚sich mit dem Fluß das Licht verändert hatte.' Dieser Fluß war das Herzstück der Gemeinschaft; er war die Hauptverkehrsader, die lebenspendende Kraft", erinnert sich Burger. „Heute bedeutet das ‚Licht' des Flusses einer materiellen Kultur wie der unsrigen nichts mehr. Doch für jene Kultur bedeutete es alles.

Es gibt eine Vitalitätsdimension eines Flusses, die wir nicht achten, wenn wir Staudämme bauen. … Als sie die Tatsache betrauerten, daß der Fluß ‚dunkel' geworden war, meinten sie damit, daß ein Teil ihrer Landschaft starb und ein jeder von ihnen eine Verwundung erlitten hatte. Wir in unserer westlichen Kultur werden das vielleicht erst in zwei-, dreihundert Jahren verstehen können."

Als sein Vater 1965 in eine Minenstadt umzog, stürzte sich der jugendliche Burger in die Welt der Maschinen und finanzierte seine Universitätsausbildung, indem er in einem Bergwerk arbeitete. Er wurde zum Bauingenieur ausgebildet und arbeitete bei Dow Chemical und anderen multinationalen Gesellschaften, ehe er zurück zur Minenarbeit in die Northwest-Territories ging.

Burgers eigentliche Suche nach einer Neue-Energie-Technologie begann 1988 und 1989, nachdem eine Veränderung im Wirtschaftsklima das Silberminen-Unternehmen gefährdete, das er betrieb. Er besaß Anteile von 3 Millionen Dollar an der auf einen Wert von 8 Millionen Dollar taxierten Arctic Circle Operation, als die kanadische Bundesregierung die Steuergesetze änderte. Dies führte dazu, daß andere Kapitalgeber vom Projekt absprangen. Burger war aufgeschmissen.

Welche Möglichkeiten gab es, die Kosten drastisch kürzen, um die Situation zu retten? Burger stand vor seinen Speichertanks für mehrere Hundert Tonnen Dieselöl. Sie erinnerten ihn an die Kosten, die ihm dadurch entstanden, daß er den Generatorentreibstoff für 4,25 Dollar pro Gallone zum entlegenen Great Bear Lake fliegen lassen mußte. Das waren mehr als vier Millionen Dollar pro Jahr, um die Beleuchtung zu gewährleisten und das Wasser heranzupumpen, das für den Betrieb der Gesteinsmühlen gebraucht wurde.

Mit dem Strom schwimmen

Etwas nahm Burgers Aufmerksamkeit gefangen – die Bewegung des Wassers, das in der Nähe des Pumpenhauses mit einer Geschwindigkeit von rund sieben Knoten dahinfloß. Irgendwie war ihm klar, daß dort die Antwort zu finden war: „Ich wußte, es mußte einen Weg geben, selbst wenn ich ein altes Schaufelrad bauen mußte. Wenn ich eine Welle bewegen könnte, könnte ich über ein Getriebe einen Generator betreiben."

Er hörte sich nach Ratschlägen um, und das National Research Council von Kanada (NRC) brachte ihn in Kontakt mit Barry Davis, einem Weltklasse-Ingenieur und Konstrukteur. Neben dem Entwurf von Flugzeugen für Canadair und Bomber-Flugzeugfirmen hatte Davis auch einen innovativen Schiffsentwurf für die DeHavilland Aircraft Corporation of Canada

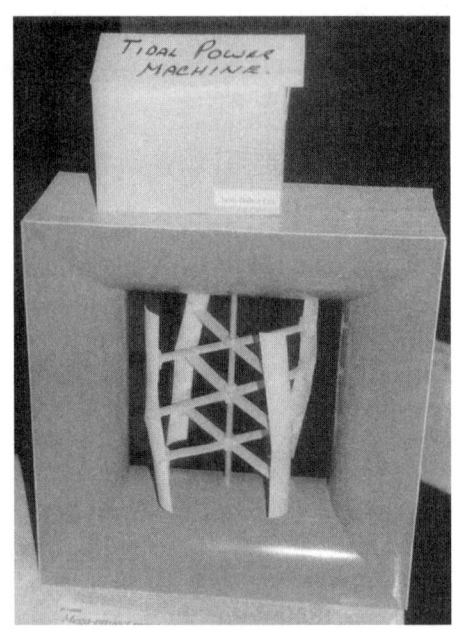

Die bei der kanadischen Nova Energy Ltd. gebaute Davis-Hydro-Turbine benutzt fließendes Wasser, um Energie zu erzeugen – doch anders als konventionelle Wasserkraftanlagen tut sie dies, ohne Probleme für die Umwelt aufzuwerfen.

gemacht. 1969 brachte er eine hauchdünne, V-förmige Tragfläche unter dem Rumpf eines 225-Tonnen-Zerstörers der kanadischen Marine an. Durch diesen geknickten Tragflügel erreichte das Schiff eine Geschwindigkeit von über fünfundsechzig Knoten und ragte dabei zwölf Fuß aus dem Wasser – keine geringe Steigerung gegenüber der normalen Geschwindigkeit eines Zerstörers von zwanzig Knoten.

Obwohl das Schiffsprojekt nicht in Produktion ging, führte die Vorführung zu Davis' Idee, den Flügel an einer Welle anzubringen, so daß er sich im Kreis drehte und ein Drehmoment auf die Welle ausübte. Das auf die Welle wirkende Drehmoment wurde über ein Getriebe auf einen Generator übertragen, der Elektrizität erzeugte – alles ohne Staudamm.

Das Geniale an dem simplen Entwurf ist, daß die Schaufeln sich schneller bewegen als das Wasser, das über sie fließt, egal in welcher Richtung – Wasser fließt über die Schaufeln, wie Luft über den Flügel eines Flugzeugs strömt und Auftrieb erzeugt. Ein weiterer wichtiger Aspekt der Turbine besteht darin, daß Fische sicher zwischen den sich langsam bewegenden, abgerundeten Schaufeln hindurchschwimmen können. Burger war beeindruckt.

Davis hatte Mitte der Siebziger die Firma Nova gegründet, um die Turbine zu bauen, denn er erkannte die Dringlichkeit einer sanfteren Form von Wasserkraft. Das NRC war dermaßen beeindruckt, daß es Davis' Firma das Geld gab, um zwischen 1978 und 1988 drei Prototypen zu bauen und zu testen. Dann strich die neu gewählte konservative Regierung das Budget des Councils. 1989 schloß Davis sich mit Burger zusammen, dessen Minenunternehmen schließlich zum Erliegen kam. Unter dem neuen Namen Nova Energy lebte die Firma wieder auf. (Inzwischen wurde die Firma in Blue Energy Canada Inc. umbenannt.)

Die Unternehmer treffen auf Widerstand

Der Aufwand für die Entwicklung der Davis-Hydro-Turbine nimmt sich bescheiden aus gegenüber den Schwierigkeiten, sie zu verkaufen, zumindest innerhalb von Kanada. Burger, der von Vancouver in Britisch Kolumbien aus als leitender Geschäftsführer von Nova arbeitete, mußte eine Reihe von Enttäuschungen hinnehmen, als er versuchte, das örtliche Energieversorgungsunternehmen B.C. Hydro dazu zu bringen, den umweltfreundlichen Turbinen eine ernsthafte Chance zu geben. Er versuchte ebenfalls, bei B.C. Hydro Interesse an der Schaffung neuer Arbeitsplätze zu wecken, die aufgrund des zu erwartenden Exportes von Gezeitenkraftmaschinen aus der Provinz entstehen würden. Die Firma wies seine Vorschläge ab.

Wenn die Davis-Turbine auch keine Verkäufe in Nordamerika erzielte, so wurde sie doch immerhin mit Lob bedacht. Das NRC sagt: „Die Davis-Hydro-Turbine ist sehr zufriedenstellend getestet worden, und es ist an der Zeit, [ihre] Entwicklung zu kommerzialisieren." Und obwohl die Verhandlungen mit dem Ingenieursstab der U.S.-Army fruchtlos blieben, räumt der Stab ein, die Turbine sei „technisch einwandfrei".

Ist diese Technik zu simpel? Fürchten hochbezahlte Ingenieure um ihre Arbeitsplätze, wenn es offenkundig wird, daß keine aufwendigen technischen Projekte mehr nötig sind? Burger sagt, die Techniker der regionalen Versorgungswerke würden dies niemals öffentlich zugeben. „Doch wir können eine Dokumentenspur nachweisen, an der sich deutlich zeigt, daß sie absichtlich irreführende technische Daten für die öffentliche Meinungsbildung geliefert haben." Sie, das ist in diesem Falle die Provinzregierung von Britisch Kolumbien, der inzwischen von ihren eigenen Experten angeraten wurde, diese Chance wahrzunehmen.

Wasserkraft ist seit eh und je eine technisch aufwendige Energiequelle, und sie hat allgemein weitreichende ökologische Störungen verursacht. Staustufen in Flüssen schaffen Seen, die Tausende von Quadratmetern bedecken und häufig zu unvorhersehbaren Problemen führen, wie zum Beispiel zu Erosion und zum Verlust von Flora und Fauna. Die menschliche Bevölkerung vor Ort ist ebenfalls betroffen. In tropischen Regionen können ernsthafte Gesundheitsprobleme auftreten. Manchmal wird die im Wasserkraftwerk produzierte Energie billig an große Industrieabnehmer abgegeben, ohne daß die Menschen, die in der Nähe des Dammes wohnen, irgendeinen Nutzen davon haben. In anderen Fällen wird die Energie so billig an die örtlichen Verbraucher verkauft, daß die Nachfrage das Angebot übersteigt, wodurch nur noch mehr Kraftwerke nötig werden.

Die Davis-Turbine könnte zerstörerische Megaprojekte wie Staudämme überflüssig machen. Sie birgt in sich das Versprechen, einen dreiköpfigen Haushalt mit einem brennstofflosen Generator zu versorgen, der klein genug ist, um auf die Ladefläche eines Kleinlasters zu passen. Burger zufolge könnten die umweltfreundlichen Turbinen schließlich auch Kernkraftwerke an der nordamerikanischen Ostküste ersetzen, wenn sie zusammengeschlossen werden, um ein Megawatt-Stromkraftwerk in der Strömung des Golfstroms zu schaffen. Burger erklärt, daß wir diese Art umweltfreundliche Energieerzeuger schon vor rund neunzig Jahren hätten haben können, als solch ein Gerät erstmals erfunden wurde. Anfang dieses Jahrhunderts sei jedoch die Entscheidung zugunsten der heute üblichen massiven Staudämme gefällt worden, durch die das Wasser aufgestaut und durch Turbinen hinabgeschickt wird.

Nova sagt, die Davis-Hydro-Turbinen könnten überall dort, wo sich das Wasser mit Geschwindigkeiten von zwei bis zwölf Knoten bewegt, ins Wasser gesetzt und zum Laufen gebracht werden. Die Davis-Turbinen sind nur von der Wassergeschwindigkeit, nicht aber vom Pegelstand abhängig – im Unterschied zu Projekten wie dem Bay-of-Fundy-Staudamm an der kanadischen Südostküste. Bei dieser technisch überholten Anlage wird das Wasser durch einen niedrigen Damm abwechselnd gestaut und wieder freigegeben, wodurch das natürliche Fließen von Schlick blockiert und Ökosysteme zerstört werden.

Trotz mangelnden Interesses seitens der großen Energiegesellschaften macht Nova weiter. Burger und Davis würden gerne kleine Einheiten für den Haus- und Geschäftsgebrauch verkaufen. Doch da Nova Geld braucht, um das letzte Stadium der Turbine vor der Serienreife zu finanzieren, ist die Firma gezwungen, sich zunächst nach großen Aufträgen umzusehen.

Wird Nova je in der Lage sein, einen Markt in Kanada aufzubauen? Kanada ist nicht nur ein Bollwerk für konventionelle Wasserkraft, das Land steckt außerdem Geld in die Energie aus fossilen Brennstoffen und aus Kernkraft, und die Erfinder anderer Energiequellen werden von einer Behörde zur nächsten geschickt. Zeitungskolumnist Stephen Hume schreibt: „Hier konzentrieren sich Forschung und Entwicklung auf die konventionelle Energieerzeugung, nicht auf die Zukunft aufstrebender Energietechniken."

Vielleicht wird das Unternehmen B.C. Hydro – der frustrierte Martin Burger bezeichnet es zuweilen als „Hydrosaurus Rex"– letztlich einsehen, daß es die Energierevolutionäre nicht besiegen, sondern mindestens ebenso gut mit ihnen kooperieren kann. Immerhin sind einige Neue-Energie-Visionäre bereit, ihr nicht patentiertes Wissen über das Internet zu verbreiten, um die Zeitströmung der Technik von zerstörerischen Megaprojekten wegzulenken. Zum Beispiel haben Burger und Davis beschlossen, im Internet eine maßstäblich verkleinerte Version der Davis-Turbine zu präsentieren, um dem Planeten zu helfen.

Was bringt diese Männer dazu, solch eine großzügige Entscheidung zu treffen? Burgers Ziel ist es, den Menschen, die ums Überleben kämpfen, saubere, günstige Energietechnologien verfügbar zu machen. Zum Beispiel haben die Dene – ein Indianerstamm in den Nordwest-Territorien – Kontakt mit ihm aufgenommen. Viele von ihnen sind Trapper, die in kleinen Dörfern an den Flüssen wohnen. Burger träumt davon zu erleben, wie die Dene die Davis-Hydro-Turbine bauen und den wirtschaftlichen Nutzen ernten.

Eine ideale Kombination:
umweltfreundliche Turbinen für arme Völker

Umweltfreundliche Turbinen eignen sich hervorragend für Entwicklungsländer, die kein Geld für Megaprojekte haben. Einige Länder wie Nepal und China haben sich bereits auf ein Programm für Wasserkraftwerke in kleinem Maßstab festgelegt. Diese über das Land verstreuten Anlagen machen das Leben der Landbevölkerung einfacher, indem es ihnen zermürbende Arbeiten abnimmt, wie Getreide zu dreschen und Wasser zu pumpen, und indem es Energie für die kleinen Unternehmen liefert, die sich häufig in der Nähe der Kraftwerke entwickeln. Dies wiederum hält die Leute davon ab, in die überbevölkerten Städte abzuwandern.

Burger sagt, die Davis-Turbine eigne sich bestens für Entwicklungsländer, weil sich mehrere Anlagen zu einem großen Kraftwerk zusammenschließen lassen, das die Energie für eine größere Region liefern kann. Allerdings brauchte ein Land all die Turbinen, die es gerne hätte, nicht auf einmal zu kaufen. Es könnte mit so vielen Turbinen anfangen, wie es sich leisten kann, und nach und nach neue hinzufügen. Wenn sich die Auftragslage für große Projekte bessert, möchte Burger kleinere Anlagen an Dörfer verschenken.

Das von Nova vorgestellte Finanzierungskonzept scheint ebenso effektiv zu sein wie die Generatoren selbst. Burger illustriert es mit einem Vergleich: Jemand arbeitet für einen Mindestlohn und steht vor der Entscheidung, ein Haus für 400 000 Dollar zu kaufen. Statt nun den gesamten Kaufpreis auf einmal hinzulegen und eine erdrückende Schuldenlast abzustottern, kann dieser Mensch einen Fuß in der Tür behalten, indem er das Haus Modul für Modul nacheinander kauft: zuerst den Briefkasten, dann die Eingangstreppe, dann den Eingangsflur und so weiter. Immer dann, wenn der Käufer etwas Geld angespart hat, kann er eine neue Komponente hinzukaufen.

Auf dieselbe Weise könnte ein Entwicklungsland sofort damit anfangen, elektrische Energie zu erzeugen, wobei es seine Produktionskapazitäten allmählich erweitert. Nova plant, modulare Anlagen zu verkaufen – einzelne Turbinen, die Energie erzeugen und von dem Zeitpunkt ihrer Installierung an Erträge bringen. Zusätzliche Anlagen können angeschafft werden, wenn mehr Geld zur Verfügung steht. Es ist denkbar, daß ein Land in etwa derselben Frist zu Megawatt-Kapazitäten kommt, die für den Bau eines konventionelles Megawattkraftwerks nötig wäre. Allerdings entfallen dadurch die hohen Zinsbelastungen, die aufgrund der Kredite für den Bau eines konventionellen Kraftwerks entstanden wären.

Die Philippinen werden vielleicht die von Nova vorgeschlagene Generatorstation an der Hinatuan-Passage zwischen zwei der südlichsten Inseln des Landes installieren. Nach dem vorgeschlagenen Finanzierungsplan würde das Land nur 150 Millionen Dollar in Firmenanleihen für ein einzelnes Gezeitenkraftmodul zu beliebiger Zeit riskieren – Kleingeld verglichen mit anderen Energieanlagen. „Sobald das erste Modul aufgestellt ist, beginnt das Wasser diese Rotoren zu drehen, was die Rückzahlung der Investition ermöglicht", sagt Burger. Der Output des ersten Moduls hilft, das zweite Modul bezahlen zu können, das wiederum zur Finanzierung des dritten beiträgt, und so weiter. Schließlich verfügt das Land über eine Generatorstation im Wert von einer Milliarde Dollar – ohne sich jedoch entsprechend hoch verschuldet zu haben. Nova kümmert sich auch um ein Generatorprojekt für die indische Regierung im Golf von Kambay nahe der pakistanischen Grenze.

WILLIAM BAUMGARTNER:
DER IMPLOSIONSGENERATOR KEHRT ZURÜCK

Während die Davis-Turbine eine sanftere Version der Energietechnologie des zwanzigsten Jahrhunderts darstellt, bedeutet der Implosionsgenerator einen Sprung in die Technologie des einundzwanzigsten Jahrhunderts. Viktor Schauberger begann Anfang dieses Jahrhunderts die Implosionstechnologie zu erforschen, indem er Generatoren schuf, die nach völlig andersartigen Prinzipien arbeiteten als herkömmliche Kraftwerke. William Baumgartner aus Albuquerque, New Mexico, führt das Schaubergersche Erbe fort.

Baumgartner wurde in Deutschland geboren und dort sowie in der Schweiz ausgebildet, wo er in den Alpen wanderte und Ski lief. Wie Schauberger brachte er Stunden an Gebirgsflüssen zu und lernte einiges aus der Beobachtung natürlicher Systeme. Die Schule langweilte ihn, besonders wenn die Lehrer von seinen Fragen ablenkten, indem sie Autoritäten der Vergangenheit zitierten. Er fuhr fort, die Dogmen in der Wissenschaft zu hinterfragen, wandte sich dann aber doch der höheren Bildung zu und machte am Technischen Institut in Zürich einen Abschluß als Maschinenbauingenieur.

1954 zog er nach Kanada. Er träumte davon, weit entfernt von aller Zivilisation in einer Trapperhütte in den Wäldern zu leben. Die Realität zwang ihn jedoch, in einer Sägemühle zu arbeiten und in seiner Freizeit Englisch zu lernen. Dann fand er Arbeit als Elektrotechniker bei Staudammprojekten.

Baumgartner stieß auf Bücher wie *Lebendes Wasser*, eine Biographie über Schauberger, und erkannte dadurch, was es bedeutet, einen Fluß in ungehinderten Spiralbewegungen natürlich fließen zu lassen. Wie Burger und Davis begab er sich schließlich auf die Suche nach funktionierenden Alternativen für konventionelle Wasserkraftwerke.

Von Meistern der Vergangenheit lernen

Die Ingenieursodyssee des Außenseiters Baumgartner begann, als ein Bekannter aus Vancouver ihn mit Nikola Teslas Patenten bekannt machte (siehe Kapitel 2). Zu dieser Zeit sagte jener Elektropionier nur wenigen Menschen etwas – die heutige Fülle von Tesla-Material in den Buchläden gab es noch nicht. Eine neue Anstellung als Aufseher einer Erdgaspumpstation gab Baumgartner die Zeit, einige von Teslas Experimenten nachzuvollziehen.

Baumgartner zog ins Landesinnere von British Columbia um, wo er von zu Hause aus eine automatische Pumpstation überwachte. Zu dieser Zeit hatte er das Werk des Erfinders John Searl aus England entdeckt, und er benutzte die Werkstatt, die sein Arbeitgeber bereitstellte, um zwei Searl-Energiegeräte zu bauen.

Sein Freund aus Vancouver, der ihn in Teslas Werk eingeführt hatte, wollte weitere von Teslas denkwürdigen Erfindungen nachbauen. Er und Baumgartner waren sich einig, daß für die Forschung Geld nötig sei. Deshalb beschlossen sie, daß Baumgartner Informationsschriften über Tesla-Technologie verfassen und per Postversand verkaufen sollte. Sie inserierten in der Zeitschrift *Popular Mechanics*, und zu ihrer Überraschung erhielten sie bis zu vierzig Briefe pro Tag, adressiert an das Tesla Forschungszentrum. Dies führte Baumgartner zu einer weiteren Entdeckung, als ihm jemand Informationen über Walter Russell (siehe Kapitel 3) zuschickte, mit dem Hinweis, daß Russell sich gelegentlich mit Tesla in New York getroffen habe. Baumgartner war beeindruckt von Russells Wissen über die unsichtbare Mechanik des Universums.

Je mehr Baumgartner über die Neue-Energie-Forscher der Vergangenheit lernte, desto mehr wollte er wissen. Seine Aktivitäten waren vielfältig – u.a. veröffentlichte er eine Zeitschrift, hielt Seminare ab und baute fast alle unorthodoxen Energiegeräte nach, die jemals erfunden worden waren. Doch immer wieder kam er auf Viktor Schauberger zurück. Als er las und arbeitete, begann er die Prinzipien hinter Schaubergers Erfindungen zu begreifen.

Schauberger war auf das Phänomen gestoßen, daß das Wasser in Flüssen durch die Erddrehung verwirbelt wird, bis sich um die Flußmitte eine schwache elektrische Ladung konzentriert. Elektrische Ladungen bauen sich auf, wenn leicht unterschiedliche Materialien miteinander in Kontakt kommen, und ein Fluß besteht aus Wasserschichten mit verschiedenen Qualitäten. Diese Schichten bilden miteinander nach innen gerichtete Spiralbewegungen aus, die als Wirbel bzw. Vortex bezeichnet werden. (siehe „Energiespiralen" auf Seite 44). Man kann sich diese Drehbewegung etwa so vorstellen, als würden relativ schwache Stränge miteinander verflochten, bis sie ein einigermaßen starkes Seil bilden; wenn diese Bewegung in einem Fluß auftritt, verdichtet sich die Energie. Schauberger stellte fest, daß das Wasser mehr Energie aufnahm, wenn die nach innen gerichtete Spiralkraft größer war als die entgegenwirkende auswärts gerichtete Kraft. Dieses Prinzip wandte er dann beim Bau seiner Unterdruckturbine an, in der speziell gewundene Röhren so um eine Mittelachse gewickelt waren, daß sich Wasser selbsttätig durch die Röhren saugte. Das Ganze funktionierte auch mit Luft.

„Ich hatte nur Bilder [von der Turbine] gesehen und konnte nur raten, was für eine Vorrichtung sich im Inneren befand", sagt Baumgartner. „Aufgrund dessen, was ich über Raumgeometrie wußte, konnte [ich] dann allmählich im Geiste formulieren, wie es aussehen mußte."

Das Einfangen von Tornadokraft

Ende der Siebziger begann Baumgartner etwas zu entwickeln, das er Wirbelröhren nannte – seine Version von Schaubergers Vorrichtung. Die Röhren aus Fiberglas und Kupfer sind wegen der erforderlichen seltsamen Form schwierig herzustellen – sie sind nicht nur spiralförmig gedreht, sondern zusätzlich nimmt auch noch ihr Innendurchmesser gleichmäßig ab. Aber es wird noch komplizierter: Der Querschnitt der Röhre ist nicht rund, sondern ähnelt statt dessen dem Umriß eines menschlichen Ohrs.

Sobald er seine gedrehten Röhren perfektioniert hatte, begann Baumgartner, sie im Inneren einer Turbine anzubringen. Die Theorie ist die, daß die Röhren eine dreidimensionale Spirale von enormer Kraft erzeugen – im Endeffekt einen Tornado. Wenn Luft oder Wasser sich durch die Röhren bewegen, saugt die einwärts spiralige Bewegung das jeweilige Medium mit enormer Geschwindigkeit an. Diese Kraft kann die Welle einer Maschine antreiben und somit nützliche Arbeit verrichten.

Die ersten Tests mit Baumgartners seltsam anmutender Wasserturbine zeigten Overunity-Effekte – es kam mehr Energie heraus als hineinging. Er glaubt, daß diese Energie aus dem Raum kommt, wie in Kapitel 4 beschrieben. Er glaubt auch, daß die heutige Technologie einer solchen Ener-

William Baumgartner aus New Mexico baut einen Implosionsgenerator nach den Prinzipien, die der Österreicher Viktor Schauberger Anfang des 20. Jahrhunderts entdeckte.

gie zuwiderläuft: „Mit unseren heutigen Maschinen vergeuden wir diese Kraft; sie kann sich nicht anhäufen oder gleichbleibend fließen."

Wie können wir diese Energie dazu veranlassen, für uns zu arbeiten – kontinuierlich zu fließen, statt sich zu zerstreuen und aufzulösen? Das Geheimnis scheint in der Wirbelbewegung zu liegen, in den dreidimensionalen Spiralen, die in Baumgartners Turbine eingefangen werden. Sowohl Schauberger als auch Russell hatten darauf hingewiesen, daß Wirbelbewegung in Naturvorgängen häufig zu beobachten ist – vom Strömen des Blutes bis hin zu den Fließbewegungen in den Flüssen. Baumgartner beschreibt den Wirbel als „Werkzeug der Natur, mit dem sie alles erschafft, was sie will." Er sagt, der einwärtsspiralige Wirbel fange den Äther ein, das Hintergrundmeer aus Energie, das wir in Kapitel 4 erörtert haben, und drehe ihn schneller und schneller, enger und enger, bis er einen Effekt erzeugt, den wir Menschen wahrnehmen können. Wenn wir diese Energie nutzen wollen, müssen wir diese Kraft zuerst kanalisieren, so daß sie nicht nur gleichmäßig aus dem Raum einströmt, sondern auch gleichmäßig ausströmen kann. Wir müssen eine Endlosschleife aus Energie erzeugen.

Er bezeichnet den Prozeß als Wirbelmechanik und sagt, er ermögliche den Bau einer „lebenden Maschine", einer Maschine, die die Lebenskraft des Raumes einfangen kann. Im Vergleich dazu sind gewöhnliche Maschinen tot, weil sich in ihnen keine Energie ansammelt. „Wir verfeuern Brennstoffe, sie dehnen sich aus, dann ist Schluß." Solche Maschinen wirken im Einklang mit den Gesetzen der Entropie, die besagen, daß Materie und Energie allmählich verfallen und zunehmend unorganisiert werden. Doch lebende Maschinen wie die von Baumgartner wirken im Einklang mit den Gesetzen der Negentropie, die besagen, daß Materie und Energie sich selbst organisieren können. Es ist wie mit einem Rad auf einem Abhang: Unterliegt es den Bedingungen der Entropie, kann das Rad nur den Berg hinabrollen, während es sich unter den Bedingungen der Negentropie bergauf bewegen könnte. Der richtige Einsatz des Wissens um die Negentropie bedeutet, daß die Menschheit über die Zerstörung von Materie und die Vergeudung von Energie hinauswachsen kann, hin zu einer Zukunft, in der Energie kontinuierlich fließen wird, ohne die Umwelt zu schädigen oder Verknappung auszulösen.

Die Zeit und das Geld, das Baumgartner in den letzten Jahren in seine Turbine gesteckt hat, haben sein Einkommen geschmälert, doch er macht weiter. Seine Arbeit erhält internationale Anerkennung – als Berater in Sachen Implosionstechnologie ist er einem Ruf nach Australien gefolgt. Auch in Europa wird diese Technologie untersucht.

Im nächsten Kapitel begegnen wir einem äußerst erfolgreichen Neue-Energie-Erfinder aus Österreich, der offenbar mit einer Antennenkonstruktion Raumenergie einfängt.

12

Mauerentfeuchtung ohne Strom
Wilhelm Mohorns Aquapol-Technologie

*Alle subatomaren Teilchen tauschen ständig Energie
mit dem Vakuum aus – Energie in Form von Photonen... Nullpunktenergie-Photonen tauchen nur in Gegenwart von Materie auf.*

*Elektronen ... nehmen aus dem Vakuum Energie auf,
wenn sie beschleunigt werden. Energie wird in Form
von kinetischer Energie hinzugefügt.*
— Wingate Lambertson, Erfinder

Einer der erfolgreichsten Erfinder auf dem Gebiet der Neue-Energie-
Technologien ist der österreichische Maschinenbauingenieur Wilhelm
Mohorn. Er hat ein Gerät konzipiert, das ohne Strom erfolgreich feuchte
Gemäuer trockenlegt – was unter anderem schon viele alte Kulturdenk-
mäler vor dem sicheren Untergang gerettet hat.

Für seine Erfindung wurde Mohorn mit zahlreichen Auszeichnungen
geehrt, u. a. 1995 mit dem österreichischem Staatspreis, der Kaplan-Medaille. Sogar ein TÜV-Gutachten liegt inzwischen für seine Geräte vor.
Sage und schreibe 19 000 seiner sogenannten Aquapol-Aggregate wurden
in Europa bereits erfolgreich installiert, z. B. im ungarischen Parlament in
Budapest und im bekannten Haydn-Museum im österreichischen Eisen-
stadt.

Und Mohorns Siegeszug hält weiter an, auch wenn er sich mit seiner
konkurrenzlosen Erfindung zahlreiche Feinde in der Baubranche schafft.
Wie so oft kann auch die Wissenschaft nicht genau erklären, wie und warum sein Gerät funktioniert. Sogar der Erfinder selbst erkannte erst nach
vielen Jahren, daß die Raumenergie dabei eine entscheidende Rolle zu
spielen scheint.

Wilhelm Mohorn 1995 bei Überreichung der Kaplan-Medaille durch den österreichischen Finanzminister Rudolf Edlinger.

Angeregt zu seiner Erfindung wurde Wilhelm Mohorn als Student, als er in einer Band Schlagzeug spielte. Seine Instrumente, die im feuchten Keller lagerten, setzten zunehmend Rost an, was den Hobbypercussionisten nicht nur ärgerte, sondern ihn auch anregte, über das Problem der Mauerfeuchte nachzudenken und eine Lösung dafür zu suchen. Konventionelle Geräte verschlangen im Dauerbetrieb Unmengen an Strom und waren zudem störanfällig. Dies forderte seinen Erfindergeist heraus, und er begann mit eigenen Konstruktionen zu experimentieren.

Wasserpolarisierung und „Magnetokinese"

Aus der Physik war Mohorn bekannt, daß Wassermoleküle sich durch bestimmte Energiefelder lenken bzw. orientieren lassen. Dieses Prinzip wollte der junge Erfinder sich zunutze machen. Außerdem vermutete er aufgrund bestimmter Experimente schon seit längerem, daß möglicherweise ein dynamisches Erdkraftfeld existierte. Wenn es dieses tatsächlich gab, so überlegte er, ließe es sich dann nicht als physikalisches Energiefeld für seine Zwecke nutzen? In der Praxis wollte er diese Hypothese überprüfen.

Er begann, zylinderförmige Luftspulen ohne Eisenkern zu entwickeln, die seinen Vorstellungen nach das postulierte dynamische Erdkraftfeld empfangen müßten. Da die Spulen allein noch keine Wirkung zeigten, kam er auf die Idee, deren Enden als Antennen auszubilden. Nachdem er die Spulen in eine bestimmte Anordnung gebracht hatte, installierte er sie im Keller. Bald verschwand dort der feuchte Modergeruch, und anhand von Meßgeräten zur Überwachung der Luft- und Mauerfeuchtigkeit, die er sich zugelegt hatte, konnte er tatsächlich eine entfeuchtende Wirkung der Konstruktion feststellen. Wieso, das wußte er zu diesem Zeitpunkt selbst noch nicht genau.

Bald dehnte der junge Erfinder sein Versuchsfeld auf Familie und Freunde aus. Wo auch immer diese über Mauerfeuchte klagten, baute er seine Konstruktion auf, die er einem geflochtenen Gehäuse unterbrachte, das an einen Bienenkorb erinnert. Und auch hier kam es zu überraschenden Erfolgen: Feuchte Kellergewölbe trockneten nach einigen Monaten merkbar aus; in einem Fall trocknete sogar der ursprünglich extrem nasse Boden aus.

Der Erfinder war zufrieden. Im großen und ganzen hatte er ein funktionierendes Gerät entwickelt, das tatsächlich ohne Strom feuchte Mauern austrocknet. Nach zwei Jahren erfolgreicher Versuchszeit meldete Mohorn das erste Patent auf sein Gerät an, das er Aquapol nannte. Der Name setzt sich aus dem lateinischen Wort *aqua*, Wasser, und der Silbe *pol*, die Abkürzung für Polarisation, zusammen und beschreibt in Kurzform das Geräteprinzip. Das von ihm entdeckte und formulierte physikalische Wirkprinzip nannte er Magnetokinese, da ein magnetähnliches Feld eine Bewegung (=Kinese) von Feuchtigkeit hervorruft (siehe Graphik).

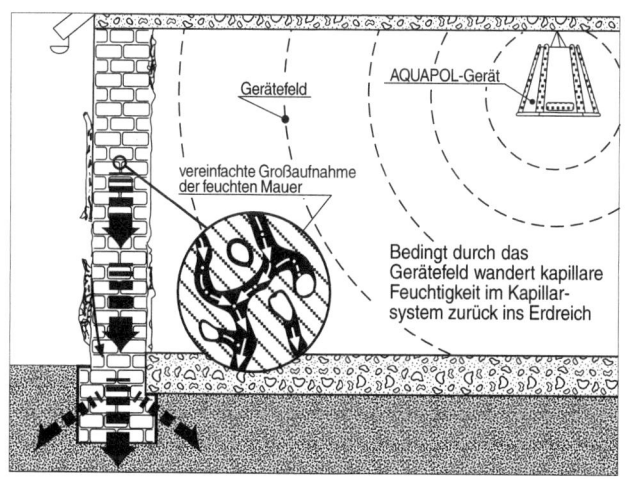

Gerätefeld

AQUAPOL-Gerät

vereinfachte Großaufnahme der feuchten Mauer

Bedingt durch das Gerätefeld wandert kapillare Feuchtigkeit im Kapillarsystem zurück ins Erdreich

Darstellung des physikalischen Prinzips der Magnetokinese

Erfolge und Rückschläge

Nach Erteilung des Patents gründete Wilhelm Mohorn 1985 die Firma Aquapol. Seine Erfindung verbesserte er ständig und meldete weitere drei Patente an. Und er konnte zunehmend mehr zufriedene Kunden von der Effizienz der Aquapol-Technologie überzeugen, zumal sie damit nicht nur viel Geld bei den Trockenlegungskosten, sondern auch bei den Sanierungskosten sparten. Denn Mohorns Technologie macht invasive Eingriffe ins Mauerwerk gänzlich überflüssig. Der vielseitige Forscher hat komplexe, baupraktische Meßverfahren entwickelt, um Gebäude vor Installation seiner Geräte auf ihre Feuchteursachen hin zu untersuchen, ohne dabei das Mauerwerk oder den Putz beschädigen zu müssen. Der Bauindustrie ist Mohorns Aquapolsystem deshalb ein Dorn im Auge, da die Einnahmen zum Beispiel für die bei feuchten Altbauten sonst übliche wiederholte Putzsanierung fehlen.

Wilhelm Mohorn Unternehmen florierte. Doch nach den anfänglichen Erfolgen gab es auch schwere Rückschläge. Einige Kunden reklamierten, daß das installierte Gerät bei ihnen nicht funktioniere. Vor Ort überzeugte Mohorn sich davon, daß seine Technik hier häufig versagte, und so mußte er die Geräte zurücknehmen und den Kunden ihr Geld zurückerstatten. Diese Fälle brachten den Ingenieur fast zum Verzweifeln. Bis er deren Ursache erkannte: In der Nähe von Rundfunk-, Fernseh- und anderen Sendern wurden seine antennenartigen Aggregate gestört, so daß sie nicht wie vorgesehen funktionieren konnten. Durch elektromagnetische Entstörvorrichtungen für seine Geräte, die er in nur wenigen Monaten entwickelte, erhöhte sich endlich die Erfolgsquote bei den trockenzulegenden Objekten.

Und dennoch gab es gelegentlich weitere ungelöste Fälle, in denen das Aquapol-Gerät nicht zu funktionieren schien. Zunächst fand Mohorn dafür keine Erklärung. Wichtige Anregungen erhielt der Erfinder dann 1991 durch einen im Rahmen eines Kongresses in Ungarn gehaltenen Vortrag von Dr. Shiuji Inomata, den wir in Kapitel 7 kennengelernt haben. Mohorns Gefühl sagte ihm, daß die Lösung der technischen Probleme im Bereich der Raumenergie zu finden sei. Der Erfinder zog sich zwei Jahre weitgehend aus seinem Unternehmen zurück, um die Raumenergie und einen möglichen Zusammenhang mit seinem Aquapol-Gerät gründlich zu erforschen.

Und allmählich begriff er u.a., warum seine Aggregate an bestimmten Standorten nur die halbe Zeit über arbeiteten. Das dynamische Erdkraftfeld wechselte nämlich an manchen Plätzen ständig die Polarisation. Es war für Mohorn nun offensichtlich, daß er den Aufbau seines Gerätes komplett verändern mußte, damit es sich an die wechselnde Polarisation des Erdkraftfeld anpassen konnte. Er entwickelte eine völlig neue, nahezu universal wirkende Empfangsantenne, die die Erfordernisse erfüllte. Auch deren Anordnung innerhalb der Konstruktion wurde optimiert. Zusätzlich fand er nach langen Versuchen eine technische Lösung, die das Aquapol-Gerät richtungsunabhängig machte. War es doch in der Praxis häufig vorgekommen, daß die installierten Geräte z.B. durch Reinigen verdreht wurden und dann nicht mehr wirkten. Nun stellte all dies kein Problem mehr dar.

Aufbau des Aquapol-Gerätes

Doch woraus besteht nun Mohorns Erfindung? Die Aquapol-Geräte der neuen Generation setzen sich nach Angaben des Erfinders im wesentlichen aus einer Empfangseinheit (1), einer Polarisationseinheit (2) und einer Sendeeinheit (3) zusammen (siehe Graphik 1). Die Empfangseinheit, bestehend aus zwei verschiedenen flachen Spiralantennen, empfängt, wie Mohorn glaubt, das dynamische Erdkraftfeld; es wird trichterförmig angesaugt, wie in Graphik 2a dargestellt.

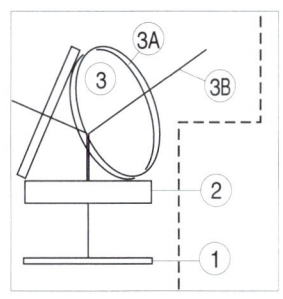

Graphik 1
Der vereinfachte Aufbau
des Aquapol-Gerätes

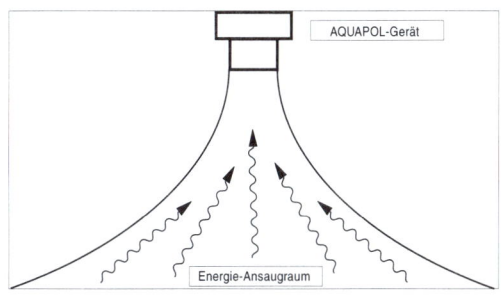

Graphik 2a
Das Erdkraftfeld wird trichterförmig
vom Aquapol-Gerät angesaugt.

Die Polarisationseinheit besteht aus einer Zylinderluftspule, die die empfangene Energie ständig rechtsdrehend polarisiert. Dieses polarisierte Erdkraftfeld wird an die Sendeeinheit weitergegeben. Die Sendeeinheit be-

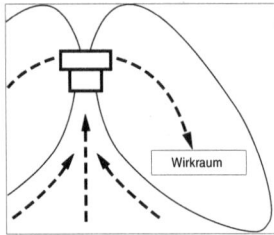

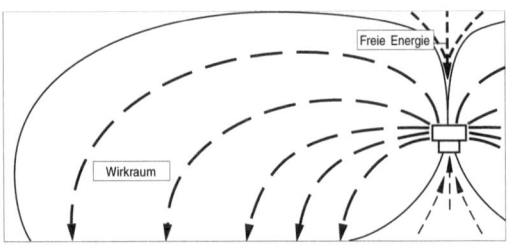

Graphik 2b
Der kleine Wirkraum des
Aquapol-Gerätes ohne
Raumenergie

Graphik 2c
Der sehr große Wirkraum des Aquapol-Gerätes wird durch von oben einfließende Raumenergie verstärkt

steht aus drei tetraederförmig angeordneten Umlenkspulen (3A), die ebenfalls Zylinderluftspulen sind, sowie aus besonderen Antennen (3B). Diese
Sendeeinheit gibt das polarisierte Erdkraftfeld in den Raum ab, wie in
Graphik 2b dargestellt, und bringt die Wassermoleküle in feuchten Mauern dazu, nach unten zu wandern.

Bis 1991 dachte Mohorn, daß allein das von ihm postulierte Erdkraftfeld
seine Aggregate arbeiten lasse. Da jedoch der vom Aquapol-Gerät aufge-
baute Wirkraum in der Praxis viel größer ist als der kegelförmige Energie-
ansaugraum, fragte sich Mohorn, woher seine Maschine Verstärkung be-
komme. Seit Shuiji Inomatas Vortrag nimmt er an, daß Raumenergie von
oben in das Aggregat einfließt, um es zu verstärken, wie in Graphik 2c
dargestellt. 1995 wurde dies in Graz bei Versuchsreihen auch meßtech-
nisch nachgewiesen.

Somit hat Mohorn ein völlig neues Generatorprinzip entdeckt, bei dem
Raumenergie direkt in eine andere Energieform umgewandelt wird. Dem
Erfinder zufolge hat die genutzte Energieform Wellencharakter, ähnlich
den bekannten elektromagnetischen Wellen. Allerdings unterscheidet sie
sich seiner Meinung nach in Zusammensetzung und Aufbau der Wellenstruktur. Der neu entdeckte Wellentyp besteht, wie er glaubt, aus einer
magnetischen Welle und einer gravitatorischen Welle (von Gravitation,
Schwerkraft), die um die magnetische Welle zirkuliert (siehe Graphik 3)
Bei zirkular polarisierten elektromagnetischen Wellen, wie sie zum Beispiel auch von Satelliten ausgestrahlt werden, drehen sich hingegen beide
Wellenkomponenten um die Ausbreitungsachse (Graphik 4).

Mohorn bezeichnet diese neu entdeckte Energieform als „Gravomagnetismus", die dem Elektromagnetismus sehr ähnlich sei.

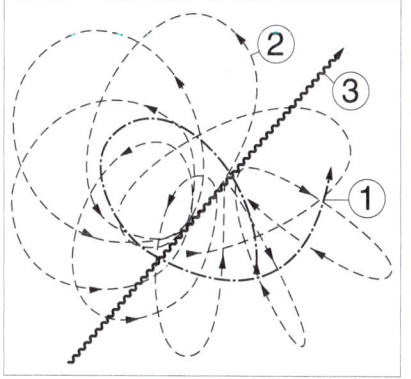

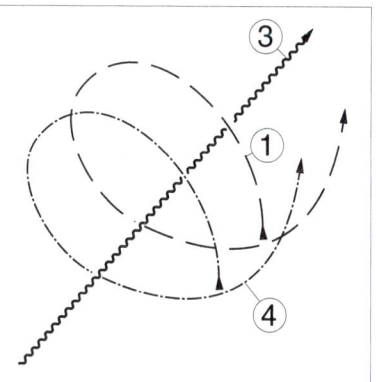

Graphik 3

Strukturaufbau einer gravomagnetischen Welle, linkspolarisiert;

1). magnetische Wellenkomponente
2). gravitatorische Wellenkomponente
3). Trägerwelle; sie besteht aus an die Wellenstruktur fest gebundene, ehemals Freie Energie.

Graphik 4

Strukturaufbau einer elektromagnetischen Welle, linkspolarisiert;

1). magnetische Wellenkomponente
3). Trägerwelle; wie in Graphik 3
4). elektrische Wellenkomponente

Raumenergie und „Gravomagnetismus"

Doch was versteht der österreichische Ingenieur unter „Gravomagnetismus"? Lassen wir ihn dazu selbst zu Wort kommen:

„Wie der Begriff schon andeutet, handelt es sich dabei um eine Kombination von Schwerkraft (Gravitation) und Magnetismus. Die Schwerkraft ist meiner Ansicht nach in Wirklichkeit ein Produkt der Raumenergie, die die Erde durchdringt. Aus der Differenz der in unseren Planeten eindringenden und der wieder austretenden Freien Energie entsteht eine zur Erde gerichtete Kraft, die, wie ich glaube, eher eine drückende als eine ziehende Kraft ist.

Der Erdmagnetismus entsteht nach meinen Erkenntnissen durch die Rotationsbewegung unseres Planeten und nicht durch ferromagnetische Stoffe in der Erde. Der Schweizer Physiker Christian Monstein konnte dies experimentell und rechnerisch nachweisen. Ich gehe sogar noch einen Schritt weiter und behaupte, daß die Erde sich deshalb dreht, weil an den Polen vermehrt Raumenergie trichterförmig einfließt. Wenn also einfließende Raumenergie die Rotation der Erde hervorruft und diese Rotation

197

ihrerseits den Erdmagnetismus, so folgt daraus, daß auch der Erdmagnetismus ein Produkt der Raumenergie ist."

Mohorn ist überzeugt, daß letztlich alle uns bekannten Energieformen eine Manifestation der Raumenergie darstellen: „Wenn sie mit Materie in Wechselwirkung tritt, das heißt Materie durchdringt, wandelt sie sich zum Teil in verschiedene Energieformen um – in Gravitation, Magnetismus, Gravomagnetismus etc. Beim Durchdringen der Erdschichten prägt jedes Material ihr seine materiespezifische Frequenz auf. Dadurch entsteht das gravomagnetische Erdfeld mit diesen verschiedenen Frequenzen. An der Erdoberfläche tritt es in abgeschwächter Form aus. Und genau dieses schwache Erdfeld ist es, das von unten in mein Aquapol-Gerät eindringt und von einfließender Raumenergie von oben verstärkt wird."

Zukunftsvisionen des Erfinders

Mohorns Entfeuchtungs-Aggregate senden ausschließlich rechtsdrehende Kraftfelder aus. Wie der Erfinder glaubt, sind diese auch biologisch wirksam: „Zukünftig wird man diese biologisch wirksamen Felder auch für therapeutische Zwecke heranziehen", ist er überzeugt.

Bei Experimenten gelang es dem österreichischen Ingenieur außerdem, linksdrehende Kraftfelder auszusenden. Wie er feststellte, wird dabei Feuchtigkeit nach oben transportiert. Dieser Effekt ließe sich vielleicht in der Landwirtschaft zur Bodenbefeuchtung bei Trockenheit nutzen. „Eines meiner Ziele ist es auch, die Wüsten mit dieser Technologie wieder fruchtbar zu machen", sagt Mohorn.

Mohorns Theorien über Gravomagnetismus, mit denen er die Funktionsweise seiner Erfindung erklärt, klingen abenteuerlich und stehen im Gegensatz zu sämtlichen Aussagen der Schulwissenschaft über Erdmagnetismus und Gravitation. Doch an der Tatsache, daß das Aquapol-Gerät funktioniert, läßt sich nicht rütteln. Über 500 denkmalgeschützte Bauten in Europa wie Kirchen und Schlösser etc. konnten durch diese revolutionäre neue Energietechnologie vor der zerstörenden Wirkung der Mauerfeuchte gerettet werden. Die Anwender zahlen dafür nur einen Bruchteil der Kosten, die sie für konventionelle Austrockungsverfahren ausgeben würden – ganz abgesehen von den Nachteilen, die herkömmliche Methoden auf die alte Bausubstanz ausüben.

Bislang dienen Mohorns Aggregate in erster Linie der sanften, umweltfreundlichen Gebäudeaustrocknung ohne Strom. Sie liefern somit einen

Je nach Umgebung wird das
Aquapol-Gerät in verschiedenen
Gehäusen untergebracht

bedeutenden Beitrag zur Energieeinsparung und Bausubstanzerhaltung.
Berechnungen zufolge sparen seine heute 19 000 installierten Aquapol-
Aggregate pro Jahr mindestens 20 Gigawattstunden Strom ein. Das entspricht dem jährlichen Heizenergiebedarf von etwa 2 000 Haushalten mit
100 Quadratmetern Wohnfläche!

Langfristig hat sich der Österreicher ein weiteres ehrgeiziges Ziel gesteckt: Strom und Heizenergie nicht nur einzusparen, sondern auch zu
erzeugen.

Vorerst jedoch freut er sich, daß sein Schlößl in Reichenau an der Rax,
das sehr durchfeuchtet war, dank seiner Erfindung wieder „trockene Füße"
bekam.

Im nächsten Kapitel lernen wir weitere Energie-Erfinder kennen, die
versucht haben, die Energierevolution in die Wirklichkeit umzusetzen.

13

Die Welt
der Energiemöglichkeiten

*Viele bedeutende Entdeckungen stammen von Expe-
rimentatoren, die nicht als Wissenschaftler eingestuft
werden.*

— Harold Fox, Physiker

*Das Hauptziel wurde erreicht, nämlich zu beweisen,
daß es möglich ist, Freie Energie zu nutzen.*

— *Testa Distatica*, ein Film über die
Gemeinschaft Methernitha

Die Geheimnisse des Wassers, die Harmonie mit der Natur, Implosions-
techniken – wir wurden erstmals mit diesen Dingen vertraut gemacht, als
wir Viktor Schauberger in Kapitel 3 begegneten. In Kapitel 11 konnten
wir dann sehen, wie diese Themen weitergeführt werden. Diese Inhalte
tauchen auch bei anderen Neue-Energie-Technologien wieder auf, so bei
den Erfindungen jener Energiepioniere, die ich in diesem Kapitel vorstellen möchte. Hier zeigt sich, auf wie vielen unterschiedlichen Ansätzen
und Grunderfahrungen die heutigen Neuerer aufbauen. Und doch haben
sie etwas gemeinsam: Sie bieten eine Alternative zu traditionellen, auf
Explosion basierenden Energieanlagen.

Einige dieser Erfinder, wie der österreichische Naturfreund Johann
Grander und die Mitglieder der Schweizer Gemeinschaft Methernitha,
haben ihre Energietechnologien geheimgehalten, um keine Scharen von
neugierigen Besuchern anzulocken. Der amerikanische Geschäftsmann
James Griggs hingegen fordert Testingenieure geradezu dazu auf, seine
Produktionsanlage in Georgia zu besichtigen. Er möchte, daß die Wissenschaft herausfindet, warum seine Anlage so funktioniert, wie sie es tut.

JOHANN GRANDERS LEBENDES WASSER

Ist Johann Grander ein neuer Viktor Schauberger? Es gibt Ähnlichkeiten zwischen den beiden bescheidenen Österreichern. Die Energieumwandlungsgeräte beider Männer sind darauf ausgerichtet, im Einklang mit der Natur zu arbeiten. Schauberger mußte seine Patentrechte abtreten, ehe ihm erlaubt wurde, von Texas aus nach Österreich zurückzukehren. Grander wurde auf seine frühe Energieerfindung gar nicht erst ein Patent erteilt.

Johann Grander wurde am 24. April 1930 in Jochberg in Österreich geboren. Nur 14 Jahre später mußte er bereits selbst für seinen Lebensunterhalt sorgen. 1962 mietete er eine Tankstelle in Jochberg. Doch irgendwie war Grander immer anders als die anderen. Einer von Granders engen Mitarbeitern, der österreichische Geschäftsmann Georg Huber, sagt: „Auch wenn er ein einfacher, schwer arbeitender Mann zu sein schien, war er immer ein *beeindruckender* Mensch." (Hervorhebung im Original)

In den Sechzigern begann Grander, mehr Zeit hoch oben in den Bergen zu verbringen und Zwiesprache mit der Natur zu halten. Er fing an, über die Umweltverschmutzung nachzudenken, die von Benzindämpfen ausgeht – was konnte man gegen diese Gesundheitsgefährdung tun?

1974 hatte er mehr Zeit, diese Ideen zu erforschen, als er seinen Unterhalt damit bestritt, Holzhütten in den Alpen zu bauen, wo die saubere Umgebung sein Denken inspirierte. 1989 kaufte er das Bergwerk *Kupferplatte*, die einzige privat betriebene Kupfer- und Silbermine in Österreich, was sich als unglaublicher Glücksstreffer erwies. Obwohl der Betrieb bereits 1926 stillgelegt worden war, verwandelten er und seine Mitarbeiter die Mine in eine Touristenattraktion. Das war für ihn nicht nur eine Einkommensquelle, sondern auch ein ruhiger Zufluchtsort, und er fing an, Mineralerze und kosmische Strahlung zu studieren.

Schon Jahre zuvor hatte Grander begonnen, mit selbstgebauten Geräten zu experimentieren, als seine Frau unter Rückenproblemen zu leiden begann, die die Ärzte nicht heilen konnten – sie konnte nicht einmal mehr in ihrem Garten arbeiten. Als er erkannte, daß er sich auf seine eigenen Stärken verlassen mußte, erinnerte er sich, daß sein Vater ihm erzählt hatte, Magnetismus helfe, Krankheiten zu heilen. So baute Grander einen Magnetmassageroller, der sowohl ihm als auch seiner Frau half, Entzündungen zu heilen. Obwohl das Gerät verschwand – sie liehen es jemandem und sahen es nie wieder –, fühlte sich Granders Frau fit genug, um wieder im Garten zu arbeiten und Beeren in den Bergen zu pflücken. Grander erforschte die Magnetkräfte weiter.

Mit der Natur arbeiten

Wie Schauberger stellte auch Grander fest, daß Wasser ein Schlüssel ist, mit dem sich die Tür zu den Geheimnissen der Natur öffnen läßt. Grander nannte seine Entdeckung „lebendes Wasser".

Sein Wasser stammt aus einer Quelle tief im Bergwerk und wird in seinem Wasserbelebungsgerät durch Magnetschwingungen weiter energetisiert. Was ist daran so besonders? Der österreichische Journalist Hans Kronberger sagt, der Wasserexperte Dr. Horst Felsch habe Granders belebtes Wasser getestet. Die Tiefe der Wasserquelle wurde untersucht, um zu prüfen, ob das Wasser Tritium enthält. Wenn im Wasser kein Tritium gefunden wird – ein radioaktives Isotop, das sich seit den ersten Atombombenexplosionen über die Atmosphäre ausbreitete –, so bedeutet dies, daß das Wasser seit 1945 unter der Erde geschützt war. „Jedes Wasser weltweit, das [seit 1945] an die Oberfläche gekommen ist, ist mit Tritium kontaminiert", sagt Felsch. In Granders Wasser wurde kein Tritium gefunden.

Ein anderer Standardtest umfaßt das Ansetzen von Bakterien in einem Wasserfilter. Normalerweise wachsen die Bakterien in einem ungeordneten Muster. Doch bei der Verwendung von Granders Wasser verteilten sich die Bakterien symmetrisch. Felsch sagt: „Während meiner dreißig Jahre Berufserfahrung habe ich so etwas noch nie gesehen." Felsch zeigte den Filter einem Elektroingenieur, der sagte, das Muster sei dasselbe wie jenes, das man findet, wenn Eisenspäne im Wasser verteilt und ein Magnet nahe an sie herangebracht wird – sie gruppieren sich entlang von Kraftlinien, die zu einem Nord- und einem Südpol führen. „Dies war das erste wissenschaftliche Anzeichen für einen erhöhten Energiegehalt in Granders Wasser", sagt Felsch.

In der Zwischenzeit führten Artikel, die Kronberger über Grander für die *Sonnenzeitung* in Wien schrieb, zu einer Flut von positiven Äußerungen von Einzelpersonen, Institutionen und Unternehmen, die angaben, Granders Wasserbelebungsgerät an der Wasserleitung zu benutzen. Es gab verschiedene Behauptungen: Einige Leute sagten, Krankheiten seien verschwunden, eine Molkerei berichtete von gesteigerter Milchproduktion, und Unternehmen fanden in ihren Leitungen weniger Ablagerungen. Die Laboruntersuchung zeigt, daß Granders Wasser zwar nicht chemisch, aber

Johann Grander aus Österreich (rechts) ist der Schöpfer der Technologie vom „lebenden Wasser". Hier ist er mit dem Sachverständigen und technischen Notar Dr. Horst Felsch (links) und Tat Chee Tam, dem Vertriebsleiter für die VR China und Fernost, abgebildet.

in seiner Molekularstruktur in einer Weise verändert ist, daß schädliche Substanzen leichter ausgeleitet werden können.

Parallel zur Wasserbelebungstechnik entwickelte Grander seinen Magnetmotor, an dem er mehrere Jahrzehnte arbeitete. Der Motor benötigt weder eine Batterie noch einen elektrischen Anschluß. Die Magnete darin sind mit speziellen Metall-Legierungen überzogen und so angeordnet, daß sie sich ständig gegenseitig zu immer höheren Schwingungsfrequenzen anregen. Grander sagt: „Auf diese Weise wird der natürliche Magnetismus der Magneten so sehr verstärkt, daß … Energie zu fließen beginnt." Er erklärt, dies sei kosmische Energie – „natürliche Vitalkräfte, von denen man die stärksten berühren kann, ohne einen Schlag zu bekommen."

Johann Grander, der behauptet, seine Maschine erzeuge eine neue Form von Elektrizität, ist das Lieblingsthema vieler Energieforscher in Europa. Ein europäischer Kollege, der Grander besuchte, berichtet, daß der Erfinder an den Ausgang seines Generators einen Fön anschloß, der normal funktionierte. Dann warf Grander den Fön in ein Wasserbecken, und er lief immer noch und blies einen Sprühregen aus Wasser nach oben.

Wie hat dieser Mann ohne Schulbildung seine revolutionären Erfindungen entdeckt? Grander wird zitiert mit den Worten: „Die Schule ist wie ein Rasenmäher, da sie alles gleich macht." Er glaubt, wenn er die Schule nicht früh hätte verlassen müssen, um beim Unterhalt seiner sieben Geschwister zu helfen, hätte sein Denken sich dem der Wissenschaftsgemeinde angepaßt, und er wäre kein Erfinder geworden.

Grander spricht nicht viel über seine Entwicklung zum Erfinder, sagt Huber: „Doch wir wissen, daß er Visionen hat. Wir wissen, daß er, als er an seinem Motor arbeitete und nichts funktionierte, hinaufging und sich auf den Balkon in die Sonne setzte, und dann, nach zehn Minuten, hörte er eine [innere] Stimme ..., die ihm sagte, er solle hinuntergehen und es auf andere Weise versuchen." Huber vergleicht es mit der Geschichte von Johannes Brahms. Als dieser gefragt wurde, wie er seine berühmten Kompositionen schreibe, sagte Brahms, wenn er im Einklang mit der Natur sei, komme die Musik – nicht Schritt für Schritt, sondern in einem Stück.

Grander stößt auf Schwierigkeiten

Granders Freude, etwas gefunden zu haben, das der Menschheit hilft, verblaßte bald. Nachdem er viel Geld darauf verwendet hatte, ein Patent zu beantragen, „wurde [ich] brutal aus meinem Traum gerissen", durch eine offizielle Benachrichtigung, die er als Antwort erhielt.

„'Auf Erfindungen, die bestehenden Produkten schaden, wird kein Patent erteilt', lautete der vernichtende Bescheid des Patentamtes", erinnert sich Grander. „Mein Ersuchen um ein Patent wurde mit [der Aussage der Vertreter] abgelehnt, [daß] 'diese Entscheidung allein zum Schutz der Wirtschaft getroffen wird.'"

Dieses Hindernis hielt ihn nicht auf. Grander hatte eine Familie, die ihn unterstützte. Außerdem hatte er das Gefühl, von Gott geführt zu werden. Wie Huber sagt, fand Grander heraus, daß „es andere Machtstrukturen auf dieser Erde gibt. Doch dies änderte seinen Optimismus nicht; er war sich sehr sicher, daß alles Gottes Willen entspreche." Jahrelang hat Grander die kostspielige Erforschung dessen fortgesetzt, was er „Natur- und Vitalkräfte, gesunde und unerschöpfliche Quellen [nennt], aus denen heraus unser Leben für immer vorwärtsdrängt."

Grander zog sich in der Nähe von Jochberg zurück, als ein beständiger Strom von Besuchern die Privatsphäre seiner Familie zu stören begann. Huber legt Wert auf die Feststellung, daß Grander seinen Motor demontiert hat, so daß es für Besucher nichts mehr zu sehen gibt. Er reist nicht viel; seine Mitarbeiter berichten, er weigere sich, in ein Düsenflugzeug einzusteigen, wegen der Schäden, die die Abgase in der oberen Atmosphäre anrichten.

Grander kümmert sich auch trotz der Angebote, die man ihm gemacht hat, nicht um Geld. Huber sagt, Grander habe ein Angebot über mehrere Millionen Mark vom Multi Siemens zurückgewiesen. Auch an den lukrativen Angeboten aus anderen Ländern hatte er kein Interesse, da er fürchtete, seine revolutionäre Erfindung werde entweder in die falschen Hände geraten – wie er sagt, hat man es zugelassen, daß sich das Militär der wirkungsvollsten Technologien des zwanzigsten Jahrhunderts bemächtigte – oder in einen Aktenschrank gesteckt und unterdrückt. Wie ein anderer Mitarbeiter von Grander erklärt, wolle der Erfinder erst dann Informationen preisgeben, wenn seine innere Führung ihm sage, daß die richtige Zeit gekommen sei, so daß davon alle Menschen auf der Welt profitieren.

Trotz seiner Befürchtungen trägt Grander dazu bei, zumindest in einem Land den Einsatz fossiler Brennstoffe zu verringern. Granders Teilhaber Tat Chee Tam, der von Hong Kong aus arbeitete, konnte 1993 Beamte der Eisenbahngesellschaft der Volksrepublik China dafür gewinnen, eine von Granders Erfindungen, den Eco-Kat, zu testen, die konzentrierte Magnetenergie nutzt. Die chinesische Eisenbahngesellschaft, die eines der größten Bahnstreckennetze der Welt unterhält, verbraucht jährlich mehr als zwei Millionen Tonnen Treibstoff – 40 Prozent des gesamten in China verbrauchten Dieselöls. Um sowohl die Treibstoffrechnung als auch den schwarzen Dieselqualm zu reduzieren, hat die Eisenbahngesellschaft zehn Jahre lang Magnetgeräte und andere brennstoffsparende Maßnahmen getestet. Dem Leiter der Maschinenbau-Forschungsabteilung zufolge beeindruckte die Eisenbahner bislang nichts – bis auf den Eco-Kat. Er sagt, durch Granders Behandlung von Flüssigbrennstoffen seien die Emissionen vermindert, der Brennstoffverbrauch gesenkt und die Zugleistung gesteigert worden.

EINE KOMMUNE IM EINKLANG MIT DER NATUR

Johann Grander ist nicht der einzige Erfinder, der sich in die Isolation zurückgezogen hat. 1960 stieß der Schweizer Technozauberer Paul Baumann zu einer Gruppe von Freunden – Leuten wie er, die an der Seite von anderen spirituell orientierten Menschen arbeiten und mit ihnen harmonisch zusammenleben wollten. Gemeinsam gründeten sie in der Nähe des schweizerischen Linden, ein in einem Tal gelegenes Dorf, das von Gehöften und Dutzenden anderen Bauerndörfern umgeben ist, eine Kommune namens Methernitha, in der weder Tabak noch Alkohol konsumiert wird. Dort, in dieser friedlichen Landschaft, gründeten Baumann und andere Menschen aus der ganzen Welt eine Reihe von kooperativen Heimarbeitsbetrieben als Wirtschaftsbasis für ihre idealistische Gemeinschaft. Diese Betriebe stellen z.B. Fenster und Baumaschinen her. Was sie mit den Unternehmen erwirtschafteten, setzten die Mitglieder zur Weiterentwicklung ihrer Kommune ein.

Von Anfang an legte man bei Methernitha besonderen Wert auf die Elektronikforschung und -entwicklung. Ziel war es, eine alternative Energietechnologie zu entwickeln, die nicht gegen die Naturkräfte, sondern mit ihnen arbeitet. Die ersten Geräte, auf die sich die Aufmerksamkeit der Forscher in der Kommune richtete, waren Sonnenkollektoren, Wasser- und langsamlaufende Windräder, denn sie wollten saubere Energiequellen. Später konzentrierten sie sich auf eher esoterische Energiequellen – auf etwas, das wir heute Raumenergie nennen.

Heute haben die Betriebe, die sich zwischen die braunen Berghäuser schmiegen, zusammen mit dem Land der Kommune einen Wert von mehreren Millionen Schweizer Franken. Doch die Mehrung von Wohlstand ist für die Gruppe kein Selbstzweck. Finanzielle Unabhängigkeit gibt ihnen einfach die Freiheit, ihre eigenen Entscheidungen zu treffen. Die Kommune inmitten der geschwungenen Hügel beherbergt eines der ersten von selbst laufenden Geräte zur Nutzung der Raumenergie. Ein handfestes Beispiel dieser bahnbrechenden Technologie surrte jahrelang auf einem Tisch vor sich hin, blieb aber dem Blick der Öffentlichkeit weitgehend entzogen. Die Angehörigen der Methernitha wollen, daß sich daran nichts ändert.

Die Methernitha baut einen Generator

Wie Wallfahrer pilgerten in den Achtzigern, ehe die Kommune ihre Tore für Besucher schloß, europäische Elektroingenieure zur Methernitha. Dort inspizierten sie die Testatika, den frei laufenden brennstofflosen Generator, der in verschiedenen Größen gebaut wurde. Eines dieser Geräte lieferte so viel Leistung, daß sich mit ihm der Strombedarf eines kleinen Hauses fast vollständig decken ließ. Es war weder an eine Batterie noch an eine Stromleitung angeschlossen, noch nicht einmal an Sonnenkollektoren. Ein Mitglied der Gemeinschaft warf die Maschine mit einer schnellen Handbewegung an, indem er zwei hintereinanderliegende Scheiben gegenläufig in Drehung versetzte. Danach lief sie von allein. Die Ingenieure staunten, schrieben ihre Berichte und kamen häufig wieder, um sich das Wunder noch einmal anzusehen.

Dr. Hans Nieper zufolge konnte der Schweizer Elektronikingenieur P. H. Matthey die Testatika in Augenschein nehmen. Er beschreibt die Maschine als „Tachyonenkonverter" oder Raumenergiewandler – eine handwerkliche Meisterleistung der Elektrotechnik. Er sagt, es sei ein atemberaubendes Erlebnis gewesen, sie zu untersuchen. Er hatte das Gefühl, Zeuge zu werden, wie ein technologisches Zeitalter zu Ende ging und eine neue Ära eingeläutet wurde.

Die Methernitha-Gruppe erklärt in einem PR-Film, warum sie ihre „Wundermaschine" entwickelt hat. Die Kommune sagt, sie wolle Maschinen entwickeln, die „zum Wohle der Menschheit Energiequellen erschließen, ohne das ökologische Gleichgewicht der Natur zu stören."

Der Film zeigt ein auf einem Tisch stehendes gemischtes Energieerzeugungssystem – rotierende elektrostatische Scheiben und nicht-rotierende Magnete und Drahtspulen – ohne äußere Stromquelle. Mehreren europäischen Ingenieuren zufolge, die es untersucht haben, liefert eine kleine Rückkopplungsschaltung die Energie für einen stetigen Antrieb der Scheiben und hält sie dadurch in Bewegung. 1989 berichtete ein amerikanischer Neue-Energie-Forscher, in der Kommune gebe es vier von diesen Energiekonvertern, die ständig laufen und zehn bis zwölf Kilowatt liefern, zusätzlich zu zwei Windturbinen, die spezielle Batterien aufladen, um damit Häuser, Werkstätten und Treibhäuser zu versorgen.

Der Film fährt fort mit der Aussage, die Natur sei die größte Quelle für Energie und Wissen, „und sie [die Natur] offenbart immer noch viele Geheimnisse, die nur denen enthüllt werden, die sich [der Natur] ... mit höchster Achtung und Verantwortung nähern." Wie können Menschen diese Geheimnisse verstehen lernen? Indem sie Stille und Einsamkeit erfahren, sagt die Kommune und behauptet, auf diese Weise sei Paul Baumann auf das Wissen gestoßen, wie man eine Neue-Energie-Maschine baut.

Die Suche nach Einsamkeit ist der Grund dafür, warum Methernitha sich mit dem Erwerb von Land – Täler, Wälder, Berge und Seeufer – befaßt hat, „wo man in Stille und Konzentration die Natur studieren kann, das eigene Sein und den Schöpfer dieses ganzen Universums, ohne gestört zu werden." Der Film sagt, die Öffentlichkeit habe dieses Bedürfnis nie verstanden. Statt dessen interpretierten Außenstehende Methernithas Zurückgezogenheit als Beweis dafür, daß die Gruppe etwas Anstößiges zu verbergen habe. Die Wahrheit ist, dem Film zufolge, daß die Gemeinschaft viel Mühe darauf verwenden muß, ungestört zu bleiben, um ihre Ziele zu erreichen.

Die Gemeinschaft weigert sich, die Geheimnisse der Testatika zu offenbaren, und hat in den frühen Neunzigern aufgehört, Außenstehende hereinzulassen, die sie besichtigen wollten. Während die Mitglieder der Kommune ihr Leben weiterführen, versuchen Energieforscher an anderen Orten, den Energiekonverter nachzubauen. Dazu halten sie nach Hinweisen von den europäischen Ingenieuren Ausschau, die die Schweizer Kommune tatsächlich besucht haben. Don Kelly aus Florida, der 1990 die Space Energy Association USA mitbegründete, ist die Schlüsselfigur in einem Informationsnetzwerk, in dem Tips, wie man die Testatika nachbaut, zügig per Fax weitervermittelt werden. Kelly und andere sind entschlossen, das Rätsel auf eigene Faust zu lösen. Diese Forscher glauben, daß unser Planet eine saubere, billige und reichhaltige Energiequelle braucht, damit die wirtschaftlichen Schwierigkeiten und die Umweltprobleme gelöst werden können. Die Methernitha stimmt mit diesem Ziel überein, will aber nicht dafür verantwortlich gemacht werden können, daß jemand die Raumenergietechnologie möglicherweise als Kriegswaffe nutzt.

Zu gefährlich, um enthüllt zu werden?

1986 trotzten der dänische Ingenieur Albert Hauser und zwei Begleiter der Februarkälte und besuchten die Methernitha. Wie bei früheren Besuchen von Außenstehenden waren die Mitglieder der Kommune eher bereit, Fragen über ihre Lebensführung als über die technischen Details ihrer Maschine zu beantworten. Nach eigener Beschreibung lebten sie wie die frühen Christen, in einer Gemeinschaft mit eigener Schule, Maschinenfabrik und Gärtnerei und sogar einem Filmstudio. „Sie wollten die technischen Entwicklungen, für deren Durchführung sie schätzungsweise fünfundzwanzig Jahre gebraucht haben, nicht offenlegen", schrieb Hauser, „besonders, da sie sich vor der Möglichkeit des Mißbrauchs durch die Rüstungsindustrie fürchteten." Diese Aussage wird durch den Film der Methernitha bestätigt, in dem die Kommune sagt, die Welt sei spirituell nicht reif, von der Testatika zu erfahren, und das Wissen werde zur Zerstörung eingesetzt. Der Film geht nicht näher auf ihre Befürchtungen ein.

Ein Vertreter von Methernitha schrieb 1988 einen Brief an Don Kelly, in dem er im wesentlichen sagte, die Gruppe weigere sich deshalb, das Geheimnis ihrer Erfindung preiszugeben, weil sie dann vielleicht für die Konsequenzen verantwortlich gemacht werde. Die Kommune erklärte, die heutige Bevölkerung mit solch einem Gerät zu überraschen wäre dasselbe wie Öl ins Feuer zu gießen: „Was die Menschheit braucht, ist Frieden – für den Anfang Frieden im Geiste –, um die Chance zu haben, die Natur und Gott zu finden, und nicht weitere technologische Unterstützung für ihr [Streben] nach Vergnügen, das sie eher in einem Meer aus Lärm, Überaktivität und Verschmutzung ersticken würde." Die Testatika hat möglicherweise auch das Interesse der NASA erregt. Ein Wissenschaftler schrieb in einem Privatbrief an einen der Betreiber des Testatika-Netzwerks, Vertreter der NASA hätten der Methernitha eine beträchtliche Geldsumme für das Gerät angeboten, doch die Gemeinschaft habe abgelehnt.

JAMES GRIGGS' HYDROSONIKPUMPE

Wie die Methernitha gehört auch James Griggs aus Georgia zu den Auslösern der Energierevolution. Nur hat er sich ganz und gar nicht eingeigelt. Er hat eine Heizungsanlage erfunden, die zu seiner anfänglichen Überraschung mehr Energie abgibt, als sie verbraucht, indem im Wasser Schockwellen erzeugt werden. Die Theoretiker der Neuen Energie möchten das Rätsel lösen, wie der Vorgang funktioniert. Griggs' Kunden hingegen wollen bloß ihre Alltagsprobleme gelöst bekommen. Da er und sein Partner zusammen mehr als eine Million Dollar in das Projekt gesteckt haben, konzentriert Griggs sich natürlich darauf, sein Produkt an seine Kunden zu bringen.

Stoßwellen zu praktischem Nutzen bringen

Der Vorfall, der Griggs, einen Elektroingenieur mit fünfzehn Jahren Erfahrung als Berater für Energierationalisierung, zum Erfinder machte, ereignete sich 1987 bei Routinearbeiten. Als er gerade den Energieverbrauch in einem Geschäftsgebäude nachprüfte, bemerkte er, daß zu einem Wasserheizkessel führende Rücklaufleitungen ungewöhnlich warm waren. Der leitende Ingenieur der Firma sagte Griggs, die Wärme werde durch Wasserhammer verursacht und sei nicht weiter von Interesse.

Wasserhammer, auch als Kavitation bekannt, ist ein Vorgang, der in Rohrleitungen laute Klopfgeräusche erzeugt. Wenn eine Flüssigkeit sich schnell durch eine Leitung bewegt, fällt zuweilen der Druck in einem Teil der Leitung ab, und es bilden sich Blasen. Diese Blasen zerplatzen, wenn sie in Zonen transportiert werden, in denen ein höherer Druck herrscht. Dadurch entstehen Stoßwellen, die auf die Leitungswände treffen. Problematisch ist dies, da die Wucht der Stoßwellen das Metall verformen und die Leitung schließlich zerstören kann.

Griggs fragte sich, ob sich das Problem der Kavitation nicht in einen Nutzen verwandeln ließe – in Wärmeerzeugung –, ohne daß dabei das Metall angegriffen wird. Er überlegte sich: „Was, wenn wir eine Stoßwellentechnik einsetzen, um Wasser zu erhitzen?"

Die Idee arbeitete er zu Hause in seiner Freizeit aus, und schließlich brachte er einen brauchbaren Entwurf zustande. Seine Pumpe besteht aus einem zylindrischen Rotor in einem Stahlmantel. Der Abstand zwischen Rotor und Gehäuse ist sehr gering. Wenn sich der Rotor dreht, wird gewöhnliches Wasser durch den engen Zwischenraum zwischen Rotor und Gehäuse gezwängt. Der Rotor soll in dem engen Spalt Turbulenzen bewirken, die das Wasser erhitzen und somit Dampf erzeugen.

Die Überraschung kam 1988, als ein Prüfexperte feststellte, daß die Wärmeenergie, die von Griggs' Hydrosonikpumpe abgegeben wurde, bei weitem größer war als der elektrische Aufwand – die Pumpe gab 10 bis 30 Prozent mehr Energie ab, als nötig war, um den Rotor in Drehung zu halten.

Die Hydrosonikpumpe kommt auf den Markt

Als Energieberater war es Griggs möglich, sein experimentelles System in Fabriken zu testen, in denen ein Prozeß zur Wassererhitzung benötigt wurde. Zufrieden darüber, daß seine Idee richtig war, riskierte er es 1990, sein Energieberatungsunternehmen aufzugeben, und gründete statt dessen die Firma Hydrodynamics Incorporated. Bis 1993 finanzierte er die Firma aus eigener Tasche und nahm dann einen Partner dazu.

Der Verkauf ließ sich zunächst nur zögernd an, obwohl Griggs weiter experimentierte und mehr als 700 verschiedene Rotorentwürfe baute. 1992 verkaufte die Firma eine Pumpe an eine Feuerwache in Albany, Georgia –

ein Gerät, das noch heute Überschußenergie liefert. Und im darauffolgenden Jahr keimte Hoffnung in der ums Überleben kämpfenden Firma auf, als die Zeitschrift *Popular Science* eine Titelgeschichte über die Kalte Fusion brachte (siehe Kapitel 8). Griggs las über die Experimente, die Überschußenergie hervorbrachten, und meinte, seine Ergebnisse ließen sich vielleicht wissenschaftlich erklären.

Durch die Kontakte mit einem Netzwerk aus Kalte-Fusionsforschern und auf Neue-Energie-Konferenzen in den Vereinigten Staaten und in Rußland erfuhr Griggs allmählich mehr über einen Effekt, der mit seinem Gerät zu tun haben konnte. Dieser Effekt, der Sonolumineszenz genannt wird, tritt auf, wenn Ultraschall auf Flüssigkeitsmoleküle trifft und sie zur Emission von Licht anregt. In vielen Tests konnte beobachtet werden, daß die Hydrosonikpumpe einen bläulichen Dampf abgab. Griggs setzte sein neu erworbenes Wissen ein, um den Wirkungsgrad der Pumpe zu verbessern.

Zwei der wesentlichen Argumente für die Pumpe sind ihr hoher Wirkungsgrad und der geringe Wartungsaufwand. Alle elektrischen Heizkessel haben zunächst einen Wirkungsgrad von 100 Prozent, doch ihr Wirkungsgrad nimmt ab, sobald die im Wasser gelösten Mineralien anfangen, sich im Mechanismus abzulagern. Das führt dazu, daß herkömmliche Boiler gereinigt werden müssen. Bei der Hydrosonikpumpe ist das anders. „Nichts setzt sich ab", sagt Griggs. „Sie ist selbstreinigend."

Von Zeit zu Zeit hatte Griggs einen anderen ungewöhnlichen Effekt in seiner Pumpe beobachtet. Gelegentlich zeigte die Außenseite des Rotors kaum wahrnehmbare Schmelzspuren. Ein Schmelzen hätte aber erst ab Temperaturen um 650 Grad Celsius erfolgen können, weit mehr als Dampf, der nicht unter extrem hohem Druck steht, erzeugen kann. Noch erstaunlicher war, daß die mikroskopisch kleinen Stückchen geschmolzenen Materials sich wieder zurück an den Rotor schweißten. Für ein derartiges Schweißen wären sogar noch höhere Temperaturen erforderlich – rund 2 200 Grad. In der Hydrosonikpumpe ist ganz offensichtlich nicht nur der Wasserhammer am Werk. Ihre Rätsel faszinieren die Neue-Energie-Forscher.

Die orthodoxe Wissenschaftsgemeinde wiederum hatte nur Skepsis oder Spott für die Pumpe übrig. Mehr als 100 Ingenieure traten an, die Tests durchzuführen, und keiner von ihnen leugnete, daß die Pumpe Dampf und Hitze erzeugte. Doch sie alle sagten: „Sie machen irgendwo in Ihren Berechnungen einen Fehler", selbst dann noch, als sie die Tests eigenhändig durchführten.

Doch das Interesse der Wissenschaftsgemeinde an der Hydrosonikpumpe ist neu entfacht worden. Die Abteilung für Bauingenieurswesen am Institute of Technology in Georgia studiert gerade die Pumpe, um herauszufinden, woher die Überschußenergie kommt. Und die örtliche Versorgungsgesellschaft Georgia Power hat Interesse gezeigt, die Pumpe in der Abteilung für Neue Technologie ihres Entwicklungszentrums in Atlanta auszustellen.

Die Hydrodynamik bewegt sich in neue Richtungen. Das Unternehmen hat sich mit einer Firma aus Florida zusammengetan, um die Pumpe so zu modifizieren, daß sie anstelle von Wasser synthetisches Öl erhitzt. Ein solches Gerät würde die Feuergefahr ausschalten, die besteht, wenn Öl in einem konventionellen Gas- oder Elektroboiler verwendet wird, da die Hydrosonikpumpe nicht mit Verbrennung arbeitet. Griggs sagt, die Pumpe könne auch auf andere Anwendungen umgestellt werden, von der Milchpasteurisierung bis zum Umweltschutz, und sie ist vielleicht auch innerhalb des Raumfahrtprogramms nützlich – „wenn man etwas in den Weltraum hinausschickt, möchte man, daß [es] möglichst ohne Verbrennungsvorgänge funktioniert."

Im folgenden Teil IV gehen wir darauf ein, wie und warum Energieerfinder bedroht wurden. Und wir werfen einen Blick auf die Möglichkeiten, die die kommende Energierevolution für uns alle bereithält.

TEIL IV

Die Energierevolution – Chancen und Hindernisse

Bis hierhin haben wir eine Reihe von Wissenschaftlern kennengelernt, die an umweltverträglichen Methoden arbeiten, um Energie im Überfluß zu erzeugen – nahezu kostenlose Energie. Nun wollen wir betrachten, wie sich diese Erfindungen auf unser Leben auswirken könnten. Vielleicht können wir uns die Bedeutung der Energierevolution für die Gesellschaft besser vorstellen, wenn wir uns an gravierende persönliche Veränderungen erinnern – an eine Ehescheidung, den Verlust einer Arbeitsstelle, einen Lotteriegewinn – Ereignisse, die unser Leben erschüttern. Die emotionalen Reaktionen einzelner, die mit solchen Ereignissen konfrontiert werden, können die Mischung aus Verwirrung, Angst, Kreativität und Freude nur andeuten, mit der ein globaler Übergang zu einer Wirtschaft verbunden sein könnte, die auf sauberer Energie basiert. Bislang hat die Welt noch keine Umgestaltung von dieser Tragweite erlebt. Die Stärke der Widerstände gegen einen derartigen Wandel wird dem Ausmaß jenes Gebildes entsprechen, das lernen muß, mit solch einer Veränderung umzugehen. In diesem Fall geht es um ein kolossales Gebilde – eine Weltwirtschaft, die sich auf fossile Brennstoffe gründet. Die Zielsetzungen dieses gewaltigen Gebildes werden vornehmlich von militärisch-industriellen Interessen bestimmt.

Das Tempo der Veränderung wird nicht jedem gefallen. Die Verteidiger des Status quo zögern bekanntlich Veränderungen hinaus oder verhindern sie ganz. Ungeduldige Umweltschützer hingegen werden vielleicht vor Freude auf den Straßen tanzen, um das plötzliche Ableben von König Erdöl zu feiern. Schon seit Beginn des zwanzigsten Jahrhunderts sind diese Gegensätze bei Ereignissen aufeinandergeprallt, die den Kameras der Nachrichtensender normalerweise entgehen. Wir werden zunächst einen Blick in die Laboratorien werfen, in denen einige dieser Zusammenstöße stattgefunden haben. Dann werden wir uns die Auswirkungen ansehen, die die Technik der Neuen Energie auf eine Gesellschaft haben könnten, und fragen: „Wohin wird uns all das führen?"

14

Die Schikanierung der Neue-Energie-Erfinder

Das Wirrwarr von [Regierungs-] Institutionen, ... das aus dem Zweiten Weltkrieg und der Konfrontation der Supermächte hervorging, verschlingt pro Jahr 35 Milliarden US-Dollar und mehr, das Geld der Steuerzahler, um eine unerklärbare Unterdrückungskraft am Leben zu halten , die nun ihre Macht mißbraucht.
— Brian O'Leary, Physiker

Es ist mir ein Rätsel, warum die Freie Energie unterdrückt wird.
— Paul LaViolette, System-Ingenieur

Die meisten Erfinder, deren Geschichten in diesem Buch erzählt werden, sind Opfer aller möglichen Arten von Schikanierung geworden. Manchmal erfolgten diese Behinderungen ganz subtil, indem man die Betroffenen einfach mied. In anderen Fällen gingen sie so weit, daß Schüsse fielen. Das meiste fällt irgendwo in den Bereich dazwischen. In diesem Kapitel werden wir uns genauer ansehen, welche Arten von Repressalien diese Neue-Energie-Erfinder erdulden mußten und warum.

DIE FORMEN DER SCHIKANIERUNG

Die Erfinder, die wir bisher kennengelernt haben, sind auf verschiedene Arten von Schikanierung gestoßen: Einbrüche und Zerstörung von Geräten, geschäftliche Behinderungen, Mittelkürzungen, Druck durch Regierungen, Feindseligkeit seitens des Wissenschaftsestablishments, mangelndes Interesse, Gewaltanwendung und Androhung von Gewalt.

Man muß zugeben, daß sich in einigen Fällen die Erfinder ihre Probleme selbst geschaffen haben. Nikola Tesla und John Keely trafen einige fragwürdige Geschäftsentscheidungen, und Lester Hendershot und Floyd Sweet führten andere absichtlich in die Irre, weil sie fürchteten, ihre Ideen könnten gestohlen werden. Doch ich glaube, daß die vorsätzlichen Versuche einiger Menschen, Forschung und Entwicklung in diesem Bereich zu behindern, die menschlichen Schwächen bei weitem überwiegen, die manch ein Neue-Energie-Erfinder an den Tag gelegt hat. Und die Erfinder, die wir bislang kennengelernt haben, sind nur einige von vielen, die von verschiedenen Formen von Zermürbung berichtet haben.

DROHUNGEN UND EINSCHÜCHTERUNGEN: WEITERE BESPIELE FÜR DIE ZERMÜRBUNG VON ERFINDERN

In diesem Abschnitt werden wir einige weitere Erfinder kennenlernen, die drangsaliert wurden. Einige dieser Zermürbungsversuche waren sehr drastisch, wie Verhaftungen und Einbrüche. Andere waren eher subtiler Natur.

Wenn die Polizei kommt

Der leidenschaftliche österreichisch-bulgarische Physiker Stefan Marinov war 1992 darüber empört, daß sein Geschäftspartner Jürgen Sievers wegen Betrugsverdachts vier Monate lang ohne Gerichtsverhandlung in Köln festgehalten wurde. Marinov wandte sich an die höchsten Stellen. So schrieb er an den damaligen Bundespräsidenten Dr. Richard von Weizsäkker und forderte Sievers Freilassung. Da die Antwort auf Marinovs sechsseitigen Brief nur aus Schweigen bestand, schickte er den Brief an Freunde in den Vereinigten Staaten. Hier ist die Geschichte, wie er sie erzählt:

Am 19. Mai 1992 drangen morgens um 8 Uhr sechs bewaffnete Polizisten in das Haus von Jürgen und Gerda Sievers ein. Sievers leitete eine Firma namens Becocraft, für die Marinov als wissenschaftlicher Berater fungierte. „Nach einer mehrstündigen Untersuchung, bei der sogar die Betten durchwühlt wurden, wurden alle Unterlagen der Firma konfisziert. Einen Monat später wurde Herr Sievers auf der Straße verhaftet. Wie in einer billigen Detektivgeschichte versperrte ihm ein Polizeiwagen den Weg."

Die Kölner Polizei informierte Sievers dann über die Betrugsklage. Doch keiner von Becocrafts Investoren hatte diese Klage erhoben, obwohl sie vom Staatsanwalt dazu aufgefordert worden waren. Statt dessen traten die Kölner Stadtwerke als Kläger auf, und zwar als einziger Kläger. Die Stadtwerke vertraten den Standpunkt, daß Becocraft Geld sammelte, um Forschung zu betreiben und Maschinen zu bauen – Freie-Energie-Geräte –, die herzustellen den Stadtwerken zufolge unmöglich sei. Deshalb sei Becocraft in einen Betrug verwickelt.

Professor Marinov berichtete, wie er es sah: „Es ist den Herrschaften bei den Kölner Stadtwerken zu Ohren gekommen, daß die Leute die Kabel, die sie mit den Stromwerken verbinden, kappen werden und mit ihren Autos nicht mehr an den Tankstellen haltmachen würden, wenn solche Maschinen auf den Markt kommen." Der Physiker stellte sich die Reaktion vor: „Jegliche Forschung und Entwicklung solcher Maschinen muß im Keim erstickt werden."

Marinov schlug zurück. Die Hälfte seines Briefes an den deutschen Bundespräsidenten bestand aus technischen Informationen, die zeigen sollten, daß die Standardphysik auf unvollständigen oder falschen Lehren basiert. Becocrafts Freie-Energie-Pläne seien nicht betrügerisch, schrieb Marinov. Statt dessen irre sich die gegenwärtige Physik, wenn sie leugnet, daß es Geräte geben könne, die mehr Energie erzeugen, als sie verbrauchen.

„Diese betrügerische Wissenschaft sowie Firmen, Forschungsinstitute und Universitäten ziehen den deutschen Steuerzahlern Millionen von Mark aus der Tasche, ... genauso, wie sie mit ihren Energiequellen die ganze Welt ruinieren. Und diese Betrüger haben Herrn Sievers ins Gefängnis geworfen, weil er mit dem Geld, das einige Leute freiwillig investiert haben, unsere Welt retten wollte."

In Europa gibt es haufenweise Geschichten über monopolistische Konzerne, die Entdeckungen unterdrückt haben. Josef Hasslberger, ein Forscher in Rom, schreibt: „Die Technologie von morgen wurde Hunderte ... Male erfunden, doch jedes Mal wurde sie in die Tresore der konventionellen Energiekartelle verbannt. Ließ sich ein Erfinder nicht kaufen, so wurde er auf andere Weise lahmgelegt." Er fügt hinzu: „Die Menge an Kapital, die dabei im Spiel ist, und die damit einhergehende Macht sind offensichtlich zu groß, als daß zugelassen werden könnte, daß unsere fossile Energie zu schnell ad acta gelegt wird."

Einbrüche und unbefugtes Eindringen

Eine weitere Form der Schikanierung sind Einbrüche. T. Townsend Brown hat dies am eigenen Leib erlebt. Brown war ein Erfinder, der an neuen Antriebskonzepten arbeitete, die Elektrizität und Gravitation miteinander verbanden – seine fliegenden Antigravitationsgeräte trotzten der bekannten Physik seiner Zeit. Zum ersten Mal wurde bei ihm 1945 eingebrochen, als er, ein U.S.-Navy-Offizier a.d., als Berater auf der Schiffswerft von Pearl Harbour, Hawaii, arbeitete. Er versuchte seine Vorgesetzten für seine Arbeit zu interessieren und führte seine seltsamen Flugscheiben einem hochrangigen Militäroffizier vor.

Bei der Demonstration nahmen Browns Kollegen seine ungewöhnliche Entdeckung auf die leichte Schulter. Doch irgend jemand mußte sie ernst genommen haben, denn als er in sein Haus zurückkehrte, war dort bereits eingebrochen worden, und man hatte seine Notizbücher gestohlen. Am nächsten Tag erschienen Militärbeauftragte bei Brown, um ihm zu sagen, sie hätten seine Arbeit und würden sie zurückgeben. Nachdem zwei weitere Tage vergangen waren, händigten sie ihm die Notizbücher wieder aus und teilten ihm mit, das Militär habe kein Interesse daran.

Brown war verärgert, doch er steckte nicht zurück. Er kehrte wieder auf den Kontinent zurück und baute 1952 in Cleveland, Ohio, ein Demonstrationsprojekt namens Project Winterhaven. Im darauffolgenden Jahr ließ er seine Scheiben vor Vertretern der Air Force und der Luftfahrtindustrie fliegen. Die Untertassen zogen ihre Bahnen so schnell, daß die U.S.-Regierung die Testergebnisse als „Verschlußsache" einstufte. Doch wieder schien es, als würde sich niemand weiter dafür interessieren.

Brown verbrachte einige Zeit in Frankreich, und nachdem auch die dortige potentielle Finanzquelle versiegt war, kehrte er in die Vereinigten Staaten zurück. Im Pentagon lief er erneut vor verschlossene Türen. Sogar ein alter Klassenkamerad aus der Offiziersanwärterschule, ein Admiral, versuchte ihn zu entmutigen: „Machen Sie mit dieser Arbeit nicht weiter; lassen Sie sie fallen!" Das war die Quintessenz des Ratschlages, den der Admiral ihm gab.

Brown schenkte der Warnung keine Beachtung. Er zog nach Kalifornien, wo er in Los Angeles praktisch von Tür zu Tür ging, um zu versuchen, das Interesse der Luftfahrtindustrie an seiner Arbeit zu wecken. Eines Tages kehrte er in sein Labor zurück und stellte fest, daß dort eingebrochen und das Labor verwüstet worden war. Vieles von seinen Habseligkeiten war verschwunden. Einem seiner Mitarbeiter zufolge wurde er auch Gegenstand gemeiner, rufschädigender Gerüchte.

Brown ging in den Sechzigern in den Halbruhestand und starb als „ein zutiefst enttäuschter Mann", wie es jemand ausdrückte, der ihn gekannt hatte. Erst nach seinem Tod stießen Neue-Energie-Forscher auf Hinweise, daß das Militär möglicherweise an einem auf ähnlichen Prinzipien basierenden Projekt gearbeitet hatte.

Der Astrophysiker Adam Trombly aus Colorado war ein weiteres Einbruchs-Opfer. Trombly, der hauptsächlich für seine Umweltschutzkampagne namens Projekt Erde bekannt ist, arbeitete bis Ende der Achtziger offen auf dem Gebiet der Raumenergie. Als ein weltweit in der Öffentlichkeit auftretender Sprecher und wissenschaftlicher Networker war ihm bekannt, was in den staatlichen Labors und anderen Hochsicherheitsstellen vor sich ging. Doch selbst Trombly war schockiert, als er sah, wie sein Labor verwüstet worden war – von Profis. Er erzählte 1983 auf einem Neue-Energie-Symposium, daß er das beste Alarmsystem gekauft hatte, das es überhaupt gab. Es war mit einer computergesteuerten Wachstation verbunden:

> Im Falle eines Einbruchs sollten die Wachmänner aufhorchen und die Polizei anrufen. Nun, bei uns wurde dreimal eingebrochen, und ihre Computer schienen jedes Mal zu versagen; ich habe Kopien der Belege, daß ihre Computer einmal fünfundvierzig Minuten, beim nächsten Mal fünfundzwanzig Minuten und beim letzten Mal fünfzehn Minuten ausgefallen waren. Wer auch immer die Einbrecher waren, sie beherrschten ihre Sache, denn sie bauten die Sicherheitsvorrichtung jedesmal so um, daß man die Tür nicht mehr abschließen konnte.

Die Strategie: Verwirrung schaffen und Desinformation verbreiten

Obwohl der Widerstand gegenüber bahnbrechenden Energietechnologien grobe Formen annehmen kann, sind andere Vorfälle eher subtil. Als Beispiel für eine zurückhaltende, aber effektive Form des Widerstands – simples Ignorieren eines technischen Durchbruchs – mag hier ein Erlebnis dienen, über das der Redakteur für den Elektronikbereich des Magazins *Machine Design* berichtete.

John Gyorki wandte sich 1989 in einem Editorial an die Autofans mittleren Alters, die sich an die Geschichten aus den Sechzigern über sagenhafte Vergaser erinnerten, die sich mit zweieinhalb Litern Sprit pro hundert Kilometer begnügten. Dem Volksmund zufolge waren am sang- und klanglosen Verschwinden dieser Vergaser die Ölmonopolisten schuld, die sich aller Patente auf benzinsparende Geräte bemächtigten, damit keiner sie benutzen konnte.

Wie die meisten wohlerzogenen Techniker hielt Gyorki solche Geschichten für baren Unsinn und glaubte, daß die Automobilfirmen ihr Bestes für den Verbraucher tun. „Zumindest dachte ich das. Dann wurde ich in ein Projekt verwickelt, das mich veranlaßte, meinen Glauben an den Gemeinschaftssinn Amerikas gründlich zu überdenken."

Als technischer Leiter einer Zulieferfirma der Automobilindustrie wurde Gyorki gebeten, ein Gerät zu testen, das die Brennstoffausnutzung verbessern und die Abgase reduzieren sollte, indem es im Motor ein feines Benzingemisch erzeugte, das zu einer vollständigeren Verbrennung führte. Es war von einem unabhängigen Erfinder entwickelt worden, der es den Test- und Marketingexperten in Gyorkis Firma übergeben hatte. Der Erfinder bezeichnete den simplen Apparat als Gerät zur verbesserten Brennstoffausnutzung (Petroleum Economy Device – PED).

„Ich ging mit einer gewissen Skepsis an den Test heran", sagte Gyorki. Doch das PED verbesserte die Brennstoffausnutzung um 25 Prozent und verringerte die Abgasemissionen um 85 Prozent.

Gyorki eilte mit dem Gerät nach Detroit und rechnete damit, herzlich empfangen zu werden. Die Ingenieure im mittleren Zuständigkeitsbereich teilten seine Begeisterung, doch die obersten Geschäftsführer zeigten ihm die kalte Schulter. Von einer revolutionären Verbesserung der Brennstoffausnutzung und von Emissionsreduktionen wollten sie nichts wissen.

Desillusioniert schrieb Gyorki, daß eine überholte Technik „auch das nächste Jahrzehnt weiterhin bestimmt", das erst mit der Einführung der Brennstoffeinspritzung in den Achtzigern endete.

Subtiler noch, als eine radikal neue Technologie zu ignorieren, und weit weniger ehrenhaft ist die Technik der Desinformation – das Ausstreuen von falscher Information, um die Fakten vor der Öffentlichkeit zu verbergen. Ein Wissenschaftler mit internationalen Kontakten, der mich ausdrücklich darum gebeten hat, seinen Namen nicht zu nennen, sagt:

Sie haben möglicherweise mehr Geld für Desinformation als für technische Entwicklungen ausgegeben. Es funktioniert; sie [er mochte nicht sagen, wer „sie" sind] haben gelernt, daß die Leute verwirrt und passiv werden, wenn man die Öffentlichkeit mit Desinformation versorgt. ... Es entsteht eine Art kognitiver Unstimmigkeit; die Leute schalten ab.

Wenn man es mit einem sensiblen Bereich zu tun hat, schützt die Regierung ihre Interessen offenbar. Wir wären naiv [zu glauben, daß es keine Einrichtungen gibt, die dies tun]. Der einzige Weg, eine zutreffende Information *reaktionsträge*, weniger lebensfähig zu machen, ist, sie auszuschmücken, ... ihr jeden möglichen Anstrich von Verrücktheit zu verleihen. ... Man muß nur widersprüchliche Informationen verbreiten. Egal wie groß das Interesse der Öffentlichkeit an einem Thema auch ist, man erzeugt auf diese Weise genug Verwirrung, um die Leute in Gleichgültigkeit verfallen zu lassen.

Den Gegner aufspüren

Verschiedene Neue-Energie-Forscher ärgern sich entweder über Möchtegern-Spione – im Dienst von Privatfirmen oder von staatlichen Einrichtungen – oder amüsieren sich über sie, das hängt davon ab, wie sehr diese sie belästigen. Der Erfinder George Wiseman, den wir in Kapitel 10 kennengelernt haben, muß schmunzeln, wenn er das Klicken in seiner Telefonleitung hört: „Viel Spaß, ihr komischen Kauze, beim Abhören des Bandes, das ihr gerade aufnehmt." Wiseman berichtet, er habe seine Telefongesellschaft aufgesucht, um von dem Klicken zu berichten, woraufhin ihm ein Vertreter der Gesellschaft die Auskunft gab, daß wohl jemand seine Telefonleitung anzapfe.

Wiseman und seine Freunde lachen auch über einen Vorfall Anfang der Neunziger, als mehrere Männer vor Wisemans Wohnsitz in den bewaldeten Bergen im Süden von Britisch Kolumbien vorfuhren, dicht neben Wisemans Firmenschild „Eagle Research" an der Hauptstraße parkten und das Grundstück stundenlang mit Ferngläsern observierten. Die einzige Visitenkarte, die sie zurückließen, war eine Spur von Zigarettenstummeln.

Auf Neue-Energie-Konferenzen räumen Redner wie der Erfinderveteran und Verleger Ken MacNeill aus Georgia zuweilen ein, daß bei ihnen Regierungs- und Firmenvertreter unter falschem Namen auftauchen. „Einige der Ölfirmen haben ein ganzes Geschwader von Leuten, die umherreisen und all diese Geräte überprüfen. Wir haben wahrscheinlich gerade jetzt jemanden im Publikum", sagte MacNeill beim Meeting 1994.

Dr. Paul LaViolette aus Vermont löste 1991 auf einer Konferenz in Boston nervöse Heiterkeit im Publikum aus, als er auf etwas hinwies „das ich 'Freie-Energie-Polizei' nenne, und die hier anwesend ist." Er fügte

hinzu: „Es gibt eine Reihe von Leuten, die meinen, es gebe eine Art unge-
schriebenes Gesetz, das vorschreibt, ein solches [Freie-Energie-] Gerät
zu beschlagnahmen, wenn es vorgeführt wird. … Ich denke, es gibt es ein
ganzes Lagerhaus voller Freie-Energie-Geräte."

Ein anderer Diskussionsteilnehmer löste dann die Anspannung, die sich
im Raum ausgebreitet hatte, etwas auf, indem er witzelte: „Die Freie-Energie-Polizei im Publikum möge bitte aufstehen." LaViolette wollte das lä-
stige Thema jedoch offen diskutieren und wandte sich an jene namenlo-
sen Männer, die, wie er glaubt, nur ihren Job tun: „Wir beschuldigen Sie
nicht. Doch ich denke, dies hier ist wichtig. Wenn es ein Gesetz gegen
[Freie-Energie-Technik] gibt, können wir bitte darüber informiert werden?" Niemand antwortete.

DER GRÖSSTE STOLPERSTEIN: DAS PATENTAMT

In den letzten vier Jahrzehnten haben Tausende von Erfindern einen her-
ben Schock erlebt, als sie einen Patentantrag einreichten und anschließend feststellen mußten, daß ihr Werk dadurch, daß ein Regierungsbeamter die Klassifizierung der Arbeit als geheim verfügte, ihrer Kontrolle
entzogen wurde. (Siehe „Wie man Erfinder ruhigstellt" auf Seite 216.)

Ein Erfinder wird zum Schweigen gebracht

Adam Trombly kennt das Gesetz zur Geheimhaltungspflicht. Trombly und
ein anderer junger Wissenschaftler, Dr. Joseph Kahn, glaubten Anfang
der Achtziger naiv, die „Experten" würden ihre Raumenergie-Erfindung
begrüßen. Doch als Trombly und Kahn ein Patent beantragten, benach-
richtigte das U.S.-Patentamt das Verteidigungsministerium. Anstelle von
Glückwünschen erhielten Trombly und Kahn eine Anordnung zur Geheimhaltung. Sie wurden angewiesen, niemandem von ihrer Erfindung zu erzählen, nichts über sie zu schreiben und sogar ihre Arbeit daran einzustel-
len. Die Presse konnten sie darüber bestimmt nicht informieren.

1990 fragte ich einen Beamten der Vereinten Nationen nach Trombly.
Seine Antwort war: „Ja, ich weiß von Adam Tromblys Arbeit. Doch es
gibt Kräfte, die nicht wollen, daß diese Technik herauskommt."

Trombly wiederholt MacNeills Mahnung, indem er Neue-Energie-Forschern rät, ihre Technologien geschickt in den freien Markt einzuschleu-
sen, ohne notwendigerweise Patente zu beantragen:

Ich bin es wirklich leid, keinen Austausch von Informationen vornehmen zu können. Ich unterliege der Verpflichtung, dies und jenes nicht zu sagen, und die Regierung schickt einem einen Brief, der besagt, man solle besser nicht darüber sprechen. Auf diese Weise lassen sich nur schwer Fortschritte machen. Wir sollten unser eigenes Kommunikationsnetzwerk bilden, völlig unabhängig von irgendwelchen großen Gesellschaften.

Dieser 1983 geäußerte Plan verwirklichte sich tatsächlich in Form der Computernetzwerke, die über die ganze Welt verbreitet sind. Viele Neue-Energie-Forscher haben sich gegen die Patentierung ihrer Erfindungen entschieden und sich statt dessen darauf eingeschworen, über das Internet der Welt von ihrer Arbeit zu berichten, sobald sie glauben, daß die Zeit dafür reif ist.

Lobbies, Gesetzgebung und das Patentamt

Zum amerikanischen Mythos gehört es, daß „Yankee-Erfindungsreichtum" belohnt wird. Ein cleverer Mensch erfindet eine verbesserte Mausefalle, und alle Welt steht vor seiner oder ihrer Tür Schlange. Das ist in unserem Jahrhundert anders geworden. Der neue Mythos besteht darin, daß ein cleverer junger Mensch bei einer Firma angestellt ist, deren Produkte verbessert und auf einem Patent mitaufgeführt wird, das auf die Firma ausgestellt ist. Der Angestellte wird womöglich mit einem größeren Gehaltsscheck belohnt. Das ist jedoch so gut wie nichts verglichen mit den Profiten, die die Firma durch das verbesserte Produkt einstreicht.

Der einsame Erfinder, der versucht, sich gegen dieses System aufzulehnen, stößt auf eine Vielzahl von Schwierigkeiten. Firmenlobbies in Washington drängen auf Veränderungen im Patentverfahren – Gesetzesänderungen, die unabhängige Erfinder ausschließen, da es viel Geld kostet, ein Patent zu erlangen und zu wahren. Dieser Vorstoß geht nicht allein von amerikanischen Konzernen aus. Don Costar, Gründer der Erfindervereinigung von Nevada, sagt, daß „sich die großen [amerikanischen] Unternehmen mit ausländischen Interessenlobbies zusammengetan haben. Sie plädieren damit vor allem für Änderungen des Patentgesetzes zugunsten des Weltmarktes."

Zum Beispiel wurde in den letzten beiden Jahrhunderten nach dem U.S.-Patentrecht demjenigen ein Patent erteilt, der etwas als erster erfindet. Im Gegensatz dazu werden in anderen Ländern Patente demjenigen erteilt,

Wie man Erfinder ruhigstellt

Wenn Sie ein Erfinder wären, der versucht, eine bedeutende Neue-Energie-Entdeckung patentieren zu lassen, könnte es sein, daß Sie eine Verfügung zur Geheimhaltung erhalten, die etwa so aussieht wie das im folgenden wiedergegebene Formular. Gemäß der Information, die ich nach dem Gesetz zur Freigabe von Information von der Föderation der Amerikanischen Wissenschaftler erhielt, ordnete das Pentagon 1991 bei 774 Patentanträgen Geheimhaltung an – 1979 waren es noch 290 –, und 506 von diesen Verfügungen betrafen die Erfindungen von Privatfirmen. Die Regierung hat bindende Knebelverordnungen über mehrere tausend Erfindungen verhängt. Die nachstehende Verfügung, die in den Achtzigern erlassen wurde, erhielt und enthüllte 1983 der Erfinder Ken MacNeill aus Georgia.

GEHEIMHALTUNGSVERFÜGUNG
(Titel 35, Gesetzeskodex der Vereinigten Staaten [1952], Abschnitte 181-188)

BEKANNTGABE: An den oben genannten Antragsteller, seine Erben sowie seine sämtlichen Bevollmächtigten, Anwälte und Agenten, nachfolgend Mandanten genannt.

Sie werden hiermit benachrichtigt, daß Ihr Antrag, wie oben ausgewiesen, etwas zum Gegenstand hat, dessen ungenehmigte Enthüllung der nationalen Sicherheit schaden kann, und Sie werden nach den Strafbestimmungen 35 des U.S.-Gerichtshofes [von 1952], Absatz 182, 186 angewiesen, die Erfindung oder jegliches diesbezügliche Material, einschließlich bis heute unveröffentlichter Details des Gegenstandes besagten Antrags, auf keine Weise zu veröffentlichen oder irgendeiner Person zu offenbaren, die vor dem Datum der Verfügung nichts von der Erfindung wußte, einschließlich irgendwelcher Angestellter der Mandanten, sondern dieselbe geheimzuhalten, es sei denn, daß eine schriftliche Genehmigung vom Leiter des Patentamtes vorliegt.

Jeder andere bereits eingereichte oder hiernach eingereichte Antrag, der irgendeinen signifikanten Teil des Gegenstandes des oben ausgewiesenen Antrages enthält, fällt in den Bereich dieser Verfügung. Wenn ein solcher anderer Antrag nicht unter eine Geheimhaltungsverfügung fällt, sollte die Sicherheitsgruppe Lizenzerteilung und Prüfung beim Patentamt über diesen und den gemeinsamen Gegenstand in Kenntnis gesetzt werden.

Wurde irgendein signifikanter Teil des Gegenstandes irgendeiner Person bereits vor der Geheimhaltungsverfügung offenbart, müssen die Mandanten diese Person schnellstens auf die Geheimhaltungsverfügung und die Strafbestimmungen bei nicht zulässiger Aufdeckung informieren. Wenn jedoch ein solcher Teil besagten Gegenstandes irgendeiner Person in einem fremden Land oder von fremder Nationalität in den Vereinigten Staaten offenbart wurde, sind die Mandanten verpflichtet, diese Person nicht über die Geheimhaltungsverfügung zu informieren, sondern statt dessen dem Leiter des Patentamtes schnellstens die folgende Information, soweit nicht bereits geliefert, zuzustellen: Datum der Aufdeckung, Name und Adresse der Person, der gegenüber der Teil aufgedeckt wurde, Kennzeichnung dieses Teils; ferner jedwede Autorisierung durch eine Einrichtung der U.S.-Regierung, diesen Teil zu exportieren. Wenn der Gegenstand in irgendeinem ausländischen Patentantrag oder Patent enthalten ist, sollte dies angezeigt werden. Die Mandanten sind angewiesen, allen diesbezüglichen Instruktionen des Patentamtleiters Folge zu leisten.

Diese Verfügung soll keineswegs dahingehend ausgelegt werden, daß die Regierung sich die geltend gemachte und in diesem Antrag enthüllte Erfindung zu eigen gemacht hat oder deren Aneignung erwägt, noch ist es irgendein Hinweis auf den Wert einer solchen Erfindung.

Auf der Konferenz, auf der MacNeill die Geheimhaltungsverfügung bekanntgab, riet er den Erfindern von Neue-Energie-Geräten, an die Öffentlichkeit zu gehen: „Bringen Sie die Information oder das Gerät nach draußen zu genügend Leuten, damit man Sie nicht aufhalten kann."

der etwas als erster beantragt. Das Ergebnis ist, Costar zufolge: „Die kleine Firma wird weggedrängt und von großen Firmen plattgemacht, die über eine eigene Rechtsabteilung verfügen, in der Patentanträge über Nacht aufgesetzt werden."

Die Fürsprecher der Erfinder sagen, das Patentsystem der Vereinigten Staaten werde auf andere Weise umgangen. So wird zum Beispiel angestrebt, daß die Patentinformation bereits achtzehn Monate nach der Patentanmeldung veröffentlicht werden soll. Ein derartiges System verschafft den großen Firmen, die über die Mittel verfügen, ein Patent schnell in ein Produkt zu verwandeln, einseitige Vorteile. Das wird wohl niemanden überraschen, denn die Patentgesetzgebung wird Costar zufolge „normalerweise von den Anwälten dieser großen multinationalen Firmen bestimmt".

Auch die Höhe der Gebühren für einen Patentantrag ist ein Problem. Costar sagt, die Gebühren seien in die Höhe geschnellt, als die Patentbehörden die Bearbeitung der Anträge auf Computer umgestellt haben. Die Erfinder protestieren dagegen, daß diese Kosten ihnen aufgebürdet werden. Die bloße Patentbeantragung kann einen Erfinder leicht mehrere Tausend Dollar kosten. Weitere Kosten fallen im Laufe der Jahre für die Aufrechterhaltung des Patentes an.

Doch mittlerweile haben die Erfinder einen Fürsprecher. Ein Philanthrop namens Steven Shore finanziert eine Lobby, die für unabhängige Erfinder eintreten soll, deren Zahl sich nach Costars Schätzungen auf über vier Millionen Amerikaner belaufen soll. Das Team der Allianz für amerikanische Innovation wird durch eine Reihe von unabhängigen Erfindergruppen verstärkt.

PARANOIA ODER BEGRÜNDETE ANGST?

Neue-Energie-Forschern, die seit Jahrzehnten still an ihren Erfindungen gearbeitet haben, ohne auf irgendeine Weise bedroht oder unterdrückt worden zu sein, fällt es schwer, den Schauergeschichten über die allgegenwärtigen finsteren „Männer in schwarzen Anzügen" zu glauben, die vorgeben, im Auftrag einer hochrangigen politischen oder wirtschaftlichen Macht zu handeln. Eine Geschichte, die mir erzählt wurde, dreht sich um einen Mann, der allein deswegen eingeschüchtert wurde, weil er anderen half, die sich mit der Forschung an Neuer Energie beschäftigten. Hier gebe ich ohne Namen und Orte einen Auszug aus einem 1993 geführten Telefoninterview wider:

Erfinder: Ich habe Ihnen von der ... Person erzählt, die zum Teil an unserer Arbeit mit ... beteiligt war. Es war ein Militäroffizier, der aufgegriffen und widerrechtlich festgehalten wurde. Sie setzten nicht einmal seine Vorgesetzten darüber in Kenntnis, wo er war. Sie hielten ihn vierundzwanzig Stunden fest, wobei sie ihn immer wieder fragten, wer wir sind und was wir tun.

Manning: Wer sind „sie"?

*Erfinder (nach einer Pause verdutzten Schweigens, offenbar erstaunt dar-
über, daß man so eine Frage stellen kann):* Sie haben sich nicht ausgewiesen. Es waren die „Männer in Schwarz" oder Ihre Steuerdollars im Einsatz oder was auch immer. Wir versuchten herauszufinden, warum er nichts
mehr mit uns zu tun haben wollte, und schließlich erzählte er es uns. Dann
wurde er in eine andere Gegend versetzt; wir aber hörten mit unserer Arbeit in der Stadt auf und verlegten sie danach in einen anderen Staat. Es
gibt verrückte Sachen, und sie können jederzeit passieren. So etwas kann
sich vollkommen Ihrer Kontrolle entziehen.

Die letzte Äußerung mag zwar übertrieben sein, doch es bleibt die Tatsache, daß ich zu viele Geschichten aus erster Hand gehört habe, darunter
einige, die sich erst vor kurzem ereigneten, um zu glauben, daß das alles
reine Phantasie sein könnte. Erfinder haben von Einbrüchen in Labors
oder Werkstätten zu Hause berichtet, nachdem ihnen eine gewisse Aufmerksamkeit für eine Entdeckung zuteil wurde, die etwas mit Energie zu
tun hat. Die Schadensbeschreibungen ließen darauf schließen, daß einer
oder mehrerer Eindringlinge dagewesen waren, nicht um etwas zu steh-
len, sondern nur, um dem Erfinder einen Schrecken einzujagen.

Ein Mann, der anonym bleiben möchte, der Erfinder einer kleinen
Brennstoffzelle, die mit Meerwasser betrieben wird, erzählte mir, zwei
Männer hätten sein Labor aufgesucht. Während der eine ihn im anderen
Zimmer in ein Gespräch verwickelte und ihn so ablenkte, stahl sich der
andere in die Werkstatt und sprühte offenbar etwas an die Wand. Später,
als sich niemand mehr im Gebäude befand, züngelten Flamen an der Wand
empor und zerstörten einen Teil der Ausrüstung des Erfinders.

Ein emsiger Freiberufler aus Texas, der nebenbei Freie-Energie-For-
schung betreibt, sagt, er sei von „diesen Clowns", die sich ihm niemals
vorgestellt hätten, verfolgt worden. Mehrfach sei es seinem Geschäftspartner passiert, daß er beim Betreten der eigenen Wohnung die Zimmer
durchwühlt vorfand.

Die Besucher, die eigenständig arbeitende Forscher bedroht und durch
Einschüchterung zum Schweigen gebracht haben, stellen sich nicht mit
ihren richtigen Namen vor, das bestätigen auch andere Erfinder. Sie lassen auch keine Visitenkarten da. Deshalb ist es so gut wie unmöglich,
nachzuweisen, ob all diese Berichte über Unterdrückung stimmen.

EINE ALPTRAUMARTIGE GESCHICHTE ZUR NEUEN ENERGIE

Ein bedauerliches Beispiel dafür, was einem unabhängigen Forscher zustoßen kann, ist der Fall des Kernphysikers Paul Maurice Brown. 1978 fing Brown an, Magnetenergiegeräte zu erforschen. Zu jener Zeit studierte er noch am College. Im Laufe der Jahre hörte er alptraumartige Geschichten über Erfinder, denen Durchbrüche gelangen und die dann verfolgt, schikaniert oder sogar ermordet wurden. Er erklärte sich diese Geschichten als Folge eines Verfolgungswahns jener Erfinder. Diese Ansicht wurde durch Begegnungen mit mehreren Erfindern bestärkt, die über eine unbändige Einbildungskraft verfügten und sich selbst der größte Feind zu sein schienen.

Brown entwickelte ein neuartiges Verfahren in Form einer Batterie, in der natürlicher radioaktiver Zerfall direkt in Strom umgewandelt wurde. Im Februar 1987 beschlossen der stolze Erfinder und seine Partner in einem privaten Forschungsunternehmen in Boise, Idaho, daß es Zeit für eine öffentliche Ankündigung sei.

Es folgte eine Reihe von traumatischen Ereignissen. Das Gesundheitsministerium und das Finanzministerium erhoben Klage gegen Brown und die Firma. Seine Lizenz für den Umgang mit radioaktivem Material wurde zurückgezogen. Dann erhielt er anonyme Drohungen, zum Beispiel: „Wir werden Ihr Haus und Ihre Familie niederwalzen."

Er verlegte die Firma nach Portland in Oregon, doch damit hörten die Schwierigkeiten nicht auf. Trotz eines positiven Artikels über das Nuklearbatterieunternehmen, der 1988 im *Fortune* Magazin erschien, wurde gegen Brown und seine Firma Anklage wegen Verstoßes gegen die Sicherheit erhoben. Das Finanzamt des Staates Oregon ermittelte gegen ihn, ebenso wie die Bundesfinanzbehörde und die Wertpapier- und Börsenkommision.

Nachdem er sich erfolgreich gegen diese Verfolgung zur Wehr gesetzt hatte, verdoppelte Brown seine Bemühungen, sein Vorhaben weiterzuentwickeln. Doch es kam noch schlimmer. Seine junge Frau wurde überfallen. Nicht einmal in ihrem Haus fühlten sie sich noch sicher; dreimal wurde dort eingebrochen und alles gestohlen. Weitere vier Male wurde es verwüstet. Brown wurde zweimal beschuldigt, Drogen herzustellen, und er büßte schließlich die Aufsicht über seine Firma ein. Nun verloren die Browns auch noch ihr Haus.

Als schließlich Anfang der Neunziger eine ferngezündete Bombe im Auto seiner Mutter detonierte, trieb dies Brown in die Zurückgezogenheit. „Ich verstehe heute, warum Erfinder aus der Gesellschaft aussteigen", schrieb er 1991 in einem offenen Brief an andere Neue-Energie-Erfinder. Was er ihnen rät? „Bleiben Sie unauffällig, bis Sie Ihre Bemühungen erfolgreich abgeschlossen haben, seien Sie wählerisch bei der Auswahl Ihrer Geschäftspartner, schützen Sie sich und Ihre Familie, und denken Sie daran, daß die Alptraumgeschichten wahr sind."

DIE GRÜNDE FÜR SCHIKANIERUNG

Bei einem Meeting der International Tesla Society 1988 gab Adam Trombly seiner Hoffnung Ausdruck, daß die Unterdrückungsgeschichten, die er gehört hatte, an die Öffentlichkeit dringen würden: „Wir hoffen, daß sich mehr Leute ans Licht trauen."

Was bleibt einem Erfinder nun übrig? Trombly schlägt zwei Möglichkeiten vor: Die eine besteht in vollkommener Anonymität – einen Investor zu finden, der das Projekt an einen möglichst entlegenen Ort verfrachten kann, und unbekannt zu bleiben. Die andere Möglichkeit wäre, „jedem zu erzählen, was man tut. Denn dann wird Sie niemand dafür belangen können, daß Sie keine Geheimhaltungsverordnung befolgen. … Was auch immer Sie tun, seien Sie vorsichtig. Die Welt da draußen gibt es wirklich."

Der Ingenieur Toby Grotz aus Colorado engagiert sich in einigen Neue-Energie-Organisationen wie der Tesla Society und dem Institute for New Energy. Er sagt, er glaube nicht an Unterdrückung „als eine organisierte Verschwörung. Ich glaube, die Unterdrückung geht von Einzelpersonen aus. Dahinter steckt unser Widerstand gegenüber Veränderungen." Er fügt hinzu:

> Das kollektive Bewußtsein hat sich nicht dafür entschieden, den Quantensprung hin zu Freier Energie zu machen. … Das kollektive Bewußtsein entschied, daß es in Ordnung ist, Feuer, das Rad, Dampf- und Benzinmotoren, Elektromotoren, Kernkraft zu beherrschen – all diese kleinen technologischen, stufenweise vollzogenen Sprünge in unserer Evolution sind ein Ergebnis des kollektiven Bewußtseins, das sagt: „In Ordnung, es ist an der Zeit, dies zu tun. Jetzt können wir weiterschreiten."

Der britische Autor John Davidson pflichtet dem bei: „Viele derjenigen, die sich in einem Kampf gegen das 'System' wiederfinden, sind Opfer paranoider Gefühle der Schikanierung und Unterdrückung gewesen, während es in Wirklichkeit keinen Plan gab, ihr Werk zu unterdrücken, sondern nur die unbewußte Trägheit der 'etablierten Meinung.'"

Auch ich glaube, daß es keine organisierte Verschwörung gibt. In menschlichen Gesellschaften gibt es den Faktor Gier, doch häufig entsteht Unterdrückung aus der menschlichen Angst vor Veränderung, unserer Angst vor dem Unbekannten. Heute kennen noch nicht viele Menschen die Möglichkeiten, die sich aus den Neuen Energien für unsere Welt ergeben, doch das könnte sich ganz schnell ändern. Moray King, der Theoretiker der Raumenergie, den wir in Kapitel 4 kennenlernten, sagt, die Weltsicht verändere sich tatsächlich in Richtung einer Akzeptanz der Neuen Energie: „Das Hauptmotiv für die Behinderung dieser Entdeckungsreise, der Eigennutz, wird sich umorientieren. Aus ihm heraus wird enormes Investitionskapital für ihre Weiterentwicklung aufgebracht werden – wenn sie damit nicht fertig werden, machen sie schließlich selbst mit." Ab dann wird die Raumenergieindustrie so schnell wachsen wie die Computerindustrie, sagt King, und sie wird viele neue Möglichkeiten eröffnen.

Wie sehr auch immer sich die Industrien verändern, den unabhängigen Erfinder wird es immer geben, denn Erfinder zu werden ist keine Entscheidung, die mit kühlem Verstand getroffen wird. Es ist häufiger ein Drang als eine lukrative Freizeitbeschäftigung. Oft ist es ein Hobby, durch das die Geduld der Familienmitglieder strapaziert, das Sparbuch der Familie geplündert und das Haus mit Werkzeugen, Sägemehl, Quellenbüchern und Metallteilen angefüllt wird. Vielleicht hätte der geplagte unabhängige Erfinder bessere Erfolgschancen, wenn die Landesgesetze nicht so eindeutig zugunsten der Konzerne formuliert wären und wenn die Schikanierung in all ihren Formen aufhören würde.

Im nächsten Kapitel werden wir uns die wirtschaftlichen Auswirkungen der Freien Energie ansehen.

15

Die Gesellschaft und eine Neue-Energie-Wirtschaft

Die Öffentlichkeit ist weit mächtiger als die großen Kartelle. Doch die Öffentlichkeit schläft.
— John O'Malley Bockris, Physiker

Die Innovatoren kommen der Realisierung von preiswerter, sauberer Energietechnik immer näher – und zwar wesentlich schneller, als die Politiker in Nordamerika die Gesellschaft auf den daraus resultierenden Wirtschaftsschock vorbereiten.

In *Road to 2012*, einem Bericht für die U.S.-Küstenwache, warnt der Zukunftsforscher John L. Peterson vor dem möglichen menschlichen Leid, das aus einer Umstellung der Weltenergiewirtschaft entstehen könnte. Peterson erklärt, unser derzeitiges, auf fossile Brennstoffe setzendes Energiesystem werde bald überholt sein und durch ein System ersetzt werden, in dem die in diesem Buch untersuchten Neue-Energie-Quellen Hauptenergielieferant der Gesellschaft sein werden. Er sagt:

Auf der einen Seite wären große Hoffnungen mit diesem neuen Lösungsansatz für die ungeheuren globalen Probleme verbunden. Eine neue Ära würde am Horizont aufleuchten. Auf der anderen Seite dürfte der Übergang zu einer neuen Existenzweise denjenigen nicht ganz leicht fallen, die sich nicht so einfach und schnell umstellen können. Bei vielen würde das große Verzweiflung hervorrufen.

Was mag die Zukunft bereithalten? In diesem Kapitel werden wir zunächst die Fallstricke und Möglichkeiten eines Übergangs zu einer auf Neuer Energie basierenden Wirtschaft betrachten. Dann werden wir die

Kräfte in Augenschein nehmen, die dem entgegenwirken, und wir prüfen, wie sie überwunden werden könnten. Wir werden schauen, ob der Übergang stattfinden wird oder nicht und wie eine solche Phase des Übergangs aussehen könnte. Schließlich werden wir sehen, was wir tun müssen, um uns auf ein Leben nach dem Erdöl zuzubewegen.

FALLSTRICKE UND MÖGLICHKEITEN DER NEUEN ENERGIE

Peter Lindemann aus New Mexico, Autor, Erfinder und langjähriger Erforscher von Energiealternativen, sagt, die Menschen müßten über die potentiellen Auswirkungen einer Neue-Energie-Revolution auf die Gesellschaft diskutieren. Nach seiner Einschätzung befindet sich das technische Know-how an einem Punkt, an dem eine solche Revolution sehr schnell ablaufen könnte – wahrscheinlich innerhalb eines Jahrzehnts. Doch er sagt: „Wenn sich auf der sozialen, politischen oder wirtschaftlichen Ebene nicht wirklich etwas ändert, dann ist die Technik irrelevant; sie wird nicht zugelassen werden."

Welche Hürden liegen zwischen unserer von herkömmlicher Energie bestimmten Gegenwart und unserer Neue-Energie-Zukunft? Viele dieser Hindernisse werden in den Büros und Sitzungssälen der Manager jener Konzerne ersonnen, die die derzeitige Wirtschaft bestimmen. Kenner der Methoden von Verwaltung und Regierung entwerfen folgendes Szenario: Ein hochrangiger Angestellter bei einer Bundeseinrichtung, die mit Energie oder Erfindung zu tun hat, erhält von jemandem aus der Industrie ein Angebot für eine gutbezahlte zukünftige Stelle. Dieses Angebot richtet sich nach den Erfolgen, die der Angestellte bei der Blockierung von Entwicklungen vorweisen kann, die die Profite der Industrie gefährden, und überhaupt danach, wie er dabei mithilft, den Status quo aufrechtzuerhalten.

Einen weiteren Hemmschuh stellt der Profitzwang der Firmen dar. Dadurch werden Entscheidungen verhindert, die helfen würden, Neue-Energie-Technik auf den Markt zu bringen. Zum Beispiel wehrt sich die Automobilindustrie weiterhin stur gegen die kalifornischen Gesetze, die verlangen, daß ein bestimmter Prozentsatz von Neufahrzeugen überhaupt keine Schadstoffe mehr freisetzen darf. Denn die durch die Umstellung der Montagebänder anfallenden Mehrkosten für die Produktion könnten die Automobilhersteller durch so etwas wie Elektroautos kaum auffangen.

Eine der bedeutendsten Behinderungen des Fortschritts ist das fehlende öffentliche Bewußtsein um mögliche Neue-Energie-Quellen. Wenn die

Öffentlichkeit nichts darüber weiß, kann sie weder auf öffentliche noch private Institutionen Druck ausüben, sich dieser Quellen fördernd anzunehmen. Der Mangel an Wissen um dieses Thema ist weit verbreitet; selbst Regierungsvertreter, die den Versuchungen der Wirtschaft widerstehen, wissen nichts von den Möglichkeiten der Neuen Energie. Und bis jetzt hat der Konkurrenzdruck unter Wissenschaftlern und Journalisten zur Konformität einer Aufklärung über dieses Thema entgegengewirkt. Die treibende Kraft dabei liegt im Widerstand gegenüber Veränderungen.

Andere Hindernisse sind weniger offensichtlich. Die Wall Street liefert das Startkapital für gigantische Erdöl- und Kernenergieprojekte und ist auf die anhaltenden Kapitalrückflüsse aus solchen Investitionen angewiesen. Die Macht der Banken ist nicht zu unterschätzen. Wenn sie beschließen würden, kein Geld mehr für Öltanker, Staudämme und Kernkraftwerke zu verleihen, würden solche Projekte nicht gebaut werden.

Ein weiteres Hindernis ist die Tatsache, daß die Regierung selbst sich zum Teil durch Energie finanziert. Ein Teil der Staatseinkünfte in den Vereinigten Staaten und in anderen Ländern stammt aus der Energiesteuer. Zum Beispiel brachten 1992 die Steuern auf Motorbrennstoffe den Haushalten der U.S.-Bundesstaaten 22,25 Milliarden US-Dollar ein. Wenn die Öffentlichkeit plötzlich 20 Prozent weniger Brennstoff verbrauchte, würde weniger Geld in die Regierungskassen fließen.

Ein rapider Übergang zu einer Neue-Energie-Wirtschaft könnte auch zum Verlust einer großen Anzahl von Arbeitsplätzen führen. Zum Beispiel hat ein großes Stromversorgungswerk immense Geldbeträge in große Anlagen investiert – Anlagen, die entweder zur Herstellung anderer Waren dienen oder die auf sonstige Weise Einkünfte erzielen – und in Obligationen, um Schulden abzudecken, wie die, die durch den Bau eines Kernkraftwerks aufgelaufen sind. Wenn solch ein Kraftwerk plötzlich durch eine Erfindung überflüssig würde, könnte die Betreiberfirma das Kraftwerk nicht einfach abschalten und es abschreiben oder die Summen, die in das Kernkraftwerk geflossen sind, in ihren Buchhaltungskonten streichen. Das ganze Versorgungsunternehmen müßte Konkurs anmelden, und viele Menschen würden arbeitslos werden.

Sehr viel Geld – und viele, viele Arbeitsplätze – sind an die Fossile-Brennstoff-Wirtschaft gebunden. 1991 lagen die Energiekosten in den Vereinigten Staaten bei 891,1 Milliarden Dollar oder 15,6 Prozent des Bruttosozialprodukts. Wenn man die Anzahl von Arbeitsplätzen hinzuaddiert, die in der übrigen Welt mit fossilem Brennstoff zusammenhängen, wird offensichtlich, warum ein schneller Wechsel zu neuen Energiequellen sich verheerend auf den Arbeitsmarkt auswirken könnte.

Gleich hinter den düsteren Aussichten auf den Abbau von Arbeitsplätzen keimt jedoch die Hoffnung auf neue Arbeitsplätze auf. Lindemann sagt: „Wir müssen alles Bestehende auseinandernehmen und durch etwas ersetzen, das einer verträglichen Zukunft dient und uns nicht vergiftet. Es gibt jede Menge Arbeit, die getan werden muß; die Vorstellung, daß jeder [auf lange Sicht] arbeitslos werden wird, ist absolut lächerlich."

Die Menschheit steht vor einem Test, wenn Neue-Energie-Technologien als Realität akzeptiert werden. Der Test wird darin bestehen, sie zur Verbesserung der Lebensqualität und der Reinigung der Erde einzusetzen, statt sie zu benutzen, um Waffen, Zerstörung oder noch mehr Müllberge zu schaffen.

Manche Leute glauben, derartige Arbeitsplätze könnten den Menschen mehr geben als die bloße Möglichkeit, ihren Unterhalt zu verdienen. H. D. Froning jr. vom Unternehmen McDonnell Douglas Space Systems in Kalifornien arbeitet an Methoden, Neue-Energie-Techniken bei der Erforschung des Weltraums einzusetzen. Wie er glaubt, müssen dazu ebensolche technischen Durchbrüche erzielt werden, wie sie auch bei der Energieerzeugung nötig sind. Er spekuliert, daß derartige technologische Fortschritte weit darüber hinausgehen würden, die bloßen Grundbedürfnisse des Lebens zu befriedigen. Die Menschen brauchten auch einen Sinn für Werte, und er stellt sich vor, wie eine wachsende Bevölkerung sinnvolle Arbeit durch ganz neue Jobs erhält.

DIE OPPOSITIONSKRÄFTE

Der Widerstand gegen die Neue Energie kommt aus mehreren Richtungen, wie wir in diesem Buch gesehen haben. Dazu gehören neben anderen großen Geschäftszweigen die Erdölgesellschaften und überraschenderweise auch ein Teil der Umweltbewegung.

Doch was ist mit den Vorstandsmitgliedern der Erdölgesellschaften? Wie Lindemann bemerkt, erkennen sie, daß die Vorräte ihres Produktes begrenzt sind, so daß sie weitere Geschäftsbereiche in ihr Programm eingegliedert haben. Ihnen gehören heute Kohle- und Uranminen, und sie stellen Kunststoffe, Dünger und Chemikalien her. Die gigantischen Konzerne wollen im Geschäft bleiben, sagt er. Es ist ihnen eigentlich egal, was sie produzieren. Dies klingt auch bei den Erkenntnissen des hervorragenden Physikers und Energieforschers Harold Puthoff an. Wie er sagt, haben ihm die Manager der Erdölfirmen erzählt, sie würden eine neue Energiequelle begrüßen, da sie mehr Gewinne damit erzielen würden, Erdöl zu Plastik und Pillen zu verarbeiten, als wenn sie es nur als Brennstoff verkaufen.

„Ich glaube nicht, daß Erdölfirmen und die Energieverteilungsgesellschaften das Problem sind", sagt Lindemann. „Sie wollen bloß nicht, daß die Dinge zu schnell passieren, so daß plötzlich jeder eine Wärmepumpe in seinem Garten betreibt; das würde nur eine Wirtschaftskrise hervorrufen."

Was sieht er in diesem Fall als Hauptproblem an? Aus Lindemanns Sicht sind es die Medien und eine Machtelite, der große Magazine, Zeitungen, Radiostationen und Fernsehsender gehören und die bekanntermaßen die öffentliche Meinung zu Ungunsten einer Neue-Energie-Entdeckung manipuliert, um die soziale Stabilität zu erhalten. Ich glaube, diese Elite denkt, das Volk würde vielleicht wütend werden und aufbegehren, wenn jedem Normalbürger klar würde, daß die Probleme der Fossile-Brennstoff-Wirtschaft, wie hohe Kosten für Heizung, Elektrizität und Transport ebenso wie die Umweltverschmutzung, unnötig sind. Lindemann sagt:

Ein Erfinder wird unterdrückt. Für die Aufrechterhaltung der Ordnung mußten Opfer gebracht werden. ... Ich stimme mit ihren Mitteln, dies zu bewirken, nicht überein, doch ich stimme durchaus mit dem Endresultat [der sozialen Stabilität] überein. Obwohl ich nicht weiß, ob sie dies mit ihrem geringen Grad an Integrität zustandebringen können. Ich glaube, wenn man das gesamte Projekt Gesellschaftsordnung der Öffentlichkeit überließe, kämen wir zu viel mehr Kooperation.

Wer sind „sie"? Lindemann sagt, gigantische Finanzkräfte – das weltweite Bankensystem und die Finanzmärkte – arbeiten hinter den Kulissen daran, die Wirtschaft umzumodeln. „Von dort muß der Wandel ausgehen. Obwohl ich ihre Art, uns auszubeuten, nicht mag, genausowenig wie die Tatsache, daß sie dafür gesorgt haben, daß sich die Macht weiterhin in ihren Händen konzentriert." Doch Lindemanns Sicht weicht von der anderer Verfechter der Neuen Energie ab, die es nicht erwarten können, den großen Firmen ihre Macht zu entreißen und sie in die Hände des Volkes zu legen.

Ein Trend, der sich auf die zukünftigen Veränderungen durch die Energietechnologie auswirken könnte, ist die weit verbreitete Ernüchterung angesichts der Gier der großen Firmen, eine Gier, die zu zerstörten Ökosystemen sowie zu korrupten politischen Systemen geführt hat. „Wenn die Idealisten, die sich eine gesündere Welt wünschen, sich alle aus dem Gesamttrend ausklinken, in dem die Macht uns antreibt", warnt Lindemann, „werden wir die denkbar schlechteste Zukunft bekommen." Diese Leute, von denen viele den wirtschaftlichen Trend weg von nationaler Souveränität und hin zum Multinationalismus mit Furcht und Mißtrauen betrachten, müssen sich gegen den Machtmißbrauch erheben und an der Gestaltung unserer Zukunft mitarbeiten.

Wie paßt die Umweltbewegung in das Neue-Energie-Szenario? Ein Autor, P. J. O'Rourke, macht sich über die Umweltschützer lustig, indem er anführt, daß einige Leute eigentlich lieber in apokalyptischen Zeiten leben möchten und sich im Überfluß unwohl fühlen würden. O'Rourke mag dies nicht bewußt sein, doch er hilft uns zu verstehen, warum die Neue-Energie-Bewegung wenig Hilfe von der Umweltbewegung bekommt. Er führt die langjährigen Umweltschützer Jeremy Rifkin, Amory Lovins und Paul Ehrlich an, die behaupten, wenn man der Gesellschaft grenzenlose, umweltverträgliche Energie zum Sonderangebotspreis geben würde, wäre dies das Schlimmste, was dem Planeten passieren könne, weil die Menschen damit sicher nicht nur Positives zustandebringen. Sie würden anscheinend lieber versuchen, eine signifikante Anzahl von Menschen – besonders Energieverbraucher in den entwickelten Ländern – dazu zu bringen, Energie zu sparen, ihre Gürtel enger zu schnallen und mit weniger Energie für Strom und Transport auszukommen. Die meisten Umweltschützer, mit denen ich zusammengearbeitet habe, empfinden so.

Doch um realistisch zu sein – die Gesellschaft wird wahrscheinlich preiswerte, grenzenlose Energie bekommen, ob es denjenigen, die lieber den Gürtel enger schnallen, paßt oder nicht. Wenn die westlichen Umweltgruppen Neue-Energie-Techniken nicht akzeptieren wollen, werden die Geräte aus dem Osten importiert werden (siehe Kapitel 7 und 8 als Beispiele dafür, wie man in Asien Neue-Energie-Ideen aufnimmt). Wäre es für Umweltschützer nicht weiser, die Flexibilität des Denkens neu zu erlernen und dabei mitzuhelfen, die Richtung der kommenden Energierevolution mitzugestalten?

WERDEN WIR DEN WANDEL SCHAFFEN ODER NICHT?

Um die Frage zu beantworten, ob ein Übergang zu Neuer Energie stattfinden wird oder nicht, sollten wir uns den Wandel aus zwei unterschiedlichen Blickwinkeln ansehen und erörtern, was zu der Phase der Umstellung auf die Neue-Energie-Wirtschaft dazugehört.

Zwei Perspektiven des Wandels

Ich glaube, ein Übergang zu einer Neue-Energie-Wirtschaft ist unvermeid-
lich, doch manche Leute sind sich da nicht so sicher. Lassen Sie uns beide
Seiten der Argumentation betrachten.

Auf der skeptischen Seite bezweifelt Erwin Krieger, ein pensionierter
Magnetforschungstechniker in Cincinnati, daß in Nordamerika ein Freie-
Energie-Gerät in naher Zukunft auf den Markt kommen wird. „Wir sind
davon so weit entfernt, wie man dies nur sein kann. Es ist ziemlich wahrscheinlich, daß das Militär sich die Sache zuerst unter den Nagel reißen
wird. Und … wahrscheinlich geht dies mit Verboten gegen 'unautorisierte
Konstruktion und Nutzung' einher".

Er fügt hinzu:

Dann sind da die wirtschaftlichen Auswirkungen. Das Geschwafel der
Autohersteller, man solle sein Auto fürs Recycling durch die Autozubehör-
produktion in Zahlung geben, ist ziemlich naiv; diese Parallele ist weit
davon entfernt, realistisch zu sein. Was ist mit den Werftarbeitern, die die
großen Supertanker bauen, die Millionen von Tonnen Erdöl von hier nach
da bringen? Was wird aus den Arbeitern, der Technik und der Forschung
in der Erdölförderindustrie weltweit? Was geschieht mit den Wissenschaftlern und ihrer Forschung auf dem Gebiet der Sonnenenergie, der Atomenergie? Mit dem Bergbau und der gigantischen Infrastruktur in der Kohle-
förderung? Oder mit den durch Erdöl, Erdgas und Kohle betriebenen
Kraftwerken?
Obwohl die zahlreichen Aspekte des Energiegeschäfts unvereinbar scheinen, sind sie in Wirklichkeit die miteinander verzahnten Bausteine einer
monolithischen Struktur, die in sich zusammenstürzen würde, wenn irgendwo darin ein Riß entstünde.
Wenn ich in meinem kleinen Labor eine Freie-Energie-Maschine hätte,
würde ich sie einpacken und mich schleunigst in ein Land in den Anden

oder in Afrika verziehen, das kaum über Energiequellen verfügt. … Natürlich würde das in Frage kommende Land angesichts von Habgier und Politik, so wie sie nun mal sind, früher oder später in Betracht ziehen, billige Energie an seine Nachbarn zu exportieren, und … muß ich noch fortfahren? Die Einführung eines Freie-Energie-Gerätes – *das* wäre eine Energiekrise!

Auf der Seite der Optimisten steht Bill Lawry aus Kalifornien, ein erfolgreicher Unternehmer, der mitgeholfen hat, Experimente zur Neuen Energie zu finanzieren. Er sagt, wenn einer der Erfinder ein zuverlässiges Gerät entwickeln sollte, „wäre es das revolutionärste Ereignis überhaupt – großartig und katastrophal in einem. Auf lange Sicht wäre der Übergang [zur Neue-Energie-Technologie] eine Besserung, doch zwischenzeitlich würde es eine Erschütterung in einer Größenordnung darstellen, die die Welt noch nicht erlebt hat."

Lawry kann verstehen, warum jemand die Entwicklung von Neue-Energie-Geräten unterdrücken will, sagt aber, es wäre ein unmögliches Unterfangen, weil es zu viele begabte Leute gibt, die entschlossen sind, dies zu realisieren. Er hat sich mit der Frage auseinandergesetzt, was getan werden sollte, wenn ein Energiegerät bis zu dem Punkt perfektioniert sei, daß es bereit für die Massenproduktion sei. Der Welt auf einer großen Pressekonferenz mitzuteilen, „Hier ist es!", entspricht nicht seiner Vorstellung:

Ich bin Unternehmer, deshalb würde mein Ansatz darin bestehen, zu vier oder fünf der größeren Firmen zu gehen – sollen sie ruhig in Konkurrenz zueinander stehen – und ihnen zu sagen: „Das können wir mit dieser Erfindung tun, und das wird sie mit Ihrer Firma machen. Sie haben bereits einen großen Stab von Ingenieuren, die die Produkte entwerfen können, und Sie haben die Produktionsanlagen. Legen Sie los!"

Der Übergang zur Neuen Energie will bezahlt sein

Natürlich wird eine Neue-Energie-Technologie nicht frei von Kosten sein. Der Physiker Hal Fox weist darauf hin, daß der Bau der Geräte, die dazu erforderlichen Materialien und andere Ausgaben bei der Planung von möglicher, en masse produzierter Neue-Energie-Technik einkalkuliert werden müssen. Seine optimistischste Vorhersage lautet, die Verbraucher könnten saubere Energie zu Preisen zwischen einem Zehntel und einem Drittel der derzeitigen Kosten haben, die in den Vereinigten Staaten bei rund 1 200 Dollar pro Jahr für einen durchschnittlichen Haushalt liegen. Wie soll die Übergangsphase bezahlt werden, ohne Not in großem Umfang zu verursachen? Ich habe Peter Lindemann vorgeschlagen, die Übergangszeit könnte mit dem Aufbau eines neuen Geschäftes verglichen werden, bei dem jeder ein paar Opfer bringen müßte, bis die Profite zu fließen beginnen.

„Ihre Analogie ist gut", sagt er. „Nun ist es leicht, sich vorzustellen, wie es auf der individuellen Ebene aussieht. Was passiert aber, wenn eine ganze Gesellschaft das tun muß, ebenso eine Regierung, deren gesamte Steuerstruktur auf der heute eingesetzten Energie basiert? Welche Gesetze müssen geändert werden? Wie sollen die Steuern verändert werden, wenn Energie allmählich auf verschiedene Weise genutzt wird?"

Wie könnte eine Übergangsphase aussehen? Um sie schneller anzuschieben, könnte die Besteuerung von Technologien angehoben werden, die auf alter Energie basieren, um die Forschung und Entwicklung der Neue-Energie-Technik zu finanzieren. Dann könnten der Transport fossiler Brennstoffe, die Anlagen zum Beheizen und zur Stromerzeugung ebenso wie die Kernkraftwerke stufenweise abgeschafft werden, sobald Neue-Energie-Geräte aus den Fabriken kommen.

Da diese Geräte brennstofflos und haltbar wären, würde das alte System der Brennstoffbesteuerung nicht mehr funktionieren. Doch anstatt nach einem anderen Produkt oder einer anderen Dienstleistung Ausschau zu halten, die sich besteuern ließe, könnte die Regierung die Einkommenseinbuße dadurch wettmachen, daß sie ihre Ausgaben für die Wirtschaftsbereiche zurückfährt, die sich an der Verteidigung ausrichten und die durch das Ende des kalten Krieges weitgehend überflüssig geworden sind. Allein die Ausgaben des U.S.-Verteidigungsministeriums lassen den staatlichen Schuldenberg jährlich um mehrere Milliarden Dollar anwachsen. Und da die Regierung der Vereinigten Staaten selbst ein großer Energieverbraucher ist, könnten Neue-Energie-Anlagen ihre Kosten direkt reduzieren.

Privatunternehmen können diese Neue-Energie-Anlagen entwickeln, wenn die zuvor erörterten Hindernisse ausgeräumt werden. Doch sie sind auf die Kooperation mit Bundes- und Staatsregierungen angewiesen, die eine Neue-Energie-Politik formulieren müssen, die den Übergang zu sauberer, preiswerter Energie mit allen Kräften unterstützt.

LEBEN NACH DEM ERDÖL:
HIN ZU EINER NEUE-ENERGIE-WIRTSCHAFT

Ehe wir den Übergang zu einer Neue-Energie-Welt in Betracht ziehen können, müssen wir mit unserem Verhalten in der Vergangenheit ins reine kommen. Erst dann werden wir in der Lage sein, klar in die Zukunft zu blicken.

Die Vergangenheit anerkennen

Ich glaube, wir können uns nicht in Harmonie vorwärtsbewegen, ohne unsere Verantwortung für die Vergangenheit zu akzeptieren. Diese Fragen müssen diskutiert werden, nicht um Negativität aufkommen zu lassen, sondern um statt dessen eine allgemeine Auseinandersetzung mit den Problemen zu fördern, denen wir alle gegenüberstehen. Auf diesem Wege kann die Gesellschaft sich auf eine Korrektur sowohl der Einstellungen als auch des Verhaltens zubewegen.

Eine Korrektur der inneren Einstellung könnte zu einer Heilung des Ökosystems Erde führen. Wir müssen der Tatsache ins Gesicht sehen, daß wir alle die Erde mißhandelt haben. Zum Beispiel verbrennt mein Lieferwagen Benzin. Deshalb verbraucht er Sauerstoff und stößt Gifte aus seinem Auspuff aus. Die ganze beschwichtigende Firmenwerbung für sauber verbrennende Treibstoffe, die wir in den Zeitungen lesen oder im Fernsehen sehen, ändert nichts an der Tatsache, daß Verbrennungsmaschinen den Planeten in Mitleidenschaft ziehen.

Doch das individuelle Eingeständnis reicht nicht aus; es muß auch ein kollektives Eingeständnis sein. Dr. John Hughes, Mediziner und Psychologe und ehemaliger Kandidat für die Grüne Partei von Britisch Kolumbien, sagt, die meisten denkenden Menschen trauern heutzutage auf einer unbewußten Ebene um ihren Planeten. Er sagt, auf einer tiefen Ebene wüßten wir um die tödlichen Auswirkungen der radioaktiven Verstrahlung, der Abholzung von Wäldern und der chemischen Verschmutzung sowohl der Erde als auch ihrer Bewohner. Diese uneingestandenen Gefühle – gegenüber unseren kollektiven Handlungen und ihren Folgen – unterminierten unsere Fähigkeit, effektiv zu handeln. Hughes schlägt vor, daß wir uns einander zuwenden, um uns gegenseitig dabei zu unterstützen, unsere tiefen Ängste zulassen, und sagt, Ziel des Prozesses sei es, fähig zu werden, auf die kommenden wirtschaftlichen Herausforderungen effektiv und mit klarem Mut und Verstand zu reagieren.

Der Zukunft ins Gesicht sehen

Selbst wenn es uns allen äußerste Anstrengung abverlangen wird, ist ein Übergang zu einer Neue-Energie-Wirtschaft dringend nötig. Die Umweltschützer dachten, wir würden von nun an beginnen, die unzähligen Quellen der Umweltverschmutzung durch die Energieindustrie auszuschalten. Der Fortschritt ist langsam vonstatten gegangen. Dr. Brian O'Leary, Raumenergiewissenschaftler und Mitbegründer der International Association for New Science (IANS), verleiht seiner Frustration Ausdruck: „Ich werde allmählich zu einem Revolutionär, der Wut empfindet über unsere kurzsichtige, unterdrückende und ökologisch destruktive Kultur." Er fügt hinzu: „Ich bin ganz erpicht darauf, an der Schaffung der sozialen Strukturen mitzuarbeiten, die eine neue Weltsicht erleichtern werden, eine, die eine lebenswerte globale Zukunft fördern wird." Zum Beispiel hat die IANS die Gründung einer Akademie für Neue Energie vorgeschlagen, die Wissenschaftler in der Theorie zur Neuen Energie und den entsprechenden Methoden ausbilden soll.

Und was ist mit der Energiepolitik, einer Politik, die sich ändern muß, ehe sich die Energiewirtschaft ändern kann? Eine Reihe von Autoren auf dem Energiesektor haben sich mit diesem Thema befaßt.

Curtis Moore und Alan Miller, Autoren von *Green Gold*, weisen darauf hin, daß die Vereinigten Staaten mit ihrem kreativen Potential und ihren Ressourcen den Wettlauf um die Energie gewinnen und sich einen großen Teil des Marktes für bedeutendere Energieerzeugungs-Techniken sichern könnten, der in den nächsten paar Jahrzehnten zu verteilen sein wird und den O'Leary – ein ehemaliger Präsidentschaftsberater – auf 2,1 Billiarden Dollar schätzt. Doch es heißt, ein Vorzug der amerikanischen Gesellschaft – ihr offenes politisches System – wirke sich nachteilig aus, wenn die Erdöl- und sonstigen Industrielobbies dieses System manipulieren und es benutzen, um den Weg zu Energiealternativen zu verbarrikadieren. Somit macht sich die Regierung mehr Sorgen über die Bedürfnisse des Big Business als über diejenigen anderer Gesellschaftssegmente. Obwohl auch Japan und Deutschland die Belange ihrer Industrien berücksichtigen, „bewahren sich [die Regierungen dieser Länder] ebenfalls eine klare Vision darüber, was den nationalen Interessen dient."

Dies ist kein Problem, das auf die Vereinigten Staaten begrenzt ist. Christopher Flavin und Nicholas Lenssen, Autoren des Buches *Power*

Surge, sagen, die Firmen und Regierungen auf der ganzen Welt „scheinen die Zukunft durch einen Rückspiegel zu betrachten." Ich glaube, sie haben recht.

Doch die Umstellung auf Neue Energie wird wie der Übergang vom Pferd zum Auto sein, oder vom Telegraphen zum Telefon oder vom Radio zum Fernsehen. Sie ist nicht aufzuhalten. Letztlich wird sich der Drang der stetig wachsenden Energieforschung mit dem Drang eines stetig wachsenden Bedürfnisses nach reichhaltigen, umweltverträglichen Energiequellen vereinigen und eine unwiderstehliche Forderung nach Neue-Energie-Technik schaffen. Der Systemingenieur Paul LaViolette gibt einer weit verbreiteten Sichtweise Ausdruck, wenn er sagt: „Die ganze [Neue-Energie-] Geschichte wächst so schnell, daß keine Unterdrückung mehr funktionieren wird, denn sie wird so oder so zum Durchbruch gelangen. Wie jede Revolution kann sie nicht aufgehalten werden."

Im nächsten Kapitel werden wir sehen, wie eine Neue-Energie-Gesellschaft entstehen kann – und was Sie tun können, um daran mitzuwirken.

16

Die Macht
liegt in unserer Hand

Spüren Sie das Crescendo? Immer mehr Erfinder sagen,
sie seien fast soweit, an die Öffentlichkeit zu gehen.
— Gary Hawkins, Erfinder
und Unternehmer

Dies sind öffentliche Kernfragen von solcher Bedeutung,
daß sie jetzt erörtert werden müssen – ehe die Kontrol-
le [über alternative Energietechnologien] jenen paar
Profit- und Machtgierigen in die Hände fällt, anstatt
[daß diese Energietechnologien] dem Wohle der Allge-
meinheit dienen.
— Brian O'Leary, Physiker

Wollen wir wirklich eine Neue-Energie-Zukunft? Ich schätze, die meisten würden diese Frage mit ja beantworten. Doch sind wir auch bereit, eine Neue-Energie-Zukunft einzufordern? Das ist die entscheidende Frage. Wenn wir nicht auf Veränderung zum Besseren bestehen, dann könnte der Wandel – wenn er schließlich tatsächlich kommt – anders aussehen, als wir ihn uns gewünscht haben. Ein Beispiel: Selbst wenn Neue-Energie-Erfindungen in Japan oder Korea zur Serienreife gebracht werden (siehe Kapitel 7 und 8), gelangen sie bei uns kaum in den Handel, solange mächtige Wirtschaftsinteressen dagegen stehen. Wie der Neue-Energie-Autor Michael Schuster sagt, „ist das gewünschte Endprodukt nicht unbedingt die kostenlose Zapfsäule in jedem Haushalt, sondern eher ein Gefühl von Eigenverantwortung."

Bill Lawry, ein amerikanischer Geschäftsmann mit internationalen Verbindungen, spricht von einem mächtigen Faktor beim Durchkreuzen der Konzerninteressen – dem Willen des Volkes:

Als die Leute in der Sowjetunion Zugriff auf Computer, Fax- und Videogeräte bekamen, verbreitete sich die Information dadurch schneller, als der Staat [sie] kontrollieren konnte. Die Leute forderten Veränderungen. Und daraufhin war es um die Macht der kommunistischen Partei in der UdSSR geschehen. Dasselbe wird im Westen mit den Energiekartellen passieren. Hier läuft dies über [das] Internet, Sie sagen es; die Leute erfahren etwas über Freie Energie, und für die Kartelle ist es zu spät, sie einzudämmen.

In diesem Kapitel werden wir zunächst betrachten, wie eine Neue Energie-Welt aussehen würde. Dann schauen wir, wie weit wir auf dem Weg in unsere Zukunft schon gekommen sind und wie weit wir noch gehen müssen. Als letztes und wichtigstes werden wir betrachten, was jeder einzelne von uns selbst tun kann, um die kommende Energierevolution anzuschieben.

DIE IMPLIKATIONEN DER FREIEN ENERGIE

Wie würde eine Neue-Energie-Welt aussehen? Man stelle sich die Möglichkeiten vor:

• Statt Kriege um Öl zu führen oder Kernkraftwerke zu subventionieren, bauen die Regierungen die Kraftwerke so um, daß sie mit umweltfreundlicher Energieerzeugungstechnik betrieben werden, und führen Aufräumarbeiten im großen Maßstab durch. Doch die meiste Energie wird von Geräten in Privathand erzeugt, vom Generator im Garten bis hin zu einem Kraftwerk, das groß genug ist, die Beleuchtung einer ganzen Stadt zu betreiben.
• Meere, Flüsse und Wälder werden vor weiterer Kontaminierung aus radioaktivem Abfall, durch Öllachen oder sauren Regen geschützt.
• Der Verkehr auf den Autobahnen und in den Städten summt nur noch ganz leise, das Dröhnen der Verbrennungsmotoren gehört der Vergangenheit an. Sogar die Luft im Stadtzentrum riecht frisch und rein. Die Jogger am Rande der Schnellstraßen können frische, saubere Luft einatmen.

- Da die Schornsteine der Kraftwerke weniger umweltschädigende Stoffe ausspucken, werden die Böden überall gereinigt und regeneriert. Dazu trägt natürlich auch bei, daß es keine Benzin- und Dieselmotoren mehr gibt, die über den Auspuff Schwermetalle in die Luft pusten. Nun wachsen überall Obst, Nüsse und Gemüse, von den Grüngürteln bis zu den Hinterhöfen in der Innenstadt. Jeder, der ein Flachdach hat, kann ein kleines Treibhaus bauen, das im Winter durch brennstofflose Geräte beheizt wird.
- Düsenflugzeuge werden so umgebaut, daß sie mit Wasser als Treibstoff fliegen. Die dazu verwendete Technik wird zugleich die giftigen Oxidverbindungen auflösen können, die in der Vergangenheit in die Atmosphäre entlassen wurden. So regenerieren Flugzeuge das Ozon in den oberen Luftschichten, anstatt es zu vernichten. Dadurch wiederum ist es möglich, all die Ozonprobleme zu entschärfen, die von Hautkrebs beim Menschen bis hin zum Absterben von Pflanzen reichen.
- Eine große Zahl konstruktiver Arbeitsplätze entsteht aus der Kombination aus preiswerter Energie im Überfluß und einem allmählichen Übergang zu Technologien, die im Einklang mit der Natur stehen.
- Die gesteigerte Vitalität der Menschen, die sauerstoffreiche Luft einatmen, unverschmutztes Wasser trinken und gesunde Nahrung essen, kann zu einem spiralartigen Wachstum von Zuversicht, Kreativität und vor allem der Entschlossenheit führen, die Probleme der Menschheit zu lösen.

Welche Arten von Geräten könnten schließlich auf den Markt kommen? Zusätzlich zu den in Teil II und III vorgestellten Erfindungen gibt es weitere in Entwicklung befindliche Geräte:

- Eine Möglichkeit ist der Raumenergie-Siliziumchip. Adolf Zielinski aus Wilmington, Delaware, ein Forscher mit einer Laufbahn in High-Tech-Unternehmen, arbeitet an einer Möglichkeit, Raumenergietechnologie (siehe Kapitel 4) auf einen Siliziumchip zu bringen. Derartige Geräte könnten alles Mögliche antreiben, von Autos über Stromkraftwerke bis hin zu Computern.
- Yasunori Takahashi aus Japan hat einen Raumenergiemotor entwickelt, der einen Motorroller auf einer Schnellstraße auf 110 Kilometer pro Stunde beschleunigte. Sein selbstgenerierender Motor verwendet die stärksten Magnete, die in der Neue-Energie-Welt bekannt sind.

- Magnete kommen auch in einem weiteren Gerät zum Einsatz, das ein Haus oder ein Auto mit Energie versorgen könnte. Norm Wootan und Joel McClain aus Texas setzen Magnete und Kristalle in einem Gerät ein, das mehr Energie ausstößt, als es verbraucht. Ein Neue-Energie-Autor sagt, der Magnetresonanzverstärker ermöglicht die Entwicklung eines Elektroautos, das beim Fahren Energie erzeugt.
- Die Solartechnik bekommt vielleicht ein völlig neues Gesicht. Alvin Marks aus Massachusetts wird bei der Entwicklung eines einzigartigen Typs einer flexiblen Sonnenzellenfolie von staatlichen Forschern unterstützt. Sie soll wie die Photosynthese in Pflanzen funktionieren; Sonnenlicht würde auf durch Licht aktivierte Moleküle in einem leitfähigen Film treffen, wodurch positive und negative elektrische Ladungen dazu angeregt würden, sich zu trennen und in entgegengesetzte Richtungen voneinander weg zu fließen. Bei sonnigem Wetter könnte man so ein Gerät wie eine Jalousie herunterziehen, um Elektrizität zu erzeugen.
- Eine altmodische Energiequelle – die Windmühle – wird zu einer Neue-Energie-Technik. Bill Muller aus Britisch Kolumbien hat einen Generator entwickelt, der auf einem System aus Magneten und elektrischen Spulen basiert und mit dessen Hilfe eine Windturbine erheblich mehr Energie erzeugen kann.
- Wasser ist das Ausgangsmaterial für eine neue Art Brennstoff. Yull Brown aus Australien hat eine Spezialtechnik entwickelt, um Wasser in ungewöhnliche Formen seiner Bestandteile Wasserstoff und Sauerstoff zu zerlegen. Das daraus entstehende Gas läßt sich für ein besonderes Schweißverfahren nutzen. Darin liegt zur Zeit sein Hauptnutzen. Es kann aber auch einen Automotor antreiben. Browns Gas scheint außerdem den radioaktiven Zerfall in nuklearen Abfallstoffen zu reduzieren. So liegt darin vielleicht eine Möglichkeit, Deponien zu dekontaminieren.
- Wasser ist auch die Grundlage für einen elektrochemischen Reaktor, den Randell L. Mills aus Pennsylvania entwickelt hat. Dieser Reaktor funktioniert insofern ganz anders als die Kalte Kernfusion, über die wir in Kapitel 8 gesprochen haben, als er gewöhnliches Wasser als Quelle für Wärme oder für die Erzeugung von Elektrizität benutzt. Andere Arten von Kalte-Fusionsgeräten verwenden ein Gas anstelle einer Flüssigkeit, um Energie zu erzeugen.
- Der „Energy Trimmer" ist für die Kunden aus Industrie und großen Einrichtungen bereits auf dem Markt erhältlich. Melvin Cobb aus Kalifor-

nien hat ein Gerät erfunden, das nicht an sich Elektrizität erzeugt, sondern statt dessen die elektrischen Felder in großen Gebäuden ausgleicht, was die Effizienz um etwa 25 Prozent steigert. Die Firma Southern California Edison hat den „Energy Trimmer" in ihr Programm für Energievergütung aufgenommen.

DER WEG ZU FREIER ENERGIE

Wir befinden uns noch ganz am Anfang des Weges von einem Wirtschaftssystem, das sich auf fossile Brennstoffe gründet, zu einem, das auf Neue-Energie-Quellen setzt. Lassen Sie uns den Abschnitt, der bereits hinter uns liegt, mit der Strecke vergleichen, die wir noch vor uns haben.

Die bisherigen Schritte

Bei all den Problemen, auf die die Neue-Energie-Bewegung getroffen ist, gab es doch auch einige Fortschritte. Wir wollen einen Blick darauf werfen, wie die Welt der Science-fiction uns auf eine Neue-Energie-Zukunft vorbereitet hat und auf welche Weise uns das Internet dabei dient, unsere Zukunftshoffnungen in die Wirklichkeit umzusetzen.

Bis in den achtziger Jahren Neue-Energie-Konferenzen in einem regelmäßigen Turnus abgehalten wurden, war der einzige Bereich, in dem Neue-Energie-Themen ernsthaft Gehör fanden, die Welt der Science-fiction. Von Romanen wie dem Undergroundklassiker *Ecotopia Emerging* aus dem Jahre 1981 bis hin zu Fernsehserien wie *Star Trek* behandelten Science-fiction-Autoren Raumenergie und andere Neue-Energie-Bereiche nicht als wilde Phantasien sondern als realistische Möglichkeiten.

Die Popkultur hilft, die Öffentlichkeit auf eine Veränderung in ihrem Leben vorzubereiten – in diesem Fall auf eine Neue-Energie-Zukunft. Viele Leute glauben einfach nicht, daß etwas wahr sein könnte, das sie nicht in den Abendnachrichten gesehen, in einem Geschäft gekauft oder anderweitig in ihre vertraute Umgebung geholt haben. Die Tatsache, daß durch die populäre Kultur bereits eine gewisse Vertrautheit mit der Neuen Energie hergestellt ist, könnte dabei mithelfen, daß diese Neue Energie insgesamt schneller als glaubwürdig und funktionsfähig akzeptiert wird.

Ein neuer Faktor: das Internet

Können die heutigen Verfechter sauberer Energie mehr Erfolg als ihre Vorreiter haben? Die Abtrünnigen von heute haben in der Tat einen Vorteil

– das globale elektronische Gehirn, das als Internet bekannt ist und über das Informationen zur Neuen Energie auf immer schnelleren Wegen vermittelt werden. Die Informationsrevolution geht Hand in Hand mit der Neue-Energie-Revolution. Viele Erfinder machen Äußerungen wie: „Wenn mir irgend etwas passiert, wird alles, was ich weiß, in jedes Computernetzwerk geladen werden. Ich habe diese Vorkehrung getroffen."

Das Internet ist ein globales Netzwerk aus Telefonleitungen, Glasfaserkabeln und Satelliten, durch das ein Computeranwender sich sofort mit anderen Anwendern überall auf der Welt zusammenschließen kann. Einzelforschern in verschiedenen Ländern ermöglicht es den Austausch von Versuchsergebnissen, Forschungsideen und – vielleicht am allerwichtigsten – gegenseitige Ermunterung und Unterstützung. Der britische Autor und Neue-Energie-Forscher John Davidson sagt:

> Dies ist eine Welle, auf der viele von uns gemeinsam reiten und die sich gleichzeitig und scheinbar unabhängig in allen Teilen der Welt bricht. ... Durch die vernetzten Bemühungen vieler Menschen ... wird die Arbeit ... mit solch offenkundigen Beweisen für ihre Realität zusammengefaßt, so daß sie nie wieder durch Voreingenommenheit und von maßgeblichen Kreisen unter den Teppich gekehrt werden kann.

Mark Hendershot ist ein gutes Beispiel. Mark – Sohn des Erfinders Lester Hendershot, den wir in Kapitel 3 kennenlernten – weiß aus erster Hand, wie Geheimhaltung und Unterdrückung das Leben eines Erfinders zugrunderichten können. Mark hat selbst eine Familie, und es ist seine höchste Priorität, ihr ein friedliches und gesundes Dasein zu garantieren. Er finanziert seine Arbeit am Generator seines Vaters nicht über Investoren oder durch den Verkauf von Aktienanteilen an einer Firma. Statt dessen verkauft er Informationspakete über die Erfindung seines Vaters.

Wie andere Erfinder auch hat Hendershot die Überwachung seiner technischen Geheimnisse dezentralisiert. Eine Gruppe von Freunden, die über das ganze Land verstreut ist, hält sich bereit, seine Informationen auf ein Zeichen von ihm hin ins Internet zu schicken. „Ich erwarte nicht, reich zu werden", sagt er. „Ich will die Information nur zum Wohle unserer Enkelkinder unter die Leute bringen."

Die nötigen nächsten Schritte

Offenbar haben wir noch einen langen Weg vor uns. Zu ihm gehört, daß wir lernen, die Idee von grenzenloser Energie zu akzeptieren, obwohl wir darauf konditioniert wurden, an Knappheit und Mangel zu glauben. Wir wollen auch schauen, wie Frauen dabei mitwirken, das derzeitige wissenschaftliche Weltbild zu einer Sichtweise zu erweitern, in der die Energietechnologien in einen größeren Rahmen eingefügt werden – das umfassende Gewebe des Lebens.

Wie läßt sich die Vorstellung vom Überfluß verdauen?

Wie wir bisher gesehen haben, werden wir nicht mehr in einer Welt knapper Ressourcen leben, wenn es dazu kommt, daß uns diese potentielle Energie zur Verfügung steht. In dieser Hinsicht leben wir in einem Meer der Fülle. *Die Politik der Mangelverwaltung ist irreführend.* Um diesen Gedanken zu verdauen, braucht man eine ganze Weile. Obwohl die Wortführer der New-Age-Bewegung – der Philosophie, die besagt, wir können uns durch die Art und Weise, wie wir denken, unsere eigene Realität erschaffen – predigen: „Denkt an Fülle und Reichtum", ist die Gesellschaft auf eine Weltsicht der Knappheit und des Lebenskampfes konditioniert.

Daß Menschen die natürlichen Systeme auf diesem Planeten verwüstet und für die Verknappung einiger Ressourcen gesorgt haben und daß uns der Platz für unseren Müll ausgeht – all das ist keine Illusion. Doch der Hauptgrund dafür, daß wir diese Situation nicht umkehren können, besteht in unserem Glauben, wir könnten die Kontrolle darüber nicht wiedererlangen. Großkonzerne und Staatsbürokratien sind in der Tat eindrucksvolle Mächte, doch sie sind nicht so stark wie Millionen von Menschen, die an die Vorstellung der Fülle glauben.

Frauen und Neue Energie

Jede Epoche des Wandels fordert das überkommene Wissensgebäude heraus, und die Implikationen des Übergangs zu einer billigen und im Überfluß vorhandenen Energie sind enorm. Wie könnte solch eine Welt noch nach den alten monopolorientierten Regeln vernünftig regiert werden? Einige Denker weisen darauf hin, daß sich die Antworten leichter finden ließen, wenn die Frauen in grundlegende Entscheidungen einbezogen würden.

Wird die Gleichstellung von Männern und Frauen etwas ändern? Ein Forscher, ein Mann, merkt an, daß es „in diesem Bereich [aufstrebender Energietechnologien] an der Teilnahme von Frauen mangelt. ... Dies mag zum Teil erklären, warum so viel mehr Wert auf die Energieproduktion gelegt wird ... als darauf, wie sich die Technik auf das Leben selbst auswirkt."

Der Wissenschaftler Dr. David Suzuki sagt, in den Umweltclubs in den Schulen gebe es mehr Mädchen als Jungen. Seine Frau erklärt dies damit, Mädchen lernten früh, daß „man die Unordnung, die man macht, auch wieder aufräumen muß." Und ein anderer Wissenschaftler, Dr. John Bockris, der darüber nachdachte, ein Buch über eine auf Wasserstoff basierende Wirtschaft auf einer Vortragstour zu bewerben, sagt, er würde dabei Frauen als Zielgruppe ins Auge fassen, da er das Gefühl habe, bei Frauen seien die Gefühle für die Bewahrung von Werten für spätere Generationen stärker ausgeprägt als bei Männern.

Ist denn wirklich etwas anders an der Lebensauffassung von Frauen, gibt es einen subtilen Unterschied, der jetzt gebraucht wird? Dr. Beverly Rubik beschreibt ihre Erfahrung als Frau, die Ende der sechziger Jahre Naturwissenschaften auf dem College studierte:

Selbst die biologischen Modelle waren mechanisch und leblos. Wo war die Natur, die ich kannte und liebte – die Sanftheit, das empfindliche Gleichgewicht, die komplexen und subtilen Beziehungen, die mannigfaltige Schönheit? Allmählich erkannte ich, daß dies offenbar für das konventionelle wissenschaftliche Weltbild nicht von Bedeutung war und nicht dazugehörte.

Rubik weist darauf hin, daß die Sprache und die Methoden, die in der Wissenschaft benutzt werden, häufig brutal sind. Atome zu zertrümmern und Organismen zu töten gehört anerkanntermaßen zum Lehrplan. High-Tech-Produkte, von Bomben bis zu Medikamenten, sind Erzeugnisse einer mechanistischen Wissenschaft, ein Weg, die Natur als ein passives mechanisches Objekt zu betrachten, das von der Welt der Menschen getrennt ist. Manche Leute glauben, es müsse bei internationalen Entscheidungen mehr Ausgewogenheit zwischen der maskulinen und der femininen Weltsicht geben. Wenn sie auch kein Allheilmittel ist, so könnte diese Ausgewogenheit doch helfen, die öffentliche Politik in Richtung einer stärker am Leben ausgerichteten Energiepolitik zu verändern.

Energietechnologie und das Gewebe des Lebens

Die Debatte darüber, wie man zu einer ausgewogenen Energietechnologie gelangt und Individuen mehr Macht über ihr Leben gibt – wie viel Elektrizität kostet, ob sie aus einer umweltfreundlichen Quelle kommt oder nicht –, könnte zu einem Zeitpunkt aufflammen, da viele Leute die materialistischen Grundlagen der Wissenschaft, wie sie derzeit gelehrt werden, neu bewerten. Toby Grotz, langjähriger Beobachter der Neue-Energie-Szene, sagt, eine Evolution der Technik sei nicht so wichtig wie eine begleitende Evolution im Verständnis, eine Evolution, die uns die Augen für eine andere Dimension unseres lebendigen Universums öffnen wird. Vielleicht wird die Technik zunehmend weise und verantwortungsvoll angewandt werden, wenn genügend Menschen zu begreifen beginnen, wie alles Leben miteinander verbunden ist. Während die in diesem Bereich tätigen Wissenschaftler die Physik der Raumenergie studieren – die meßbare Welt der Atome und Kräfte –, gehen einige über die Formeln und Gleichungen hinaus und drücken ihre Ehrfurcht vor der Schönheit dessen aus, womit sie arbeiten.

Wir müssen eine Menge über das Gewebe des Lebens lernen, wenn wir uns in die Ära der Neuen Energie stürzen. Zu studieren, wie unterschiedlich sich Neue-Energie- und Alte-Energie-Technologien auf lebende Wesen auswirken, mag ein Anfang sein. Viktor Schauberger stellte sich eine „lebendige Technik" vor, und die Erfinder von heute arbeiten daran. Wenn genügend Menschen übereinkommen, Verantwortung für das Erlernen und Umsetzen eines Wissens um neue, lebensfördernde Energie zu übernehmen, können Wüsten wieder erblühen und frische Brisen durch die Straßen der Innenstädte wehen. Der Erfinder Adam Trombly sagt: „Großartige Technologien allein werden diesen Planeten nicht retten. Aber eine großartige Menschheit."

Manche fordern, Biologen sollten die Entscheidungen zur Neue-Energie-Entwicklung abschätzen und treffen. Da es möglich ist, daß Lebensformen auf subtile Energiefelder reagieren, die von unkonventionellen Geräten hervorgebracht werden, ist die Wissenschaft der Biologie für den Energiebereich sehr relevant. Ein Beispiel hierfür ist ein Projekt der U.S.-Navy im Norden von Wisconsin, bei dem eine lange Antenne im Boden verlegt ist, um so mit U-Booten zu kommunizieren. Diese Antenne sendet möglicherweise eine seltsame Form von Elektromagnetismus aus, denn die Bäume in der Region wachsen anormal schnell. Während einige dies vielleicht als Segen betrachten, sind andere argwöhnisch. Die Gesundheitsforscherin Sara Shannon sagt: „Ich will nicht, daß meine Kinder anormal schnell wachsen." Dies ist die Art von Wirkungen, die untersucht werden müssen, wenn wir uns in ein Neue-Energie-Zeitalter bewegen.

DIE ENERGIE FREISETZEN

Es gibt in der Tat Anzeichen dafür, daß es Veränderungen geben wird. Dieses Buch enthält nur eine Auswahl von Einzelpersonen, die sagen, sie stünden kurz dafür, revolutionäre Energietechnologien liefern zu können. Es gibt auch im kommerziellen Sektor risikofreudige Unternehmer, die bereit sind, die Entwicklung dieser Technologien zu finanzieren. Einige dieser Unternehmer rechnen damit, daß sie die nächste Welle der Energierevolution vorantreiben werden.

Doch Wachsamkeit ist vonnöten, selbst wenn sich die Energiewissenschaft ändert. Die Menschheit ist während des gesamten zwanzigsten Jahrhunderts in blindem Vertrauen in ihre Wissenschaftler und Techniker gewiegt worden, und erst jetzt beginnt die Öffentlichkeit aufzuwachen und zu erkennen, welch gigantische Fehler diese Experten mit Energiemegaprojekten und Atomexperimenten gemacht haben. Vielleicht werden sowohl Frauen wie Männer und Biologen ebenso wie Ökonomen und Ingenieure darauf bestehen, ein Wörtchen bei der Festlegung der neuen Zielrichtungen der Menschheit im einundzwanzigsten Jahrhundert mitzureden. Brian O'Leary bietet eine Vision an, wie eine solche Teamarbeit, zu der eine „gute Regierung im Einklang mit der Industrie" gehören würde, sich erzielen ließe:

> Die Herausforderung besteht darin, sich über die Knebelungen in Form von Geheimhaltungsverfügungen und von Kontrolle durch einige wenige hinwegzusetzen und herauszufinden, welche Mittel die geordnete und rasche Entwicklung der besten Technologien gewährleisten würden. Ich glaube, man kann der Herausforderung erfolgreich durch die Kraft der positiven Vision und Zielsetzung begegnen.

Doch was ist mit dem Durchschnittsmenschen? Was ist mit Menschen wie uns, Menschen, die von diesen massiven Veränderungen zutiefst betroffen werden? Es gibt Anzeichen für ein Interesse der Öffentlichkeit an

Energiefragen, wie das neuerliche Interesse am Energiepionier Nikola Tesla zeigt. Und es gibt Möglichkeiten, wie Sie dabei mithelfen können, die öffentliche Politik zu bestimmen und Energieentscheidungen für sich selbst zu treffen:

• Nutzen Sie die Quellenliste in diesem Buch, um mehr über die Möglichkeiten der Neuen Energie zu erfahren. Es gibt Zeitschriften und Rundbriefe, die sich auf unterschiedlichen Ebenen technischen Wissens bewegen.

• Werden Sie politisch aktiv. Wenn kommunale, Land- oder Bundestagswahlen anstehen, finden Sie heraus, was die Kandidaten über Neue Energie wissen und wie stark sie sich für ihre Durchsetzung engagieren würden. Bringen Sie in Erfahrung, ob sie bereit sind, Geld aus den Fossile-Brennstoff- und Kernkraft-Entwicklungen in die Neue-Energie-Forschung umzulenken.

• Lassen Sie Ihr Interesse an einer Neue-Energie-Politik nicht mit dem Tag der Wahlen erlöschen. Schreiben Sie an Ihre Abgeordneten und drängen Sie sie dazu, weniger Geld für geheime Militärforschung und mehr für Neue-Energie-Forschung auszugeben. Weisen Sie darauf hin, daß dies in einer Zeit der Haushaltsdefizite und staatlichen Kürzungen Sinn macht.

• Schreiben Sie Briefe an die Redakteure Ihrer Lokal- oder Regionalzeitung und an einen lokalen Radio- oder Fernsehsender, in denen Sie darum bitten, über Neue-Energie-Entwicklungen fair zu berichten.

• Wenn Sie ein Haus bauen oder renovieren – oder wenn Sie von jemandem wissen, der dies tut –, erkundigen Sie sich, welche Neue-Energie-Geräte verfügbar sind. Selbst wenn die Einstandskosten zunächst größer sind als die für herkömmliche Energieanlagen, werden Sie feststellen, daß das Gerät sich durch die Energieeinsparungen selbst abbezahlt.

Freie Energie. Befreiung von der Versklavung durch die enge Weltsicht der materialistischen Wissenschaft. Freiheit von den zutiefst ausgefahrenen Wegen des überholten Denkens. Freiheit, einen Weg zu finden, um diese Hintergrundenergie anzuzapfen, aus der alles geschaffen wird. Der Forscher Hal Puthoff drängt uns, unsere Rolle bei der Gestaltung der Wirklichkeit zu erkennen: „Nur die Zukunft wird zeigen, zu welchem Nutzen die Menschheit das verbleibende Feuer der Götter schließlich bringen wird."

Ob es dazu kommen wird? Das entscheiden wir.

Quellenverzeichnis

Vorwort

Chowdhuri, P., T.W. Linton und J.A. Phillips: „A Rotating Flux Compressor for Energy Conversion." *Space Energy Journal*, Sonderausgabe für das International Symposium on Energy, 12. Mai 1994, 3.

Davidson, Dan A. *Energy: Breakthroughs to New Free Energy Devices*. Sierra Vista, AZ: RIVAS, 1990.

Fox, Hal. "Comets and NEN Plans for Dinosaur Thinking." *New Energy News*, August 1994, 3-5.

Peterson, John L. *The Road to 2012: Looking Toward the Next Two Decades*. Arlington, VA: Arlington Institute, 1992.

Sabar, Ariel. "Greenhouse 101." *Whole Earth Review*, Winter 1994, 16.

Storms, Edmund. "Cold Fusion Alive, Growing; So Why Is LANL Ignoring It?" *Los Alamos Monitor*, 3. April 1994.

Kapitel 1   *Quantensprung*

Bird, Christopher. "Culture Control – in the Hands of Time." In *Suppressed Inventions and Other Discoveries*, hgg. v. Jonathan Eisen, 31-33. Auckland, Neuseeland: Auckland Institute of Technology Press, 1994.

Borson, Daniel und andere. "A Decade of Decline: The Degeneration of Nuclear Power in the 1980s and the Emergence of Safer Energy Alternatives." Nachdruck aus dem Kapitel aus *Public Citizen, Critical Mass Energy Project*, 404-406. Washington, DC: Public Citizen's Critical Mass Energy Project, 1989.

Boyer, Timothy. "The Classical Vacuum." *Scientific American*, Bd. 253, Nr. 2 (August 1985): 70-79.

Brower, Michael. *Cool Energy*. Cambridge, MA: MIT Press, 1992.

The Campaign for Nuclear Phaseout. *Financial Meltdown: Government Subsidies for the Nuclear Industry*. Ottawa, Ont.: The Campaign for Nuclear Phase out, 1993.

"Chained to Reactors." *The Economist*, Bd. 318, Nr. 7692 (2. Februar 1991): 59-60.

Chukanov, K. "Energy Source of the 21st Century." Salt Lake City, UT, 1993.

Cole, Daniel C. und Harold Puthoff. "Extracting Energy and Heat from the Vacuum." *Physical Review E,* Bd. 48, Nr. 2 (August 1993): 1562-1565.

Edwards, Gordon. "Cost Disadvantages of Expanding the Nuclear Power Industry." *The Canadian Business Review*, Bd. 9, Nr. 1 (Frühjahr 1982): 19-30.

Emsley, John. "Energy and Fuels." *New Scientist*, Bd. 141, Nr. 1908 (15. Januar 1994): 1-4.

The Europa World Yearbook. Bd. 1. London: Europa Publications Ltd., 1995.

Flavin, Christopher und Nicholas Lenssen. *Power Surge: Guide to the Coming Energy Revolution*. New York: W.W. Norton & Co., 1994. Fort Collins, CO: Rocky Mountain Research Institute, 1994.

Forward, R.L. "Extracting Electrical Energy from the Vacuum by Cohesion of Charged Foliated Conductors." *Physical Review B*, Bd. 30, Nr. 4 (August 1984): 1700.

Fox, Hal. *Cold Fusion Impact in the Enhanced Energy Age*. Salt Lake City, UT: Fusion Information Center, 1992.

Fox, Hal. "Let's Declare War!" *New Energy News*, Oktober 1994, 3.

Frisch, Jean-Romain, Hg. *World Energy Horizons*. Montreal: World Energy Conference, 1989.

Golob, Richard und Eric Brus, Hg. *The Almanac of Science and Technology*. Orlando, FL: Harcourt Brace Jovanovich, 1991.

Greenpeace, Ltd. *Questions and Answers on Nuclear Energy*. London, Ont.: 1989.

Grotz, Toby. "Finding the Energy of the Future." In *Proceedings of the International Symposium on New Energy* in Denver, 12. – 15. Mai 1994.

Harter, Walter. *Coal – The Rock That Burns*. New York: Elseweir/Nelson Books, 1979.

Hasslberger, Josef. "A New Awareness." *raum & zeit* (jetzt *Explore!*), Bd. 3, Nr. 1 (1991): 65-67.

"Japanese Overunity Motor Commentary by T.E. Bearden." *Space Energy Journal*, Bd. V, Nr. 4 (Dezember 1994): 35.

King, Llewellyn. "On Solving the Great Problems of the World." Aufsatz, vorgelegt bei der Intersociety Energy Conversion Engineering Conference, Boston, 1991.

Lambertson, Wingate. "Phaseout of the Fossil Fuel Industries." *Explore More!*, Bd. 1; Nr. 8 (1994): 12-13.

Lindemann, Peter A. "Thermodynamics and Free Energy." *Borderlands*, Bd. L, Nr. 3 (Herbst 1994): 6-10.

Maglich, Bogdan. "Energy Debates and the Working Scientist." *Planetary Association for Clean Energy*, Bd. 2, Nr. 2 (1980): 19.

Mallove, Eugene. *Fire From Ice*. New York: John Wiley & Sons, Inc., 1991.

Michrowski, Andrew. "Vacuum Energy Developments: The Related Physics of Bioenergetic Phenomena." *Planetary Association for Clean Energy*, Bd. 6, Nr. 4 (1993): 12-18.

Michrowski, Andrew. Kommentar bei seiner Rede "Vacuum Energy Developments" auf dem International Symposium on New Energy in Denver, 12. – 15. Mai 1994.

Moore, Curtis und Alan Miller. *Green Gold: Japan, Germany, the United States and the Race for Environmental Technology*. Boston: Beacon Press, 1994.

Petersen, John L. *The Road to 2012: Looking Toward the Next Two Decades*. Arlington, VA: Arlington Institute, 1992.

Puthoff, Harold. "Ground State of Hydrogen as a Zero-point-fluctuation-determined State." *Physcial Review D*, Bd. 35, Nr. 10 (Mai 1987): 3266-3269.

Puthoff, Harold. "Gravity as a Zero-Point Fluctuation Force." *Physical Review A*, Bd. 39, Nr. 5 (1. März 1989): 2333-2342.

Puthoff, Harold. "Everything for Nothing." *New Scientist*, Bd. 127, Nr. 1727 (28. Juli 1990): 52-55.

Puthoff, Harold. "Zero-Point Energy." *Fusion Facts*, Bd. 3, Nr. 3 (September 1991): 1-2.

Puthoff, Harold. "Quantum Fluctuations of Empty Space: A New Rosetta Stone of Physics?" *Frontier Perspectives*, Bd. 2, Nr. 2 (Herbst/Winter 1991): 19-23.

Shoulders, Kenneth R., U.S.-Patent Nr. 5.018,180. 21. Mai 1991. *Energie-Umwandlung unter Einsatz von hoher Ladungsdichte*.

Slesser, Malcolm, Hg. *Dictionary of Energy*. New York: Nichols Publishing, 1988.

Storms, Edmund. "Cold Fusion Alive, Growing; So Why Is LANL Ignoring It?" *Los Alamos Monitor*, 3. April 1994.

U.S. Department of Defense. Small Business Innovation Research Program. *Request for Proposals*, AF Sektion 86-77, Untersektion 6, 193. Washington, DC, 1986.

Uvarov, E.B., D.R. Chapman und Alan Issacs. *The Penguin Dictionary of Science*. New York: Penguin Books, 1979.

Kapitel 2   *Nikola Tesla: der Vater der Freien Energie*

Asimov, Isaac. *Asimov's Biographical Encyclopedia of Science and Technology*. Garden City, NY: Doubleday & Co. Inc., 1982: 560-561.

Bird, Christopher und Oliver Nichelson. "Great Scientist, Forgotten Genius Nikola Tesla." *New Age*, 1977, 36-44.

Broad, William J. "Tesla, a Bizarre Genius, Regains Aura of Greatness." *The New York Times*, 28. August 1984.

Cheney, Margaret. *Nikola Tesla. Erfinder, Magier, Prophet.* Düsseldorf, Omega-Verlag Düsseldorf, 1995.

Cohan, George M. *Thomas A. Edison: Miracle Man.* New York: VosBurgh's Orchestration Service, 1929.

Congressional Record. 97. Kongreß, 1. Sitzg., 1981, Bd. 127, Teil 62. Abgeordneter Henry J. Nowak spricht zum Gedenken an die Geburt von Nikola Tesla.

Congressional Record. 101. Kongreß., 2. Sitzg., 1990, Bd. 136, Teil 86. Senator Carl Levin spricht zum Gedenken an die Geburt von Nikola Tesla.

Eisenberg, Anne. "The Art of the Scientific Insult." *Scientific American*, Bd. 270, Nr. 6 (Juni 1994): 116.

Finn, B.S. und andere. *Edison: Lighting a Revolution.* Washington, DC: Smithsonian Institute, 1979.

Hall, Stephen S. "Tesla: a Scientific Saint, Wizard or Carnival Sideman?" *Smithsonian*, Juni 1986, 121-134.

Kovak, Ron. "The Power Wave 1899-1991." *Electric Spacecraft Journal*, Bd. 1, Nr. 3 (1991): 6-17.

Marvin, Carolyn. *When Old Technologies Were New.* New York and Oxford: Oxford University Press, 1988.

Michrowski, Andrew. "Vacuum Energy Developments." In *Proceedings of the International Symposium on New Energy* in Denver, 16. – 18. April 1993. Fort Collins, CO: International Association for New Science, 1993, 407-417.

Nichelson, Oliver. "Nikola Tesla's Later Energy Generation Designs." In *Proceedings of the 26th Intersociety Energy Conversion Engineering Conference* in Boston, 4. – 9. August 1991. LaGrange Park, IL: American Nuclear Society, 1991, Bd. 4, Nr. 3: 433-438.

"Nikola Tesla and the Development of Electric Power at Niagara Falls." In *The Tesla Journal*, 4-11. Lackawanna, NY, 1989/1990.

O'Neill, John J. *Prodigal Genius: The Life of Nikola Tesla.* Hollywood, CA: Angriff Press, 1978.

Pribic, Nikola R. "Nikola Tesla – A Yugoslav Perspective." In *The Tesla Journal*, 59-61. Lackawanna, NY, 1989/1990.

Tesla, Nikola. "The Problem of Increasing Human Energy." *The Century Illustrated Monthly Magazine*, Juni 1900, 210.

Tesla, Nikola. *Meine Erfindungen: Die Autobiographie von Nikola Tesla.* Basel, Sternthaler Verlag, 1995. Erschien ursprünglich in *Electrical Experimenter*, 1919.

"Tesla's Tower." *Electric Spacecraft Journal*, Bd. 1, Nr. 2 (1991): 13-21.

"World System of Wireless Transmission of Energy." *Nexus*, Bd. 2, Nr. 3 (August/September 1994): 45.

Wright, Charles. "The Great AC/DC War." In *Proceedings of the 1988 International Tesla Symposium* in Colorado Springs, CO, 28. – 31. Juli 1988. Colorado Springs, CO: International Tesla Society, 1988, 5-12.

Kapitel 3   *Andere Energieforscher im Einklang mit der Natur*

Alexandersson, Olof. *Lebendes Wasser*, Ennsthaler Verlag, Steyr, Österreich, 1993.

Binder, Timothy A. "Walter Russell's Perspectives on Free Energy and the Russell Optical Dynamo Generator." In *Proceedings of the International Symposium on New Energy* in Denver, 12. -15. Mai 1994. Fort Collins, CO: Rocky Mountain Research Institute, 1994, 74-97.

Boadella, David. *Wilhelm Reich: The Evolution of His Work.* London: Arkana, 1985.

Brown, Tom, Hg. *The Hendershot Motor Mystery.* Bayside, CA: Borderland Sciences Research Foundation, 1988.

Burridge, Gaston. "The So-called Hendershot Motor." *Round Robin* (jetzt *Borderlands*), Bd. XI, Nr. 6 (März/ April 1956): 1-6.

Burridge, Gaston. "Alchemist 1956?" *Fate*, 16. September 1956, 16-22.

Davidson, Dan A. *Energy: Free Energy, the Aether and Electrification.* Sierra Vista, AZ: RIVAS, 1992.

Davidson, John. *Das Geheimnis des Vakuums – Schöpfungstanz, Bewußtsein und Freie Energie – Die Neue Physik aus mystischer Sicht*, Düsseldorf, Omega-Verlag, 1996.

Eden, Jerome. *Orgone Energy.* Hicksville, NY: Exposition Press, 1972.

Hendershot, Mark M. "An Inside View of The Hendershot Motor Mystery." *Extraordinary Science*, Oktober/Dezember 1994, 5-10.

Holwerda, Martin. "Hendershot and Prentice Generators." *Electric Spacecraft Journal*, Bd. 1, Nr. 7 (1992): 33-34.

Jackson, Chrystyne, und Jeane Manning. "There Must be a Better Way to Treat Gifted Researchers." *raum & zeit* (jetzt *Explore!*), Bd. 2, Nr. 1 (1990): 2-3.

Kelly, Don. *The Manual of Free Energy Devices and Systems.* Clayton, GA: Cadake Industries und Copple House, 1987.

Kossy, Donna. *Kooks.* Portland, OR: Feral House, 1994.

Kovac, Ronald J. "Motion of Plasma as a Source of New Energy and Matter Transformation Emperical Results." In *Proceedings of the International Symposium on New Energy* in Denver, 12. -15. Mai 1994. Fort Collins, CO: Rocky Mountain Research Institute, 1994, 271-282.

Krieger, Erwin. Brief an die Autorin, 21. Juni 1994.

Lindemann, Peter A. *A History of Free Energy Discoveries.* Bayside, CA: Borderland Sciences Research Foundation, 1986.

Mann, W. Edward und Edward Hoffman. *The Man Who Dreamed of Tomorrow.* Los Angeles: J.P. Tarcher, 1980.

Manning, Jeane. "The Burial of Living Technology." In *Suppressed Inventions and Other Discoveries*, Hg. Jonathan Eisen, 251-265. Auckland, Neuseeland: Auckland Institute of Technology Press, 1994.

Manning, Jeane. "Gunfire in the Laboratory." In *Suppressed Inventions and Other Discoveries*, Hg. Jonathan Eisen, 226-240. Auckland, Neuseeland: Auckland Institute of Technology Press, 1994.

Moore, Clara Bloomfield. *Keely and His Discoveries.* Secaucus, NJ: University Books, 1893.

Moray, John E. "Radiant Energy." In *Proceedings of the First International Symposium on Non-Conventional Energy* in Toronto, 23. – 24. Oktober 1981. Toronto: George Hathaway, 1981, 316-319.

Moray, T. Henry. *Radiant Energy.* Bayside, CA: Borderland Sciences Research Foundation, 1945.

Moray, T. Henry und John E. Moray. *The Sea of Energy.* Salt Lake City, UT: Cosray Research Institute, 1978.

Neill, A.S. "The Man Reich." In *Wilhelm Reich: The Evolution of His Work*, by David Boadella, appendix. London: Arkana, 1985.

Pond, Dale, Hg. *Universal Laws Never Before Revealed: Keely's Secrets.* Santa Fe, NM: The Message Company, 1995.

Simmonds, C. Warren. "On the Subject of Radiant Energy." in *The Sea of Energy*, von T. Henry Moray und John E. Moray, 264-265. Salt Lake City, UT: Cosray Research Institute, 1978.

Simplified Technology Service. *Space Energy Receivers*. Bradley, IL: Lindsay Publications, 1984.

Skilling, Hg. Interview der Autorin. Milwaukee, WI. Tonbandaufzeichnung, 17. Juli 1993.

Kapitel 4   *Eine neue Physik für eine neue Energiequelle*

Aspden, Harold. *Physics Without Einstein*. Southampton, England: Sabberton Publications, 1969.

Aspden, Harold. *Physics Unified*. Southampton, England: Sabberton Publications, 1980.

Bearden, Thomas. *Gravitobiology*. Chula Vista, CA: Tesla Book Company, 1991.

Bearden, Thomas und Andrew Michrowski. *The Emerging Energy Science: An Annotated Bibliography*. Ottawa, Ont.: Planetary Association for Clean Energy, 1985.

Cole, Daniel und Harold Puthoff. "Extracting Energy and Heat From the Vacuum." *Physical Review E*, Bd. 48, Nr. 2 (August 1993): 1562-1565.

Davies, Owen. "Volatile Vacuums." *Omni*, Februar 1991, 50-56.

Essen, L. "Relativity – Joke or Swindle?" *Electronics and Wireless World*, Bd. 94, Nr. 1624 (Februar 1988): 126-127.

Fox, Hal. "Space Energy – Peer Reviewed." *New Energy News*, Februar 1994, 2-6.

Fox, Hal. "Cold Nuclear Fusion, Space Energy Devices and Commercialization." In *Proceedings of the International Symposium on New Energy* in Denver, 12. – 15. Mai 1994. Fort Collins, CO: Rocky Mountain Research Institute, 1994, 121-136.

Graneau, Peter. "Concept of a Capillary Fusion Reactor." In *Proceedings of the International Symposium on New Energy* in Denver, 16. – 18. April 1993. Fort Collins, CO: International Association for New Science, 1993, 153-168.

Graneau, Peter. "Capillary Fusion." *Cold Fusion*, Juli/August 1994, 57-60.

Graneau, Peter und Neal Graneau. *Newton Versus Einstein: How Matter Interacts With Matter*. New York: Carlton Press, 1993.

Haisch, Bernard, Alfonso Rueda und Harold Puthoff. "Inertia as a Zero-Point Field Lorentz Force." *Physical Review A*, Bd. 49, Nr. 2 (Februar 1994): 678-694.

Inomata, Shiuji und Yoshiyuki Mita. "Design Considerations for Super-Conducting N-Machine." In *Proceedings of the International Symposium on New Energy* in Denver, 12. – 15. Mai 1994. Fort Collins, CO: Rocky Mountain Research Institute, 1994, 199-218.

King, Moray B. *Tapping the Zero-Point Energy*. Provo, UT: Paraclete Publishing, 1989.

Kostro, L. "Einstein's New Conception of the Ether." *raum & zeit* (jetzt *Explore!*), Bd. 2, Nr. 5 (1991): 81-84.

Motz, Lloyd und Jefferson Hane Weaver. *The Story of Physics*. New York: Avon Books, 1989.

The New Illustrated Science and Invention Encyclopedia. Westport, CT: H.S. Stuttman Inc., 1989.

Nieper, Hans A. *Revolution in Technik, Medizin und Gesellschaft*. Oldenburg: MIT Verlag, 1985. Edgar Mitchell wird auf S. 62 zitiert.

Puthoff, Harold. "Ground State of Hydrogen as a Zero-point-fluctuation-determined State." *Physical Review D*, Bd. 35, Nr. 10 (Mai 1987): 3266-3269.

Puthoff, Harold. "Everything for Nothing." *New Scientist*, Bd. 127, Nr. 1727 (Juli 1990): 52-55.

Puthoff, Harold. "Zero Point Energy." *Fusion Facts*, Bd. 3, Nr. 3 (September 1991): 1-2.

Puthoff, Harold. "Quantum Fluctuations of Empty Space: A New Rosetta Stone of Physics?" *Frontier Perspectives*, Bd. 2, Nr. 2 (Herbst/Winter 1991): 19-23.

Silvertooth, E.V. "Special Relativity." *Nature*, Bd. 332, Nr. 6080 (1986): 590.

Silvertooth, E.V. "Experimental Detection of the Ether." *Speculations in Science and Technology*, Bd. 10, Nr. 3 (1987): 3-7.

Tewari, Paramahamsa. *Beyond Matter*. Lekh Raj Nagar, India: Printwell Publications, 1984.

Kapitel 5   *Solid-State-Energiegeräte und ihre Erfinder*

Davies, Owen. "Volatile Vacuums." *Omni,* Februar 1991, 50-56.

Hathaway, George. "The Hutchison Effect." *Electric Spacecraft Journal*, Bd. 1, Nr. 4 (1991): 6-12.

Lambertson, Wingate. "A Constructive Role for Environmentally Concerned Citizens." *raum & zeit* (jetzt *Explore!*), Bd. 1, Nr. 6 (1990): 84.

Lambertson, Wingate. "Electric Power from the Vacuum." *Explore!*, Bd. 3, Nr. 5 (1992): 64-68.

Lambertson, Wingate. "History and Status of the WIN Process." In *Proceedings of the International Symposium on New Energy* in Denver, 12. – 15. Mai 1994. Fort Collins, CO: Rocky Mountain Research Institute, 1994, 283-288.

Manning, Jeane. "Rainbow in the Lab: The John Hutchison Story." *Electric Spacecraft Journal*, Bd. 1, Nr. 4 (1991): 13-22.

Puthoff, Harold. "Quantum Fluctuations of Empty Space: A New Rosetta Stone of Physics?" *Frontier Perspectives*, Bd. 2, Nr. 2 (Herbst/Winter 1991): 19-23.

Shoulders, Kenneth R. U.S. Patent Nr. 5.018,180. 21. Mai 1991. *Energieumwandlung unter Einsatz von hoher Ladungsdichte.*

Kapitel 6   *Floyd Sweet: Pionier des Solid-State-Magneten*

Manning, Jeane. "New Energy Tech Announced at Prestigious Conference." *raum & zeit* (jetzt *Explore!*), Bd. 3, Nr. 1 (1991): 69-75.

Margolin, Alvin R. "A Eulogy for Floyd 'Sparky' Sweet." Desert Hot Springs, CA, 30. August 1995.

Rosenthal, Walt. "Floyd Sweet's VTA Unit." *Space Energy Newsletter*, Bd. 4, Nr. 1 (März 1993): 1-4.

Silvertooth, E.V. "Special Relativity." *Nature*, Bd. 332, Nr. 6080 (1986): 590.

Sweet, Floyd A. *Nothing is Something: The Theory and Operation of a Phase-Conjugated Vacuum Triode.* 24. Juni 1988.

Sweet, Floyd A. "The Vacuum Triode Amplifier." In *Free Energy: Final Solutions*, Hg. Don Kelly. Clearwater, FL, 1990. Fotokopie.

Sweet, Floyd und Thomas Bearden. "Utilizing Scalar Electromagnetics to Tap Vacuum Energy." In *Proceedings of the 26th Intersociety Energy Conversion Energy Conference* in Boston, 4. – 9. August 1991. LaGrange, IL: American Nuclear Society, 1991, Bd. 4, Nr. 1: 370-375.

Watson, Michael. "Construction of Floyd Sweet's VTA." In *Proceedings of the International Symposium on New Energy* in Denver, 12. – 15. Mai 1994. Fort Collins, CO: Rocky Mountain Research Institute, 1994, 435-444.

Watson, Michael. "The Status of the VTA." *New Energy News*, November 1994, 6.

Kapitel 7 *Energierfindungen mit rotierenden Magneten*

DePalma, Bruce E. "Studies on Rotation Leading to the N-Machine." In *Proceedings of the First International Symposium on Non-Conventional Energy Technologies* in Toronto, 23. – 24. Oktober 1981. Toronto: George Hathaway, 1981, 247-258.

DePalma, Bruce E. "On the Possibility of Extraction of Electrical Energy Directly From Space." *Magnets in Your Future*, Bd. 5, Nr. 8 (August 1991): 25-26.

DePalma, Bruce E. Editorial. *Space Energy Newsletter* Bd. 3, Nr. 3 (Oktober/November 1992): 1-2.

Fox, Hal, Toby Grotz und Andrew Michrowski. "The Denver Report." *Planetary Association for Clean Energy*, Bd. 7, Nr. 4 (1994): 9-12.

How to Generate Electricity Without Consuming Any Fuel: Collected Papers of Dr. Bruce DePalma and Dr. Paramahamsa Tewari. Cedar Key, FL: People's Network Inc., 1990.

Inomata, Shiuji und Yoshiyuki Mita. "Design Considerations for Super-Conducting N-Machine." In *Proceedings of the International Symposium on New Energy* in Denver, 12. – 15. Mai 1994. Fort Collins, CO: Rocky Mountain Research Institute, 1994, 199-218.

Kelly, Don. *The Manual of Free Energy Devices and Systems*. Clayton, GA: Cadake Industries and Copple House, 1987.

Knoll, Ernst. "A Motor Using Only Permanent Magnets?" *Untapped Technology in Review*, Bd. 1, Nr. 1 (1994): 39.

Schaffranke, Rolf. "The Development of Post-Relativistic Concepts in Physics and Advanced Technology Abroad." In *Proceedings of the First International Symposium on Non-Conventional Energy Technologies* in Toronto, 23. – 24. Oktober 1981. Toronto: George Hathaway, 1981. Werner Heisenberg wird auf Seite 287 zitiert.

Tewari, Paramahamsa. *Beyond Matter*. Lekh Raj Nagar, India: Printwell Publications, 1984.

Tewari, Paramahamsa. "Generation of Cosmic Energy and Matter From Absolute Space." In *Proceedings of the International Symposium on New Energy* in Denver, 16. – 18. April 1993. Fort Collins, CO: International Association for New Science, 1993, 219-303.

Valone, Thomas. "The Real Story of the N-Machine." *Extraordinary Science*, April/Juni 1994, 5-13.

Werjefelt, Bertil. "Energy From Magnetic Materials/Magnetic Fields." Aufsatz, vorgelegt in Cambridge, MA, 21. Januar 1995.

Werjefelt, Bertil. "The Magnetic Battery." *Electrifying Times*, Winter 1995, 2.

Kapitel 8   *Kalte Fusion: die bessere Kerntechnologie*

Bockris, John O'Malley. Interview der Autorin. Stanford University, CA. Tonband-aufzeichnung. 11. August 1990.

Bockris, John O'Malley. Rede, gehalten vor dem Institute for New Energy, Denver, April 1993.

Browne, Malcolm W. "New Shot at Cold Fusion by Pumping Sound Waves Into Tiny Bubbles." *The New York Times*, 20. Dezember 1994.

Deak, David. "We Now Have New Physics." *Cold Fusion*, Juli/August 1994, 70-73.

Fox, Hal. *Cold Fusion Impact in the Enhanced Energy Age*. Salt Lake City, UT: Fusion Information Center, 1992.

Fox, Hal. "Scientists of the Year." *Fusion Facts*, Bd. 3, Nr. 7 (Januar 1992): 2.

Fox, Hal. "Cold Nuclear Fusion, Space Energy Devices and Commercialization." In *Proceedings of the International Symposium on New Energy* in Denver, 12. – 15. Mai 1994. Fort Collins, CO: Rocky Mountain Research Institute, 1994, 121-136.

Fox, Hal. "First Patent Issued." *New Energy News*, September 1994, 3-4.

Green, Wayne. "But Is It Real?" *Cold Fusion*, Mai 1994, 8.

Hodgkinson, Neville. "Storm in a Bucket." *London Sunday Times*, 27. Juni 1993.

Mallove, Eugene F. *Fire From Ice: Searching for the Truth Behind the Cold Fusion Furor*. New York: John Wiley & Sons, Inc., 1991.

Mallove, Eugene F. "Cold Fusion Goes Commercial." *Infinite Energy*, Bd. 1, Nr. 2 (1995): 3-4.

Mallove, Eugene F. "Ignition! We Have Lift-Off!" *Infinite Energy*, Bd. 1, Nr. 4 (1995): 3-4.

The New Illustrated Science and Invention Encyclopedia. Westport, CT: H.S. Stuttman Inc. Publishers, 1989.

Pollack, Andrew J. "Cold Fusion, Derided in U.S., Is Hot in Japan." *The New York Times*, 17. November 1992.

Rothwell, Jed und Eugene Mallove. "A Cold Fusion Primer." *Cold Fusion*, Mai 1994, 49-54.

Silber, Kenneth. "Fusion Forces Hot Reactions." *Insight*, 14. März 1994, 14-16.

Storms, Edmund. "A Very Unscientific and Personal History of the Cold Fusion Effect." *New Energy News*, Januar 1994, 12.

Storms, Edmund. "Chemically-Assisted Nuclear Reactions." *Cold Fusion*, Juli/August 1994, 42-53.

Tinsley, Chris. "Only the Cold Fusion Critics Were Icarus." Review of *Too Close to the Sun*, BBC-TV Horizon in Zusammenarbeit mit CBC-TV. *Cold Fusion*, Juli/August 1994, 21.

Kapitel 9   *Volle Kraft voraus mit Wasserstoff*

Billings, Roger E. *The Hydrogen World View*. Independence, MO: International Academy of Science, 1991.

Bockris, John O'Malley. Interview der Autorin. Stanford University, CA. Tonbandaufzeichnung. 11. August 1990.

Bockris, John O'Malley, T. Nejat Veziroglu und Debbi Smith. *Solar Hydrogen Energy: The Power to Save the Earth*. London: Macdonald & Co., 1991.

Day, James. *The Hindenburg Tragedy*. New York: The Bookwright Press, 1989.

Goldes, Mark. "On Demand Hydrogen Generator." *New Energy News*, Mai 1993, 8.

McNeil, Russell. "Search for the Fuel of the Future." *Canadian Geographic*, Dezember 1989/Januar 1990, 114-118.

Tanaka, Shelley. *The Disaster of the Hindenburg: The Last Flight of the Greatest Airship Ever Built.* New York: Scholastic, Inc., 1993.

Westdyk, Karin. "U.S. Patent Granted to West Milford Resident for Unique Hydrogen Energy System." *The Messenger: Environmental Health Journal*, März/April 1992, 13-15.

Westdyk, Karin. "The Story of Francisco Pacheco and the Suppression of Hydrogen Technology." In *Suppressed Inventions and Other Discoveries*, Hg. Jonathan Eisen, 343-346. Auckland, Neuseeland: Auckland Institute of Technology Press, 1994.

Kapitel 10   *Neue Wege zur Umwandlung von Abwärme in Elektrizität*

Aspden, Harold. "Magnets and Gravity." *Magnets in Your Future*, Bd. 6, Nr. 6 (Juni 1992): 15-22.

Aspden, Harold. "Electricity Without Magnetism?" *Electronics World and Wireless World*, Bd. 98, Nr. 1674 (Juli 1992): 540-542.

Aspden, Harold. *Power From Magnetism*. Energy Science Report Nr. 1. Southampton, England: Sabberton Publications, 1994.

Aspden, Harold. "Magneto-Thermodynamics: A Progress Report." *New Energy News*, September 1994, 1-3.

Aspden, Harold. "Extracting Energy From a Magnet." *New Energy News*, Bd. 3, Nr. 3 (August 1995): 1-3.

Aspden, Harold. "Power From Room Heat." *Nexus*, Bd. 2, Nr. 27 (August/ September 1995): 54.

The Concise Columbia Encyclopedia. 2. Aufl. New York: Columbia University Press, 1989, 823.

Lindemann, Peter A. "Thermodynamics and Free Energy." *Borderlands*, Bd. L, Nr. 3 (Herbst 1994): 6-10.

Tesla, Nikola. "The Problem of Increasing Human Energy." *The Century Illustrated Monthly Magazine*, Juni 1900, 210.

Wiseman, George. *The Negawatt*. Yahk, B.C.: Eagle Research Inc., 1992.

Wiseman, George. *Energy Conserver Book 1*. Yahk, B.C.: Eagle Research Inc., 1993.

Kapitel 11   *Eine alte Technik mit neuem Dreh:*
**   *umweltfreundliche Wasserkraft***

Alexandersson, Olof. *Lebendes Wasser*. Steyr, Österreich, Ennsthaler Verlag, 1993

British Columbia Hydro Power and Authority. *Davis Turbine Queen Charlotte Islands Tidal Power Study, Juskatla Narrows Overview Report*. Vancouver, B.C.: B.C. Hydro, Juli 1984.

British Columbia Hydro Power and Authority. *Environmental and Socio-Economic Overview. Queen Charlotte Islands Davis Turbine Tidal Power Project*. Vancouver, B.C.: B.C. Hydro, August 1985.

Coats, Callum. "The Magic and Majesty of Water: The Natural Ecotechnological Theories of Viktor Schauberger." *Nexus*, Bd. 2, Nr. 14 (Juni/Juli 1993): 36-39.

Curry, Stacey und Shaligram Pokharel. "Micro Hydroelectricity in Nepal." *Alternatives*, Bd. 19, Nr. 2 (1993): 6.

Deudney, Daniel und Christopher Flavin. *Renewable Energy: The Power to Choose*. New York: W.W. Norton & Company, 1983.

Halvorson, Harold N. *Evaluation of Nova Energy Ltd's Hydro Turbine*. Victoria, B.C.: Halvorson Consultants Ltd, 9. Dezember 1995. Unveröffentlichter Aufsatz, geschrieben für das Ministerium für Arbeit und Investition von Britisch Kolumbien.

Hume, Stephen. "Mega-project Mania Threatens to Sink Turbine Power." *Vancouver Sun*, 5. August 1994.

Ignazio, Joseph L. Unveröffentlichter offener Brief des Planungsdirektor des U.S. Army Corps of Engineers, New England Division, der die Davis-Wasserturbine beschreibt. 22. Februar 1994.

Nova Energy Ltd. Pressemitteilung. Vancouver, B.C., 11. September 1994.

Pratte, Bruce D. *General Comments on Nova Energy Ltd. Davis Hydro Turbine*. 23. Februar 1994. Unveröffentlichter Aufsatz, geschrieben für das National Research Council, Ottawa.

"Tesla Engine Builders Association." *Planetary Association for Clean Energy*, Bd. 7, Nr. 4 (1994): 4.

Kapitel 13   *Die Welt der Energiemöglichkeiten*

China Railroad Corporation. *Testing Report of Eco-Kat*. 18. Dezember 1993. Ins Englische übersetzt von Sally Lee. Unveröffentlichter Bericht.

Davidson, Dan A. *Energy: Breakthroughs to New Free Energy Devices*. Sierra Vista, AZ: RIVAS, 1990.

Grander, Johann. *Wasserbelebung*. Seefeld, Österreich: Umwelt-Vertriebs-Organisation, 1994.

Grotz, Toby. "Institute for New Energy Trip Report: Around the World in 30 Days." *New Energy News*, Januar 1994, 5-11.

Huber, Georg. Brief an die Autorin, 6. November 1995.

Kelly, Don. Briefe an die Autorin, 1988 bis 1994.

Kronberger, Hans. „Suche nach Anhaltspunkten." *Sonnenzeitung*, Wien, Juni 1994, 28-30.

Kronberger, Hans und Siegbert Lattacher. *Auf der Spur des Wasserrätsels*. Wien: Uranus Verlagsgesellschaft, 1995.

Manning, Jeane. "Society for Scientific Exploration Airs Research on Anomalies." *raum & zeit* (jetzt *Explore!*), Bd. 2, Nr. 5 (1991): 79-80.

Methernitha, Brief an Don Kelly, 1988.

Nieper, Hans A. *Revolution in Technik, Medizin und Gesellschaft.* Oldenburg: MIT Verlag, 1985.

Protokolle des Symposiums zur Freien Energie der Schweizer Vereinigung für Freie Energie in Einsiedeln, Schweiz, 27. – 29. Oktober 1989. Einsiedeln, Schweiz: Schweizer Vereinigung für Freie Energie, 1989.

Schaffranke, Rolf. *Ether-Technology.* Clayton, GA: Cadake Industries and Copple House, 1977. (Abweichende dt. Version: Sigma, Rho (Pseud.): *Forschung in Fesseln,* Preuß. Oldendorf, VAP, 1994).

Thesta-Distatica. Produziert und konzipiert von Methernitha. 30 Minuten. Linden, Schweiz, 1989. Videokassette.

Kapitel 14   *Die Schikanierung der Neue-Energie-Erfinder*

Andrews, Edmund L. "Cold War Secrecy Still Shrouds Inventions." *The New York Times,* 23. Mai 1992.

Brown, Paul. Unpublished "Open Letter to All Working on Alternate Energy." Oregon, 1. November 1991.

Davidson, John. *Das Geheimnis des Vakuums – Schöpfungstanz, Bewußtsein und Freie Energie – Die Neue Physik aus mystischer Sicht.* Düsseldorf: Omega-Verlag, 1996.

Eisen, Jonathan, Hg. *Suppressed Inventions and Other Discoveries.* Auckland, Neuseeland: Auckland Institute of Technology Press, 1994.

"Electrogravitics Developments." *Planetary Association for Clean Energy,* Bd. 7, Nr. 4 (1994): 7-8.

Gyorki, John R. "Losing a Battle Against Not-Invented-Here." *Machine Design,* 23. Februar 1989, 4.

Hasslberger, Josef. "A New Awareness." *raum & zeit* (jetzt *Explore!*), Bd. 3, Nr. 1 (1991): 65-67.

King, Moray B. *Tapping the Zero-Point Energy.* Provo, UT: Paraclete Publishing, 1989.

LaViolette, Paul A. Äußerungen auf der Intersociety Energy Conversion Engineering Conference in Boston, 4. – 9. August 1991.

LaViolette, Paul A. "The U.S. Antigravity Squadron." In *Proceedings of the International Symposium on New Energy* in Denver, 16. – 18. April 1993. Fort Collins, CO: International Association for New Science, 1993, 469-486.

MacNeill, Ken. "Insights Into the Proprietary Syndrome." In *Proceedings of the Second International Symposium on Non-Conventional Energy Technology* in Atlanta, 9. – 11. September 1984. Winter Haven, FL: Cadake Industries, 1984, 125-126.

Manning, Jeane. "Anti-Gravity on the Rocks: The T.T. Brown Story." In *Suppressed Inventions and Other Discoveries*, Hg. Jonathan Eisen, 267-277. Auckland, Neuseeland: Auckland Institute of Technology Press, 1994.

Marinov, Stefan. Brief an Richard von Weizsäcker. 10. Oktober 1992.

Trombly, Adam. "Philosophical Overview of Free Energy." In *Proceedings of the Second International Symposium on Nonconventional Energy Technology* in Atlanta, 9. – 11. September 1984. Winter Haven, FL: Cadake Industries, 1984, 143-144.

Kapitel 15   *Die Gesellschaft und eine Neue-Energie-Wirtschaft*

Becker, Robert O. *Der Funke des Lebens*. Bern, München, Wien: Scherz Verlag, 1991.

Bell, Clare. "Petro$$$ Fund Carnegie Mellon Study." *Electrifying Times*, Herbst 1995, 10, 18.

Bertell, Rosalie. "Exposing the Agenda of the Military Establishment." *Ecodecision*, September 1993, 82.

Bockris, John O'Malley. Interview der Autorin. Stanford University, CA. Tonband-aufzeichnung. 11. August 1990.

Flavin, Christopher und Nicholas Lenssen. *Power Surge: Guide to the Coming Energy Revolution*. New York: W.W. Norton & Co., 1994.

Fox, Hal. *Cold Fusion Impact in the Enhanced Energy Age*. Salt Lake City, UT: Fusion Information Center, 1992.

Froning, H.D. Jr. "An Interstellar Exploration Initiative For Future Flight." *Space Technology*, Bd. 13, Nr. 5 (1993): 503-512.

Jacobs, Michael. *The Green Economy*. Vancouver, B.C.: University of British Columbia Press, 1993.

Kovac, Ron J. "Plasma Shaping Reveals New Atomic Transformation Technique and Cold Fusion at Chemical-Molecular Levels." *Ful crum – The Science Journal of the University of Science and Philosophy*, Bd. 3, Nr. 2 (Dezember 1994): 19.

Krieger, Erwin. Brief an die Autorin, 2. Mai 1994.

Lambertson, Wingate. *True Expenditure on Energy*. 25. September 1995.

Manning, Jeane. "New Energy Institute: A Leap Into the Future." *Explore!*, Bd. 4, Nr. 5 (1993): 79-83.

Mendillo, M. und andere. "Spacelab-2 Plasma Depletion Experiments for Ionospheric and Radio Astronomical Studies." *Science*, Bd. 238, Nr. 4831 (27. November 1987): 1260-1264.

Moore, Curtis und Alan Miller. *Green Gold: Japan, Germany, the United States and the Race for Environmental Technology*. Boston: Beacon Press, 1994.

O'Leary, Brian. *Miracle in the Void*. Kihei, HI: Kamapua'a Press, 1996.

O'Rourke, P.J. *All the Trouble in the World: The Lighter Side of Over population, Famine, Ecological Disaster, Ethnic Hatred, Plague and Poverty*. Toronto: Random House of Canada, 1994.

Peterson, John L. *The Road to 2012: Looking Toward the Next Two Decades*. Arlington, VA: Arlington Institute, 1992.

Protokolle des Symposiums zur Freien Energie der Schweizer Vereinigung für Freie Energie in Einsiedeln, Schweiz, 27. – 29. Oktober 1989. Einsiedeln, Schweiz: Schweizer Vereinigung für Freie Energie, 1989.

Ronan, Colin A., Hg. *Science Explained*. New York: Henry Holt & Co., 1993.

Statistisches Bundesamt der Vereinigten Staaten. "State Government Tax Collections and Excise Taxes: 1992." *Statistical Abstract of the United States*. Washington, DC: Statistisches Bundesamt der Vereinigten Staaten, 1994.

Strauss, Stephen. "NASA Cloud Program will Paint Up the Sky for Most Canadians." *Globe and Mail*, 22. März 1989.

Kapitel 16   *Die Macht liegt in unserer Hand*

Bearden, Thomas. "Overunity Electrical Power Efficiency Using Energy Shuttling Between Two Circuits." In *Proceedings of the International Symposium on New Energy* in Denver, 12. – 15. Mai 1994. Fort Collins, CO: Rocky Mountain Research Institute, 1994, 46-66.

Bird, Christopher. "The Saga of Yull Brown." *Explore!*, Bd. 3 (1992): Nr. 2, 49-66; Nr. 3, 58-66; Nr. 6, 47-62 und *Explore More!*, Bd. 1 (1995): Nr. 10, 55-63; Nr. 12, 19-24, 56-60; Nr. 13, 43-49.

Callenbach, Ernest. *Ecotopia Emerging*. Berkeley, CA: Banyan Tree Books, 1981.

Davidson, John. *Das Geheimnis des Vakuums – Schöpfungstanz, Bewußtsein und Freie Energie – Die Neue Physik aus mystischer Sicht.* Düsseldorf, Omega-Verlag, 1996.

Davies, Owen. "Volatile Vacuums." *Omni,* Februar 1991, 50-56.

Fox, Hal. *Cold Fusion Impact in the Enhanced Energy Age.* Salt Lake City, UT: Fusion Information Center, 1992.

Fox, Hal, Toby Grotz und Andrew Michrowski. "The Denver Report." *Planetary Association for Clean Energy*, Bd. 7, Nr. 4 (1994): 9-12.

Goldes, Mark. "Takahashi Motor Released." *New Energy News*, Januar 1996, 8.

Henderson, Hazel. *Paradigms in Progress: Life Beyond Economics.* Indianapolis, IN: Knowledge Systems, Inc., 1992.

Jensen, Paul R. "The Unidirectional Transformer." In *Proceedings of the International Symposium on New Energy* in Denver, 12. – 15. Mai 1994. Fort Collins, CO: Rocky Mountain Research Institute, 1994, 545-550.

LaViolette, Paul. "The U.S. Antigravity Squadron." In *Proceedings of the International Symposium on New Energy* in Denver, 16. – 18. April 1993. Fort Collins, CO: International Association for New Science, 1993, 469-486.

Manning, Jeane. "Magnet Motor Researcher's Quest." *Extraordinary Science*, Januar/März 1990, 8-14.

McClain, Joel und Norman Wooten. "The Magnetic Resonance Amplifier." *Electrifying Times*, Winter/Frühjahr 1995, 3.

Puthoff, Harold. "Quantum Fluctuations of Empty Space: A New Rosetta Stone of Physics?" *Frontier Perspectives*, Bd. 2, Nr. 2 (Herbst/Winter 1991): 19-23.

Rubik, Beverly. "Science: a Feminine Perspective." *Creation*, November/ Dezember 1990, 6-7.

Schuster, Michael L. *Continuous Energy.* Milwaukee, WI: Sufra Publications, 1990.

Sweet, Floyd und Thomas Bearden. "Utilizing Scalar Electromagnetics to Tap Vacuum Energy." In *Proceedings of the 26th Intersociety Energy Conversion Energy Conference* in Boston, 4. – 9. August 1991. LaGrange, IL: American Nuclear Society, 1991, Bd. 4, Nr. 1: 370-375.

"Trees Tune Into Radio Waves." *Nexus*, Juni/Juli 1995, 7.

Winter, Daniel und andere. *Alphabet of the Heart: Sacred Geometry.* Eden, NY: Crystal Hill Farm, 1992.

Quellennachweis für Fotos und Zitate

Fotoabdruck auf Seite 58 mit freundlicher Genehmigung von John W. Wagner.

Der Abdruck der Fotos auf den Seiten 91, 96, 97, 107, 126, 133, 160, 170, 188 und 144 erfolgt mit freundlicher Genehmigung von Jeane Manning.

Der Abdruck der Fotos auf den Seiten 104, 112, 132 und 173 erfolgt mit freundlicher Genehmigung von Toby Grotz, Institute for New Energy.

Fotoabdruck auf Seite 180 mit freundlicher Genehmigung der Firma Nova Energy.

Das Zitat auf den Seiten 43-44 stammt aus *Newsletter of the Planetary Association for Clean Energy*, Mai 1980, Band 2, Nr. 3, S. 19. Abdruck mit freundlicher Genehmigung der Planetary Association for Clean Energy.

Das Zitat auf Seite 46 stammt aus der Zeitschrift *Space Energy Journal*, Dezember 1994, Band 5, Nr. 4, S. 35. Abdruck mit freundlicher Genehmigung der Space Energy Association.

Das Zitat auf Seite 80 stammt aus *Energy: Breakthroughs to New Free Energy Technologies*. RIVAS, 1990, S. 2. Abdruck mit freundlicher Genehmigung von Dan A. Davidson.

Das Zitat auf Seite 116 stammt aus *Space Energy Newsletter*, März 1993, Band IV, Nr. 1, S. 1. Abdruck mit freundlicher Genehmigung der Space Energy Association.

Das Zitat auf den Seiten 121-122 stammt aus *Proceedings of the 1991 Intersociety Energy Conversion Engineering Conference*, Band 4, Teil 1, S. 374. Abdruck mit freundlicher Genehmigung der American Nuclear Society. Copyright 1991 by American Nuclear Society, Inc., LaGrange Park, Illinois.

Das Zitat auf Seite 211 stammt aus *Proceedings of the Second International Symposium on Nonconventional Energy Technology*, 1983, S. 143. Abdruck mit freundlicher Genehmigung der Planetary Association for Clean Energy.

Das Zitat auf Seite 215 stammt aus *Proceedings of the Second International Symposium on Nonconventional Energy Technology*, 1983, S. 144. Abdruck mit freundlicher Genehmigung der Planetary Association for Clean Energy.

Das Zitat auf Seite 240 stammt aus *Das Geheimnis des Vakuums – Schöpfungstanz, Bewußtsein und Freie Energie – Die Neue Physik aus mystischer Sicht*, S. 262., Omega-Verlag 1996 .

Glossar

Kursiv gedruckte Wörter werden an anderer Stelle im Glossar definiert.

Äther. Die Hintergrundsubstanz des Universums, von der man heute glaubt, daß sie sich in einer ständigen Spiralbewegung befindet – der Bewegung eines *Vortex*. Es ist die Grundsubstanz, aus der das Universum besteht. Sie bringt die *Raumenergie* hervor.

Antigravitation. Eine Kraft, die der Schwerkraft entgegenwirkt bzw. die Gravitation aufhebt. Die Gravitation ist die Kraft, die alle Objekte auf der Erdoberfläche in Richtung des Zentrums des Planeten zieht. Unter bestimmten Umständen kann *Raumenergie* einen Antigravitationseffekt hervorbringen.

Brennstoffzelle. Eine Zelle, in der ein Gas wie zum Beispiel *Wasserstoff* benutzt wird, um Elektrizität zu erzeugen.

Casimir-Effekt. Die Neigung zweier vollkommen glatter Metallflächen, die sich ganz dicht beieinander befinden, sich aufeinander zuzubewegen. Man nimmt an, daß dieser Effekt durch die *Raumenergie* verursacht wird.

Chemische Energie. Energie, die durch Verbrennung erzeugt wird, wie bei der Verbrennung von Öl oder Kohle.

Dynamische Elektrizität. Elektrizität in Bewegung, wie der Stromfluß durch einen Draht.

Eigenschwingung. Das ständige Zittern oder Vibrieren eines Magnetfeldes.

Elektrolyse. Das Aufspalten von Wasser in seine Bestandteile Sauerstoff und *Wasserstoff*, indem man elektrischen Strom durch das Wasser hindurchschickt.

Elektrolytische Zelle. Eine Zelle, die eine stromleitende Flüssigkeit enthält und in der zwei Metalldrähte oder -platten als Elektroden angebracht sind. Solche Zellen werden auch für die *Kalte Fusion* verwendet.

Elektromagnetismus. Die Physik der Elektrizität und des Magnetismus.

Entropie. Die Vorstellung, daß Materie und Energie zunehmend unorganisiert werden. Sie ist das Gegenteil von *Negentropie*.

Erdresonanz. Das Senden von elektrischen Impulsen derselben Frequenz, mit der die Erde selbst schwingt, durch die Erde hindurch, um Wellen hoher Energie aufzubauen. Diese Energie ließe sich aus der Ferne über Antennen einfangen.

Fossiler Brennstoff. Brennstoff, der durch den Zerfall prähistorischer Pflanzen und Tiere tief unter der Erde produziert wurde. Öl, Kohle und Erdgas sind fossile Brennstoffe.

Freie Energie. Siehe *Raumenergie*.

Generator. Ein Gerät, das mechanische Energie in elektrischen Strom umwandelt.

Geschlossenes System. Ein System, in dem eine endliche Menge Energie zur Verfügung steht. Man kann sagen, ein *Verbrennungsmotor* operiert in einem geschlossenen System.

Gleichstrom. Elektrizität, die in eine Richtung fließt.

Heiße Fusion. Das Vereinigen von Atomkernen bei großer Hitze und unter großem Druck, um Energie freizusetzen.

Implosionsgenerator. Ein *Generator*, der eine einwärtsspiralige Wirbel- oder *Vortex*-Bewegung nutzt, um Energie zu erzeugen.

Induktion. Der Stromfluß, der in einem Draht auftritt, wenn der Draht in die Nähe eines bewegten Magnetfeldes gebracht wird.

Kalte Fusion. Das Vereinigen von Atomkernen bei Raumtemperatur mit dem Ziel, Energie freizusetzen.

Kavitation. Die Bildung von Hohlräumen bzw. Blasen in Flüssigkeiten und die Implosion dieser Blasen. Wenn die Blasen aus dem Abschnitt einer Flüssigkeit führenden Röhre, in dem nur geringer Druck herrscht, in einen Bereich höheren Drucks gelangen, kollabieren sie. Dadurch entstehen Stoßwellen. Kavitation wird auch als Wasserhammer bezeichnet.

Kermet. Eine Mischung aus Keramik und Metall, die in gewissen Bereichen der *Raumenergie*-Forschung verwendet wird.

Kernenergie. Energie, die entweder durch Spaltung oder Verschmelzung von Atomkernen erzeugt wird. Siehe auch *Kalte Fusion, Kernspaltung* und *Heiße Fusion.*

Kernspaltung. Das Spalten eines Atomkerns, um Energie freizusetzen.

Ladungscluster. Ein ringförmiges Gebilde aus dicht gepackten Elektronen.

Magnetgerät. Ein Gerät, das Magnete einsetzt, um *Raumenergie* in Elektrizität umzuwandeln.

Magnetischer Widerstand. Ein Problem bei Standard-*Generatoren*, in denen Restmagnetismus den Rotor verlangsamt, jenen Teil des Generators, der entweder die Magnete an den Spulen oder die Spulen an den Magneten vorbeibewegt; siehe *Induktion.* Dieser Widerstand vermindert die Leistung des Generators.

Metallhydrid. Eine Mischung aus Metallen, die die sichere Speicherung von *Wasserstoff* ermöglicht. Unter geeigneten Bedingungen saugt das Hydrid den Wasserstoff auf und speichert ihn solange, bis er bei Bedarf freigesetzt wird.

Motor. Ein Gerät, das Elektrizität oder *chemische Energie* in mechanische Energie umwandelt.

Negentropie. Die Vorstellung, daß Materie und Energie sich selbst organisieren können. Sie ist das Gegenteil von *Entropie.*

Neue Energie. Energie, die aus nicht-konventionellen Quellen stammt, vornehmlich die, die dezentral erzeugt werden kann. *Kalte Fusion, Wärmetechnologie, Wasserstoff*technologie, umweltfreundliche *Wasserkraft* und *Raumenergie* sind Beispiele für Neue Energie.

Nullpunkt-Energie. Siehe *Raumenergie.*

Offenes System. Ein System, in dem eine unendliche Menge Energie zur Verfügung steht. Von einem *Raumenergie*-Gerät kann man sagen, es operiert in einem offenen System.

Overunity. Ein Zustand, in dem mehr Energie aus einem Gerät herauskommt, als in es hineingeht.

Perpetuum mobile. Ein Gerät, das, sobald es einmal in Gang gesetzt wird, fortfährt zu arbeiten – ohne jede äußere Energiequelle innerhalb eines *geschlossenen Systems*. Es ist unmöglich, ein solches Gerät zu bauen.

Quantenmechanik. Der Wissenschaftszweig, der sich mit Protonen, Elektronen und anderen grundlegenden Materieteilchen befaßt.

Raumenergie. Energie, die aus elektrischen Fluktuationen im *Äther* besteht. Sie ist überall im Universum vorhanden, auch auf der Erde, kann aber nur vermittels speziell konstruierter Geräte genutzt werden.

Solid-State-Geräte. Geräte, die keinerlei bewegliche Teile enthalten.

Sonolumineszenz. Der Vorgang, bei dem winzige Blasen in einer Flüssigkeit Ultraschallwellen ausgesetzt werden, dadurch kollabieren und zur Abgabe von Licht angeregt werden.

Statische Elektrizität. Elektrizität im Ruhezustand, wie die elektrische Ladung, die sich in einem Plastikkamm aufbaut.

Supraleitfähigkeit. Der Zustand in einem Draht, wenn dieser abrupt seinen elektrischen Widerstand verliert, jene Kraft, die den Strom daran hindert, durch einen Draht zu fließen. Supraleitfähigkeit tritt normalerweise nur bei sehr niedrigen Temperaturen auf. Wenn sie sich bei Raumtemperatur erzeugen ließe, könnte sie zur Schaffung einer nützlichen Stromquelle dienen.

Turbine. Eine Maschine, die eine Gas- oder Flüssigkeitsströmung nutzt, um eine Welle anzutreiben, wie zum Beispiel den Rotor eines *Generator*s.

Verbrennungsmotor. Automotoren, in denen ein aus Erdöl raffinierter *fossiler Brennstoff* wie Benzin verbrannt wird. Die Energie, die durch diese Verbrennung freigesetzt wird, wird in eine Drehbewegung umgewandelt, die die Räder des Fahrzeugs antreibt.

Vortex. Eine dreidimensionale Spirale, die einen Energiesog erzeugt wie bei einem Tornado. Die Bewegung entlang einer solchen Spirale kann entweder auswärts verlaufen, wobei Energie zerstreut wird, oder einwärts, wobei Energie erzeugt wird.

Wasserhammer. Siehe *Kavitation*.

Wasserkraft. Der Einsatz von bewegtem Wasser zur Erzeugung von Elektrizität. Für die Standardwasserkraft sind umweltfeindliche Staudämme nötig. *Neue-Energie*-Wasserkraft hingegen nutzt Geräte, die der Umwelt nicht schaden.

Wasserstoff. Das leichteste der bekannten Elemente, das aus einem Proton und einem Elektron besteht. Da Wasserstoff überall auf der Erde im Überfluß vorhanden ist, ließe er sich dazu nutzen, preiswerte, dezentrale Energie zu liefern.

Wärmepumpe. Ein Gerät, mit dem sich aus der Umgebungsluft oder dem umgebenden Erdreich bzw. Wasser Wärme gewinnen läßt, um z.B. Gebäude zu heizen.

Wärmetechnologie. Geräte, die Energie aus einem Temperaturunterschied beziehen, indem sie z. B. eine Flüssigkeit in ein Gas umwandeln. *Neue-Energie*-Wärmetechnologie verwendet Flüssigkeiten, die sich bei niedrigen Temperaturen in Gase verwandeln.

Wechselstrom. Elektrizität, die in einem regelmäßigen Rhythmus vor und zurückfließt. In den Vereinigten Staaten und in Kanada ändert der Standard-Haushaltsstrom seine Richtung sechzig Mal pro Sekunde, in Deutschland und den meisten europäischen Ländern fünfzig Mal pro Sekunde.

Die Suche nach neuen Quellen für eine dezentrale, saubere, ohne weiteres verfügbaren Energie hat Menschen aus allen Teilen der Welt zusammengebracht. Die gemeinsame Suche hat diese Personen dazu veranlaßt, Bücher und Magazine zu veröffentlichen, Organisationen zu gründen und Computer-Nachrichtenforen einzurichten, um Ideen besser austauschen und Unterstützung finden zu können.

Um Sie zu ermutigen, mehr über die zukünftige Energierevolution zu erfahren, habe ich folgende Quellenliste vorbereitet. Die Bücherliste führt spezielle Bücher auf, von denen ich meine, daß sie einen guten Hintergrund bilden, einschließlich Bezugsadressen für Bücher, die vielleicht schwer zu finden sind. Die Adressenliste enthält Verleger und Verleiher von Büchern, Magazinen und Bändern. Bedenken Sie, Wissen ist Macht – die Macht, unser Leben zu verändern.

BÜCHER ZUR NEUEN ENERGIE

Alexandersson, Olof: *Lebendes Wasser – Viktor Schauberger und die Geheimnisse der natürlichen Energie*, Ennsthaler Verlag, Steyr, Österreich, 1993

Aspden, Harold: *Physics Unified*, Sabberton Publications, Southampton, England, 1980 (siehe Adressenliste).

Baumgartner, W., und Pond, Dale: *Tele-Geo-Dynamics*, Delta Spectrum Research, Valentine NE, 1993.

Bearden, Thomas: *Excalibur Briefing*, Strawberry Hill Press, San Francisco, 1980.

Bearden, Thomas: *Gravitobiology*, Tesla Book Company, Chula Vista CA, 1991 (siehe Adressenliste).

Bearden, Thomas: *The New Tesla Electromagnetics and the Secrets of Electrical Free Energy*, Tesla Book Company, Chula Vista CA, 1990 (siehe Adressenliste).

Bearden, Thomas, und Michrowski, Andrew: *The Emerging Energy Science – An Annotated Bibliography*, Planetary Association for Clean Energy, Ottawa Ont., 1985 (siehe Adressenliste).

Becker, Robert O.: *Der Funke des Lebens – Elektrizität und Lebensenergie*, Scherz Verlag, Bern, München, Wien, 1991.

Bedini, John C.: *Bedini's Free Energy Generator*, Tesla Book Company, Chula Vista CA, 1984 (siehe Adressenliste).

Billings, Roger E.: *The Hydrogen World View*, International Academy of Science, Independence MO, 1991 (siehe Adressenliste).

Boadella, David: *Wilhelm Reich – The Evolution of His Work*, Arkana, London, 1985.

Bockris, John O'Malley: *Energy – The Solar-Hyrdogen Alternative*, John Wiley & Sons, Inc., New York, 1975.

Brown, Tom, Hg.: *The Hendershot Motor Mystery*, Borderland Sciences Research Foundation, Bayside CA, 1988 (siehe Adressenliste).

Cheney, Margaret: *Nikola Tesla – Erfinder, Magier, Prophet*, Omega-Verlag, Düsseldorf, 1995.

Childress, David Hatcher: *Anti-Gravity and the World Grid*, Adventures Unlimited Press, Kempton IL, 1987 (siehe Adressenliste).

Conti, Biagio: *Exotic Patents*, Conti Associates, Box 1014, Carmel NY, 10512, 1994.

Davidson, Dan A.: *Energy – Breakthroughs to New Free Energy Devices*, RIVAS, Sierra Vista AZ, 1990 (siehe Adressenliste).

Davidson, Dan A.: *Energy – Free Energy, the Aether and Electrification*, RIVAS, Sierra Vista AZ, 1992 (siehe Adressenliste).

Davidson, Dan A.: *The Theta Device and Other Free Energy Patents*, RIVAS, Sierra Vista AZ, 1990 (siehe Adressenliste).

Davidson, John: *Das Geheimnis des Vakuums – Schöpfungstanz, Bewußtsein und Freie Energie – Die Neue Physik aus mystischer Sicht*, Omega-Verlag, Düsseldorf, 1996.

Davidson, John: *Strahlungsfeld*, Knaur, München, 1989 (vergriffen).

Eisen, Jonathan, Hg.: *Suppressed Inventions and Other Discoveries*, Auckland Institute of Technology Press, Auckland, Neuseeland, 1994.

Ford, R.A.: *Homemade Lightning – Creative Experiments in Electricity*, Tab Books, Blue Ridge Summit PA, 1991.

Fox, Hal: *Cold Fusion Impact in the Enhanced Energy Age*, Fusion Information Center, Salt Lake City UT, 1992 (siehe Adressenliste). Bibliographie auf Diskette erhältlich auf Englisch, Russisch und Spanisch.

Freeman, John: *Suppressed and Incredible Inventions*, nachgedruckt von Health Research, P.O. Box 70, Mokelumne Hill CA, 95245, 1987.

Graneau, Peter, und Neal Graneau: *Newton Versus Einstein – How Matter Interacts With Matter*, Carlton Press, New York, 1993.

Hayes, Jeffrey A.: *Boundary-Layer Breakthrough – The Bladeless Tesla Turbine*, erhältlich bei Twenty First Century Books, Breckenridge CO, 1990 (siehe Adressenliste).

Hayes, Jeffrey A.: *Tesla's Engine – A New Dimension for Power*, Tesla Engine Builders' Association, Milwaukee WI, 1994 (siehe Adressenliste).

Hilscher, Gottfried,: *Energie für das 3. Jahrtausend*, VAP-Verlag, Postfach 1180, D-32352 Preußisch Oldendorf; Wiesbaden 1996.

Kelly, Don: *The Manual of Free Energy Devices and Systems*, Cadake Industries Inc., Clayton GA, 1987 (siehe Adressenliste).

King, Moray B.: *Tapping the Zero-Point Energy*, Paraclete Publishing, P. O. Box 859, Provo UT, 84603, 1989.

King, Serge Kahili: *Erdenergien – Auf der Suche nach der verborgenen Kraft des Planeten*, Verlag Alf Lüchow, Freiburg.

Kuhn, Thomas S.: *Die Struktur wissenschaftlicher Revolutionen*, Suhrkamp, Ffm, 1973.

La Violette, Paul: *Beyond the Big Bang*, Box 388, Rochester VT, 05767, 1995.

Lindemann, Peter A.: *A History of Free Energy Discoveries*, Borderland Sciences Research Foundation, Bayside CA, 1986 (siehe Adressenliste).

Mallove, Eugene F.: *Fire From Ice – Searching for the Truth Behind the Cold Fusion Furor*, John Wiley & Sons, Inc., New York, 1991.

Manning, Jeane, und Pierre Sinclaire: *The Granite Man and the Butterfly – The David Hamel Story*, Project Magnet Inc., Box 839, 9037 Royal Street, Fort Langley B.C. V1M 2S2, 1995.

Michrowski, Andrew: *New Energy Technology*, Planetary Association for Clean Energy, Ottawa, Ont., 1988 (siehe Adressenliste).

Mielord, Sven: *Tachyonenenergie*, Novamed, Robert-Bosch-Str. 10, D-30983 Gehrden.

Moore, Clara Bloomfield: *Keely and His Discoveries*, ursprünglich veröffentlicht 1893, erhältlich bei Delta Spectrum Research Inc., Valentine NE (siehe Adressenliste).

Moray, T. Henry, und John Moray: *The Sea of Energy*, Cosray Research Institute, P.O. Box 651045, Salt Lake City UT, 84165-1045, 1978.

Nieper, Hans A.: *Revolution in Technik, Medizin und Gesellschaft*, MIT Verlag, Knie 1, D-26121 Oldenburg, 1983.

O'Leary, Brian: *Miracle in the Void*, Kampapua'a Press, 1993 South Kihei Road, Suite 21-100, Kihei HI, 96753, 1996.

O'Leary, Brian: *The Second Coming of Science*, North Atlantic Books, Berkely CA, 1992.

O'Neill, John J.: *Nikola Tesla*, Zweitausendeins, Postfach, D-60381 Frankfurt/Main, 1996.

Pond, Dale (Hg.): *Universal Laws Never Before Revealed – Keely's Secrets*, The Message Company, Santa Fe NM, 1995.

Resines, Jorge: *Some Free Energy Devices*, Borderland Sciences Research Foundation, Bayside CA, 1989 (siehe Adressenliste).

Russell, Walter, und Lao Russell: *Atomic Suicide*, University of Science and Philosophy, Waynesboro VA, 1957 (siehe Adressenliste).

Seike, Shinichi: *The Principles of Ultra-Relativity*, Gravity Research Lab, P.O. Box 33, Uwajima City, Ehime (798) Japan, 1978.

Sigma, Rho (Pseudonym für Rolf Schaffranke): *Forschung in Fesseln*, VAP-Verlag, Postfach 1180, D-32352 Preuß. Oldendorf, 1994.

Tesla, Nikola: *Meine Erfindungen – Autobiographie*, Sternthaler Verlag, Postfach 630, CH-4003 Basel, Schweiz, 1995.

Tewari, Paramahamsa: *Beyond Matter*, Printwell Publications, Lekh Raj Nagar, Aligarh-202001, Indien, 1984.

Valone, Thomas: *Electrogravitics Systems*, Integrity Research Institute, Washington DC, 1994 (siehe Adressenliste).

Valone, Thomas: *The One-Piece Faraday Generator – Theory and Experiment*, Integrity Research Institute, Washington DC, 1987 (siehe Adressenliste).

Wiseman, George: *The Energy Conserver Method*, Eagle Research, Yakh B.C., 1994 (siehe Adressenliste).

Internationale Adressen und Internetkontakte*
für weitergehende Informationen

*Stand Februar 2007 - Ohne Gewähr für Aktualität, da sich Internetadressen erfahrungsgemäß häufig ändern

Adventures Unlimited Press

Dieser Verlag behandelt Neue-Energie-Themen – von Antigravitation bis Tesla-Technologie.

www.adventuresunlimitedpress.com/

e-mail: info@adventuresunlimitedpress.com

One Adventure Place
Kempton, IL 60946-0074
USA

tel.:   +1-815-253-9000
fax: +1-815-253-6300

Alternative Energy Institute

Das AEI wurde ins Leben gerufen, um die Öffentlichkeit über die bevorstehende Krise der nicht erneuerbaren Energien zu informieren und das Klima für die Entwicklung neuer Energieerzeugungstechniken verbessern zu helfen.

www.wtamu.edu/research/aei/

e-mail: aeimail@mail.wtamu.edu

P.O. Box 7074
Tahoe City, CA 96145
USA

tel.:   +1-530-5508981
fax: +1-530.550.8982

American Hydrogen Association

Ehrenamtliche Organisation, die das Ziel verfolgt, zu umweltverträglichem Wohlstand ohne Verschmutzung zu verhelfen.
Das Motto: Wasserstoff ist die Lösung für eine umweltverträgliche Wirtschaft, eine verbesserte Gesundheit und die Reinigung der Luft beim Autofahren

www.clean-air.org

e-mail: contact@clean-air.org

2350 W. Shangri La
Phoenix, AZ 85028
USA

tel.:   +1-(602) 328-4238

AQUAPOL Ges.m.b.H.

Zentrale der Firma des österreichischen Ingenieurs Wilhelm Mohorn für Freie-Energie-Anwendungen zur Trockenlegung von Mauerwerk ohne Strom und ohne Bauarbeiten.
Die Firma gibt auch einen Newsletter heraus und vertreibt Broschüren und Videos über Raumenergie und die Aquapol-Technologie.

www.aquapol.at/

e-mail: office@aquapol.at

Schneedörflstrasse 23
A-2651 Reichenau/Rax
ÖSTERREICH

tel.:   +43-2666-53872-0
fax: +43-2666-53872-20

Arlington Institute

Elektronischer Newsletter; verfolgt Hinweise zu globalem Wandel, u.a. Entwicklungen im Bereich Nullpunktenergie. Zielt auf die Schaffung eines geistigen Rahmens zum Verständnis der sich weltweit verändernden Bedingungen.

www.arlingtoninstitute.org

e-mail: theFuture@arlingtoninstitute.org

The Arlington Institute

1501 Lee Highway, Suite 204
Arlington VA 22209
USA

tel.:   +1-703-812-7900
fax: +1-703-812-0900

Harold Aspden/Energyscience

Physiker und Magnetismusexperte Dr. Harold Aspden vermittelt Zugang zu interessanten Fakten und Theorien über die sog. Kalte Fusion, den Äther u.v.m.

www.aspden.org/index.html
www.aspden.org.uk/index.html

e-mail: h.aspden@physics.org

ASPS Associazione Sviluppo Propulsione Spaziale

(Gesellschaft für Entwicklung von Raumantrieben)
Die ASPS befaßt sich ausschließlich mit nicht Newtonschen, also solchen Raumantrieben, die nicht auf Ausstoß von Reaktionsmasse basieren.

www.asps.it/

e-mail: asps.ra1@flashnet.it

ASPS Dip. RA-1
via Nino Martoglio 22,
I-00137 Roma
ITALIEN

fax/tel.: +390-6-871 310 68

Ballard Power Systems

Diese Firma entwickelt Brennstoffzellen-Systeme für große Stromkraftwerke und Transportsysteme.

www.ballard.com/

e-mail: Die Links sind über die Website zu erreichen
4343 North Fraser Way
Burnaby, BC V5J 5J9
CANADA

tel: +1-604-454-0900
fax: +1-604-412-4700

Die Dependance in Deutschland:

e-mail: transportation@ballard.com
Neue Strasse 95
D-73230 Kirchheim/Teck-Nabern

tel: +49-7021-89-2800
Fax:+49-7021-89-2801

Tom Bearden Website

Dr. Thomas E. Bearden, Lieutenant Colonel der U.S. Army im Ruhestand, ist aktiv im Bereich von Studien zu Skalarer Elektromagnetik, Elektrodynamik, Einheitlicher Feldtheorie, Freie-Energie-Systemen, elektromagnetischen Heilungsverfahren. Bekannt wurde er vor allem durch seine Arbeiten zur Begründung von Theorien zu elektrischen Overunity-Energieerzeugungssystemen, elektromagnetischen Skalarwellenwaffen sowie zur Verwendung von Zeit als Energie sowohl für die Energieerzeugung als auch für die Interaktion zwischen Körper und Geist.

www.cheniere.org/
Lt. Colonel Thomas E. Bearden (retd.)
2311 Big Cove Road
Huntsville, AL 35801-1351
USA

Bill Beaty

Umfangreiche amateurwissenschaftliche Website mit Artikeln zu neuen Energietechniken und unkonventionellen wissenschaftlichen Büchern

www.eskimo.com/~billb/

e-mail: bilb@eskimo.com

BINNOTEC e.V.

Berliner Institut für innovative Technologien

Interdisziplinärer Gruppe von Wissenschaftlern in Berlin , die bereits erfolgreich auf dem Gebiet der Energieforschung tätig waren. Das Team besteht aus Ingenieuren, Physikern und weiteren Wissenschaftlern verschiedener Disziplinen. Es hat sich zum Ziel gesetzt, unkonventionelle Forschungsansätze im Bereich der brennstofflosen Energieerzeugung zu vertiefen, deren Realisierung zu beschleunigen und als Schnittstelle zu Investoren und internationalen Forschern zu dienen. In diesen Bereichen intensiviert sich zur Zeit die Kooperation mit den weiteren Organisationen im deutschsprachigen Bereich deutlich. (-> INET+ NET-Journal; -> SAFE; -> DVR)

www.binnotec.de

e-mail: info@binnotec.org

Binnotec e.V.
Bouchéstraße 12
D-12435 Berlin

tel.: +49-30-53312201
fax: +49-30-53312209

Blue Energy Canada Inc.

Diese Firma entwickelt und vertreibt umweltfreundliche Produkte zur umweltschonenden Energieerzeugung aus fließendem Wasser, wie etwa die Davis-Turbine und Gezeitenkraftanlagen.

www.bluenergy.com

e-mail: inform@bluenergy.com

Blue Energy Canada
Box 29068, 1950 West Broadway
CDN- V6J 5C2 Vancouver B.C.
CANADA

tel.:   +1-250-923-2583

Borderland Sciences

Diese Organisation veröffentlicht das vierteljährlich erscheinende Borderland magazine, das über unkonventionelle Forschung einschließlich Forschung zur Neuen Energie seit 1945 berichtet.

www.borderlands.com/

e-mail: mail@borderlands.com

Post Office Box 6250
Eureka, CA 95502
USA

tel.: +1-707-4452247
fax: +1-707-4451401

-> NET-Journal (Jupiter-Verlag, INET), -> SAFE, -> DVR und -> Binnotec e.V. betreiben gemeinsam die deutschsprachige Borderlands-Homepage weiter.

www.borderlands.de/

Brewer International Science Library

Diese privat finanzierte Bibliothek verfügt über eine Abteilung zur Neuen Energie.

www.mwt.net/~drbrewer/

e-mail: drbrewer@mwt.net

325 North Central Avenue
Richland Center, WI 53581
USA

tel.: +1-608-6476513
Fax:+1-608-6476797

California Institute for Astrophysics

(CIPA), in dem man sich der Erforschung physikalischer Grundfragen (Gravitation, Trägheit, Masse) und den langfristigen technischen Möglichkeiten widmet, die aus den Eigenschaften des Quantenvakuums hervorgehen könnten.

www.calphysics.org

e-mail: admin@calphysics.org

California Institute for Physics and Astrophysics
100 Enterprise Way, Bldg. G-370
Scotts Valley, CA 95066
USA

tel.:   +1-831-438-9800 ext. 128
fax: +1-831-438-4803

Center for Frontier Sciences

Diese Organisation bildet eine Brücke zwischen orthodoxen und unorthodoxen Wissenschaftlern. Sie sponsert Gesprächsrunden für Wissenschaftler und gibt halbjährlich den Newsletter *Frontier Perspectives* heraus.

www.temple.edu/CFS

e-mail: cfs@temple.edu

Temple University
Ritter Hall 003-00
1301 Cecil B. Moore Ave.
Philadelphia, PA 19122
USA

tel.: +1-215-2048487
fax: +1-215-2045553

Citizens' Energy Council

Diese Informationsstelle veröffentlicht vierteljährlich den Newsletter *Messenger magazine* zu Problemen der Energienutzung, über Alternativen zur Kernkraft sowie über sichere Energieerzeugungssysteme. Archiv zur Anti-AKW-Bewegung in den USA.

www.mothersalert.org

e-mail: mothersalert@yahoo.com

P.O. Box U
Hewitt NJ 07421
USA

tel.: +1-201-7287835
fax: +1-201-7287664

Cold Fusion Times

Vierteljählich erscheinder Newsletter zur kalten Fusion – herausgegeben von Dr. Mitchell Swartz.

world.std.com/~mica/cft.html

P.O.Box 81135
Wellesley Hills, MA 02481-0001
USA

John Collins / Rad des Orffyreus

Historischer Überblick /Sammlung zu Forschungen im Bereich Perpetualbewegung auf den Spuren Johann Besslers (Orffyreus)

www.free-energy.co.uk/

e-mail: bogywheel@yahoo.com

Dansk Institut for Økologisk Teknik/*Diføt-nyt*

Diese Gruppe betreibt Forschung zur Neuen Energie und veröffentlicht die Zeitschrift *Diføt-nyt*.

www.difoet.dk/

e-mail: info@difoet.dk

Bruce DePalma

Diverse Artikel von Dr. Bruce DePalma.

depalma.pair.com/

Eagle Research / George Wiseman

Elektronischer Bericht sowie weitere Publikationen, etwa Bücher zum Umgang mit Browns Gas und anderen Energie- und Gaseinsparungsverfahren.

www.eagle-research.com

e-mail-Adresse für technische Informationen:

info@eagle-research.com

Eagle Research, George Wiseman
1306 Main Street
Oroville, WA 98844
USA
fax: +1-250-492-7480

Electric Spacecraft Journal

Anleitungen für Experimentatoren. Fortschrittliche Technik- und Wissenschaftskonzepte. Praxisinformationen für Forscher an fortschrittlichen Raumantriebssystemen und damit verbundenen Energieumwandlungskonzepten.

www.electricspacecraft.com

e-mail: contact@electricspacecraft.com

Electric Spacecraft Journal
Charles Yost, editor
322 Sunlight Drive,
Leicester, NC 28748
USA

tel.:   +1-828-6830313
fax: +1-828-6833511

Electrifying Times

Neuigkeiten zu Elektro- und Solarfahrzeugen, Batterietechnik und einigen „Over-Unity-Systemen. Drei Ausgaben jährlich, Jahres-Abo: 21,- $

www.electrifyingtimes.com

e-mail: etimes@teleport.com

Electrifying Times, Bruce Meland, editor
63600 Deschutes Market Rd.
Bend, OR 97701
USA

tel.:   +1-541-388 1908
fax: +1-541-388 2750

ENECO

ENECO befaßt sich mit der Kommerzialisierung des neuartigen Anwendungsbereichs von Kernreaktionen, die mit nur geringer Energie in Feststoffen erzeugt werden. Patentanmeldung, Joint Ventures und kooperative Forschung.

www.eneco-usa.com

e-mail: info@eneco-usa.com

University of Utah Research Park
391-B Chipeta Way
Salt Lake City, Utah 84108
USA

tel.:   +1-801-5832000
fax: +1-801-5836245

Environmental Research Foundation

"News and resources for environmental justice." Diese Organisation bietet verständliche Informationen zu Gesundheit und Umwelt (auf englisch). Ihr Hauptziel besteht darin, die Demokratie zu stärken, indem sie Menschen beim Auffinden von Informationen hilft, die sie benötigen, um auf kommunaler Umweltrechte durchzusetzen. Dazu gehören Informationen über gefährliche Substanzen und Technologien und deren Auswirkungen auf die Umwelt. In ihrem freien E-Newsletter *Rachel's Environment & Health News* lassen sich viele dieser Informationen finden.

www.rachel.org/

e-mail: erf@rachel.org

P.O. Box 160
New Brunswick, NJ 08903-0160
USA

tel.:   +1-732-8289995
fax: +1-732-7914603

Fischer-ORGON-Technik

Produzent aller orgonomischen Geräte nach
den Angaben Wilhelm Reichs. Umfangreiche
Informationen zu orgonomischen Themen.

www.orgon.de
e-mail: orgon@freenet.de

Visoh 1
D-27446 Deinstedt

tel.:   +49-4284-928970
fax: +49-4283-928971

Foundation for Mind-Being Research

Diese 1980 gegründete Stiftung möchte Studi-
en im Bereich der Bewußtseinsforschung unterstützen und dieser Forschung zu größerer Anerkennung als exakte Wissenschaft verhelfen.

www.fmbr.org/
e-mail: fmbr-abt@fmbr.org

FMBR
PO Box 449
Los Altos, CA 94023-0449
USA

Foundations of Science

Vier Ausgaben jährlich bei Common Sense,
Inc., einer Non-Profit-Organisation, die konventionelle Lehrsätze der Physik hinterfragt.

CommonSenseScience.org

e-mail: dave@commonsensescience.org

Common Sense Science, Inc.
David L. Bergman, editor
PO Box 767306
Roswell, GA 30076-7306
USA

tel./fax: +1-770-619-1878

Freie Energie Forum

Diskussions- und Artikelforum mit allerlei Bei-
trägen zu Neue-Energie-Techniken und alternativer Medizin.

www.freieenergie.info/forum/

Fuel Cell Today

Fuel Cell Today ist das globale Internetportal
rund um das Thema Brennstoffzellen. Wir versuchen die Kommerzialisierung dieser sauberen
und effizienten Technologie voranzutreiben, um
sie zur führenden Energiequelle des 21. Jahrhunderts auszubauen. Diese Webseite richtet sich
an alle Interessenten der Brennstoffzellentechno-
logie, von Wissenschaftlern über Journalisten bis
hin zum Endverbraucher und bezeichnet sich
dabei als unabhängiges, unvoreingenommenes
und neutrales Informationsmedium.

www.fuelcelltoday.com/
e-mail: info@fuelcelltoday.com

Fuel Cell Today
Orchard Road,
Royston, Hertfordshire, SG8 5HE
UK

Fuel Cells 2000

Online-Informationszentrum für Brennstoffzellen;
Wissenswertes und Aktuelles zu Brennstoffzellen

www.fuelcells.org
e-mail: marlee@fuelcells.org

Fuel Cells 2000, 1100 H Street NW, Suite
800, Washington, DC 20005 USA

tel.:   +1-202-785-4222
fax: +1-202-785-4313

Fusion Information Center

Siehe auch Institute for New Energy (INE). Forschungs- und Entwicklungszentrum für Neue-Energiesysteme. Hier gibt es eine umfangreiche Quellensammlung mit Informationen zur Kalte-Fusionsforschung sowie zu weiteren Formen der Neuen Energie wie etwa: Nullpunktenergie, Raumenergieforschung, elektronische, elektromagnetische und mechanische Over-Unity-Geräte und Elementumwandlung. Umfangreiche Linksammlung.

www.padrak.com/ine/
e-mail: institutenewenergy@sbcglobal.net

The Institute for New Energy (INE), President
P.O. Box 201
Los Altos, CA 94023-0201

GEET - Global Environmental Energy Technology

geet-pantone.com/index.html

www.teslatech.info/

e-mail: geet@xmission.com
teslatech@teslatech.info

TeslaTech Inc.,
296 East Donna Drive,
Queen Valley, AZ 85218
USA

tel.:   +1-520-463-1994

Global Sciences

Diese Gruppe hält zweimal pro Jahr Konferenzen ab, auf denen gelegentlich auch Vorträge zur Neuen Energie gehalten werden. Dokumentationen dieser Konferenzen werden dort auf Video und CD-ROM angeboten.

www.hiddenmysteries.com

e-mail: info@hiddenmysteries.com

Hidden Mysteries TGS
22241 Pinedale Lane
Frankston, Texas 75763
USA

tel.:   01-903-8763256

Gruppe der Neuen e.V.

Die Gruppe der Neuen e.V. betont übergeordnete Zusammenhänge. Sie ordnet, analysiert und interpretiert wissenschaftliche Ergebnisse und zukunftsträchtige Denkansätze mit dem Ziel, auf die Lösung der Probleme der Gegenwart und Zukunft fördernden Einfluss auszuüben.

home.arcor.de/gruppederneuen/

Büttnerweg 50
D-04249 Leipzig

Mark M. Hendershot

Hendershot vertreibt ein Infopaket inklusive Fotos über das von seinem Vater Lester erfundene Gerät.

16541 Redmond Way # 160
Redmond WA 98052
USA

HIMAC Research and Publishing

Website von Bruce McBurneys Firma HIMAC, die ein äußerst kraftstoffsparendes Vergasersystem entwickelt hat. Die Firma vertreibt Handbücher über unorthodoxe Forschungen in Energie- und Antriebstechniken

www.himacresearch.com/

e-mail: bmcburne@becon.org

Bruce McBurney
6665 McLeod Road,
Niagara Falls, Ontario L2G 3G3
CANADA

tel: +1-905-3588541
fax: +1-905-3589439

Home Power

Zweimonatlich erscheinendes Magazin, richtet sich an Do-it-yourself-Leute im Bereich Sonnen- und Windkraft, deckt aber auch eine große Bandbreite von Energiethemen ab. Es enthält eine Kolumne „The Wizard Speaks", die Erfinder auffordert, Neue-Energie-Geräte oder Prototypen zum Testen einzuschicken.

www.homepower.com/

e-mail: subscription@homepower.com
letters@homepower.com

Home Power Magazine
PO Box 520
Ashland, OR 97520
USA

tel.: +1-541-5120201
fax: +1-541-5120343

John Hutchison

Website von John Hutchison, der mit einfachsten Mitteln Antigravitationseffekte hervorbringt

www.hutchisoneffectonline.com

www.geocities.com/ResearchTriangle/
Thinktank/8863/main.html

e-mail: heffect@infinet.net

John Hutchison
727 5th Avenue #305
New Westminster, BC V3M 1X8
CANADA

tel/fax: +1-604-524-4875

Implosion

Vierteljährlich erscheinende Zeitschrift, die sich mit der wissenschaftlichen Diskussion und Erforschung der Ideen Viktor Schaubergers befaßt

www.implosion-ev.de/

e-mail: KlausRauber@gmx.de

Implosion
Klaus Rauber
Geroldseckstr.4
D-77736 Zell am Hammersbach

tel.: +49-7835-5252
fax: +49-7835-631498

Infinite Energy magazine

Zweimonatlich erscheinende Zeitschrift mit allgemeinverständlichen sowie eingehenderen Artikeln für fachlich versierte Leser.

www.infinite-energy.com

e-mail: staff@infinite-energy.com

New Energy Foundation, Inc.
PO Box 2816
Concord, NH 03302-2816
USA

tel.: +1-603-4854700
fax: +1-603-4854710

InforMagnet Inventions and Tech Links

Diverse Artikel zur Neuen Physik, Raumforschung, neuronalen Netzwerken etc.

www.geocities.com/CapeCanaveral/Lab/
3354/index3.html

e-mail: jcfdillon@hotmail.com

Institut für Gravitationsforschung/ GÖDE Wissenschaftsstiftung

Diese Stiftung/Institut wurde im Dezember 1998 gegründet, um Grundlagenforschung zur Gravitation und damit verbundener Phänomene zu betreiben, wie etwa den Tunneleffekt, den Biefeld-Brown-Effekt, Gravitationsfeldenergie und Nullpunktenergie. Die Arbeit des Instituts richtet sich weniger auf die Entwicklung neuer Theorien sondern auf praktische Experimente zu Grundprinzipien der Gravitation.

www.gravitation.org
e-mail: info@gravitation.org

GÖDE Wissenschaftsstiftung
Am Heerbach 5
D-63857 Waldaschaff
tel.:   +49-6095-999196
fax: +49-6095-999197

Institute of Ecolonomics /
Newsletter *Ecolonomics in Action*

1993 von Dennis Weaver und seiner Frau
Gerry aus dem Gedanken gegründet, daß eine
verträgliche Umwelt und eine ebensolche Wirtschaft vonnöten sind. Ihr Newsletter umfaßt
Artikel zu Neuen Energien, gelegentlich auch
solche der Autorin dieses Buches.

www.ecolonomics.org/
www.dennisweaver.com

e-Mail: ioe@ecolonomics.org
          weaver@dennisweaver.com

Institute of Ecolonomics
Room 337-D Webster Hall
Missouri Southern State University
3950 East Newman Road
Joplin, Missouri 64801
USA

tel.:   +1-417-625-9838
fax: +1-970-659-4445

Integrity Research Institute

Das Institut organisiert Konferenzen, vertreibt
Bücher und Informationsmaterial über Energieerzeugung ohne Einsatz fossiler Brennstoffe, darauf basierender Verkehrsmittel, sowie
über biologische Auswirkungen von elektromagnetischen Feldern.

www.integrity-research.org

e-mail: iri@erols.com

Integrity Research Institute
5020 Sunnyside Ave., Suite 209
Beltsville, MD 20705
USA

tel.:   +1-202-452-7674
fax: +1-301-513-5728

International Academy of Science

Roger Billings arbeitet in diesem Forschungszentrum an der Wasserstofftechnologie.

www.science.edu/

International Association for
Hydrogen Energy (IAHE)

Die Internationale Gesellschaft für Wasser-
stoff-Energie (nicht zu verwechseln mit der
AHA) befaßt sich mit großmaßstäblichen,
konventionellen Wasserstoff-Projekten und
gibt eine eigene Zeitschrift heraus, das *International Journal of Hydrogen Energy*.

www.iahe.org

e-mail: ayfer@iahe.org

IAHE
5783 SW 40 Street # 303
Miami, FL 33155
USA

Das *International Journal of Hydrogen Energy* kann bestellt werden bei:

www.elsevier.com

Howard Johnson

Website zu Howard Johnsons Permanentma-
gnetmotor

www.newebmasters.com/freeenergy/
                              index.shtml

Keelynet

Allgemeine Diskussion über Alternativen im Bereich Neue Energie und Gesundheit. Umfangreiches Archiv mit Artikeln vom Betreiber Jerry Decker und vielen anderen.

www.keelynet.com

Methernita

Forschungstätigkeiten innerhalb der Schweizer Genossenschaft Methernitha im Bereich alternativer Energie

www.methernitha.com/Deutsch/alternative_Energie/alternative_energie.html

e-mail: info@methernitha.com

Jean-Louis Naudin

Ingenieur Jean-Louis Naudin widmet sich voll und ganz dem Nachbau und der Überprüfung von Geräten, die Over-Unity-Effekte versprechen, sowie darauf basierenden Antriebsmethoden. Die umfangreichen, sehr technisch gehaltenen Resultate lassen sich auf seiner Webseite einsehen.
Seine eigene Mailingliste: tech.groups. yahoo. com/group/jlnlabs/ wurde rasch zum stark genutzten Diskussionsforum für Freie Energie.

URL: jnaudin.free.fr/

e-mail: jlnlabs@yahoogroups.com

NET-Journal

Deutschsprachige Zeitschrift zur Neuen Energie. INET (Institut für Neue-Energie-Technologien), veranstaltet regelmäßig Seminare, Kongresse und Symposien zum Thema.

www.borderlands.de/inet.dbnj.php3

e-mail: redaktion@jupiter-verlag.ch

Jupiter-Verlag
Adolf & Inge Schneider
Postfach 605
CH-8035 Zürich
SCHWEIZ
tel.:   +41-44-2527734
fax: +41-44-2527736

Neutrino Power - Prof. Konstantin Meyl

Prof. Dr.-Ing. Konstantin Meyl entwickelt in seinen Büchern eine einheitliche Feldtheorie, aus der alle bekannten Wechselwirkungen ableitbar sind. Anstelle der üblicherweise benutzten Maxwellschen Gleichungen wählt er als Ansatz die Urform des von Faraday entdeckten Induktionsgesetzes und zeigt, dass Wirbel des elektrischen Feldes darin enthalten sind. Diese Potentialwirbel breiten sich im Raum als Skalarwelle aus.

Viele Neutrinoexperimente sind erklärbar, wenn man Neutrinos nicht als Teilchen, sondern als Wirbelfelder auffasst. Danach wäre in Form von Neutrinopower sogar eine energietechnische Nutzung vorstellbar. Prof. Meyl hat zahlreiche Bücher zu dieser Thematik geschrieben.

www.k-meyl.de/de/
e-mail: meyl@k-meyl.de

Hochschule für Technik & Wirtschaft
Prof. Dr. Konstantin Meyl

Raum A3.17
Gerwigplatz 1
78120 Furtwangen

+49-7723-920-2231

Nexus Magazin

Dieses Magazin behandelt Neue-Energie sowie andere unterdrückte Technologien.

www.nexusmagazine.com

e-mail: editor@nexusmagazine.com

P.O. Box 30
Mapleton, Queensland 4560
AUSTRALIEN

tel.:   +61-754429280
fax: +61-754429381

Deutsche Ausgabe:

www.nexus-magazin.de

e-mail: redaktion@nexus-magazin.de

NEXUS Magazin
Paul-Neumann-Str. 57
D-14482 Potsdam

tel: +49 -331-2974268
fax: +49 -331-2009052

Orgone Biophysical Research Lab

Diese Organisation um James DeMeo führt Experimente zum Werk von Wilhelm Reich durch

www.orgonelab.org/
e-mail: info@orgonelab.org

Greensprings Center
P.O. Box 1148
Ashland OR 97520
USA

tel./fax: +1-541-5520118

Overunity Forum

Newsgroup von Stefan Hartmann, geht vor allem auf Over-Unity-Verfahren ein

www.overunity.com

Patienteninformation für Naturheilkunde e.V.

Die Patienteninformation für Naturheilkunde bietet Wissenstransfer und einen Beratungsdienst für Patienten und für Fachleute auf dem Gebiet der Ganzheitmedizin und den Grenzgebieten der Wissenschaft an. Sie kooperiert mit Einrichtungen, die ein ähnliches Anliegen haben.

www.datadiwan.de
e-mail: harrer@datadiwan.de

Bernhard Harrer Wissenstransfer,
Akazienstr. 28
D-10823 Berlin

tel.:   +49 -30-74680170

Planetary Association for Clean Energy (PACE)

Die 1979 gegründete Non-Profit-Organisation PACE kümmert sich um Unterstützung für Forschung, Entwicklung und Beurteilung von Systemen zur sauberen Energieerzeugung, „die auf natürlichen Quellen basieren, universell anwendbar sind und keine verschmutzenden Rückstände hinterlassen"
Der PACE-Newsletter erscheint in unregelmäßigen Abständen.

pacenet.homestead.com/
e-mail: pacenet@canada.com

Andrew Michrowski, editor
100 Bronson Avenue, Suite 1001
Ottawa, Ontario. K1R 6G8
KANADA

tel.:   +1-613-236-6265
fax: +1-613-235-5876

PKS - Pythagoras-Kepler-Schule

Archiv der PKS zu den Forschungen von Viktor und Walter Schauberger

www.pks.or.at/
e-mail: schauberger@pks.or.at

PKS / Schauberger
Kaltenbach 162
A-4821 Bad Ischl
ÖSTERREICH

tel.:   +43-6132-24814
fax: +43-6132-24814-4

Pure Energy Systems

Reichhaltige Informationen à la Wikipedia zu verschiedensten alternativen Energie-Technologien. PES wurde 2003 von Sterling D. Allan mit dem vorrangigen Ziel gegründet, alternative Energietechnologien als Open-Source-Informationen an die Öffentlichkeit zu bringen.
Mit Forum und sehr vielen Links zu aktuellen Forschungsansätzen.

http://peswiki.com/energy/

http://pureenergysystems.com/

http://freeenergynews.com/

http://pesn.com/

e-mail:
sterlingda@pureenergysystems.com
ken.rauen@PESN.com
sepp@lastrega.com

PES Network Inc
Headquarters: 4157 N. West Pinion Cir.,
Eagle Mountain, UT 84005
USA

Quant'Homme association

Die vielleicht umfangreichste öffentlich zugängliche französische Quelle zum Bereich Neuer Energien. Jean und Bernadette Soares haben über Jahre hinweg englische Texte ins Französische übersetzt und zum Selbstkostenpreis in gedruckter Form vertrieben. Seit einer Weile übertragen sie all diese Informationen auf ihre Homepage.

www.quanthomme.org

e-mail: quanthomme@wanadoo.fr

Quant'Homme association
6 rue de la Croix St-Fiacre,
F-03110 Vendat
FRANCE
tel.: +33-470 328 873

raum&zeit

Diese zweimonatlich erscheinende wissenschaftskritische Zeitschrift deckt auch Neue-Energie-Themen ab.

www.raum-und-zeit.com

e-mail: zentrale@ehlersverlag.de

raum&zeit
Geltinger Str. 14e
D-82515 Wolfratshausen

tel.:   +49-08171-418460
fax: +49-08171-418466

Rex Research

Rex hat seit Jahrzehnten Informationen über Neue Energie gesammelt und verschickt Fotokopien von Dokumenten und Artikeln. Ein Katalog ist erhältlich.

www.Rexresearch.com

Rex Research
Robert Nelson
P.O. Box 19250
Jean NV 89019
USA

tel.:   +1-702-282-0882

RIVAS (Realistic Inspired Vital Appropriate Solutions)

Gegen Einsendung eines frankierten, selbstadressierten Umschlages erhält man einen Katalog mit Büchern und Artikeln von Dan Davidson – klare Schriften und fortlaufende Aktualisierungen von einem Elektroingenieur und Kernphysiker, der langjähriger Neue-Energie-Forscher ist.

P.O. Box 1090
Sierra Vista, AZ 85636
USA

Rocky Mountain Institute

Diese Organisation veröffentlicht einen Newsletter zu Neuigkeiten in Sachen Energieeffizienz und zahlreichen weiteren umweltrelevanten Themen.

www.rmi.org

1739 Snowmass Creek Road
Snowmass CO 81654-9199
USA

tel.:   +1-970-9273851
fax: +1-970-9274178

Schweizerische Vereinigung für Freie Energie (SAFE)

www.safeswiss.org

e-mail: w.rusterholz@safeswiss.org

SAFE
Postfach 2337
CH-8645 Jona
SCHWEIZ

Science-Frontières

Monatliches Magazin/Newsletter, das ausschließlich im Abonnement bezogen werden kann. Gleichnamiger Verein von Jean-Yves Cashga (ehemaliger Radio- und TV-Moderator in Bereich paranormaler Phänomene) und Frederika von Ingen. Sie organisieren das jährlich Ende Januar im südfranzösischen Cavaillon stattfindende „Festival Science-Frontières" - mit jeweils um die 100 Vorträgen. Diese Festivals dokumentieren sie in TV-Shows und Videos.

www.sciencefrontieres.com

e-mail: red@sciencefrontieres.com

Science-Frontieres
8bis rue du Chemin de Fer,
F-94110 Arcueil
FRANCE

tel.:   +33-1-45465500
fax: +33-145-464424

Scientific and Medical Network

Diese Forschungsgruppe arbeitet u.a. an Neuer Energie und anderen Bereichen.

www.smn-germany.de/

e-mail: smn-germany@t-online.de

John Searl

Dokumentarische Website zu John Searls Anti-gravitations-Generator / Searl-Effekt

www.searleffect.com/

e-mail: johnt@searleffect.com

Society for Scientific Exploration / *Journal of Scientific Exploration*

Professionelles Forum für Forschung und Diskussion über Themen außerhalb der etablierten Fachrichtungen der Wissenschaften. Die 1982 gegründete Gesellschaft versteht sich als fachübergreifend und versucht, der zunehmenden Verästelung der Wissenschaftsdisziplinen entgegenzuwirken.

www.scientificexploration.org/

e-mail: jse@allenpress.com

Journal of Scientific Exploration, Subscriptions
Allen Marketing & Management,
810 E. Tenth St.,
P. O. Box 1897
Lawrence, KS 66044-8897

tel.:   +1-800-627-0629
fax: +1-785-843-1274

Stardrive

Alternative Quantenphysik, Quantencomputer etc.

www.stardrive.org/

e-mail: lensman@stardrive.org

Swedish Association for New Physics

Non-Profit-Organisation, die Bürgern der skandinavischen Länder als Mitglieder aufnimmt. Ziele:
- ein Forum für die Forschung außerhalb etablierter wissenschaftlicher Paradigmen zu bieten
- zur Entwicklung alternativer Energiequellen und anderer Techniken beizutragen, die sich positiv auf Natur und Menschheit auswirken
- Forschung zu koordinieren und zu fördern, sowie eine Wissensbasis für Mitglieder bereitzustellen.

www.newphys.se/

e-mail info@newphys.se

Sympathetic Vibratory Physics

Pädagogische Web-Site von Dale Pond, der das Werk von John Worrell Keely erforscht. Auch Vertrieb von Büchern über Geschichte, Philosophie, Theorie und Anwendung dieser Forschung über Klang und Schwingung.

www.SVPvril.com

e-mail: dalesvp@centurytel.nett

921 Sta. Fé Ave.
La Junta, Colorado, CO 81050
USA

tel./fax::   +1-720-489-3788

TEBA - Tesla Engine Builders Association

Nachbau und Weiterentwicklung der legendären Tesla-Turbine.

www.teslaengine.org/

e-mail: teba@execpc.com

Tesla Engine Builders Association
5464 N. Port Washington Road, # 293
Milwaukee WI 53217-4925
USA

Paramahamsa Tewari

Website des indischen Forschers Dr. Paramahansa Tewari, Ansätze für seinen Raumkraftgenerator, seine Theorie und Experimente mit Nullpunktenergie

URL: http://www.tewari.org

Kontaktadr.: Toby Grotz
7722 Chadwick Drive
Prairie Village, Kansas 66208

tel.: +1-913-381-8168

Tesla Memorial Society

Diese Gesellschaft bemüht sich um eine Nikola-Tesla-Ausstellung im Smithsonian Institute (siehe Kapitel 2). Zum Vorstand gehören Autoren und Wissenschaftler. Zu ihren Publikationen gehört The Tesla Journal.

www.teslasociety.com

email: teslasociety@aol.com

P.O. Box 863837
Ridgewood NY 11386
USA

tel./fax: +1-718-4175102

Tesla Society Schweiz

Die Tesla Society Schweiz widmet sich der Aufgabe, Informationen und Dokumente zu Leben, Werk und Wirken Nikola Teslas zu sammeln und einer interessierten Öffentlichkeit zugaenglich zu machen.

www.teslasociety.ch/

e-mail: info@teslasociety.ch

tel.: +41 71-288 66 93
fax: +41 71-288 69 93
Zilstrasse 56
9001 St. Gallen
SCHWEIZ

Twenty First Century Books

Dieser Verlag führt sowohl Videos als auch eine ausführliche Buchliste. Der Katalog ist kostenlos.

www.tfcbooks.com/mall/booklist.htm

Post Office Box 2001
Breckenridge, CO 80424-2001
USA

Tel.:   +1-970-4539293
Fax: +1-970-4536692

21st Century Science and Technology

Dieses Magazin liefert Informationen zu fortschrittlichen Technologien und wissenschaftlichen Verfahren.

www.21stcenturysciencetech.com/

e-mail: webmaster@21stcenturysciencetech.com

P.O. Box 16285
Washington DC 20041
USA

tel.:   +1-703-7776932
fax: +1-703-7779214

United States Psychotronics Association

Dieses US-Institut beschäftigt sich mit einem breiten Themenspektrum, darunter Parapsychologie, Radionik, Radiästhesie, aber ebenfalls schwerpunktmäßig mit unkonventionellen Energieformen. In den Audio-/Videoarchiven befinden sich Vorträge zu neuen Wissensgebieten, die dort seit 1978 gehalten wurden, unter anderem von Personen, die sich nit dem Bereich Freie Energie beschäftigt haben, etwa: Thomas E. Bearden, Robert Beutlich, John Bedini, Christopher Bird, Eldon Byrd, Phillip Callahan, Jack Dea, J.G. Gallimore, Toby Grotz, Peter Kelly, Andrew Michrowski, Henry Monteith, Andrija Puharich, Martin Rudefer, Ed Skilling, Thomas Valone u.a.; jährliche Konferenz;

www.psychotronics.org/
e-mail: USPsychotronics@aol.com

USPA National Office
409 Marquette Dr.
Louisville, KY 40222
USA

tel.:   +1-502-429-6600
fax: +1-502-425-6465

University of Science & Philosophy

Seminare und Newsletter „Light Waves" zu den Lehren von Walter und Lao Russell. Dort wurde der „Russell Science Research Fund" gegründet, eine Stiftung zur Dokumentation und Verbreitung von Russells Konzepten für umweltverträgliche Technik

www.philosophy.org
e-mail: think@philosophy.org

The University of Science and Philosophy
Post Office Box 520
Waynesboro, VA 22980
USA

tel.:   +1-800-882-5683
fax: +1-330-650-0315

Vortexscience

William Baumgartners Web-Seite (mit deutschsprachigem Teil) zu Wirbelphänomenen und Implosionskräften - auf den Spuren Viktor Schaubergers.
Dort kann man auch den Newsletter *Implosion On Line* bestellen.

www.vortexscience.com/

e-mail: vortex@implosion-online.com

Register

Weitere Bücher aus dem Omega-Verlag

Callum Coats
NATURENERGIEN
verstehen und nutzen

Viktor Schaubergers geniale Entdeckungen

460 S., gebunden, über 200 Abb.

€ 24,60 [D] • SFr 43,60

ISBN 3-930243-14-8

Erstmals liegt mit diesem Buch ein fundiertes Kompendium zum Werk des Erfinders Viktor Schauberger (1885-1958) vor. Durch intensive Naturbeobachtung war der österreichische Förster zu tiefgreifenden Erkenntnissen über energetische Naturprozesse gelangt, die der Wissenschaft immer noch unbekannt sind. Daraus leitete er die sogenannte Implosionstechnologie ab, die unserer bestehenden Explosionstechnologie diametral entgegengesetzt ist und diese um ein Vielfaches an Effizienz übertrifft. Sie steht ferner im völligen Einklang mit der Natur.

Wie so viele andere geniale Erfinder auch wurde Viktor Schauberger zu Lebzeiten verkannt und verspottet. Heute jedoch, wo unsere lebensfeindliche Technologie im Begriff steht, Mensch und Umwelt zu zerstören, gewinnen seine bahnbrechenden Erkenntnisse und Erfindungen zunehmend an Relevanz.

Der Autor Callum Coats erschloß in 15jähriger Forschungsarbeit das revolutionäre, aber vielfach nur schwer verständliche Werk des österreichischen Erfinders und führt den Leser in die faszinierenden Geheimnisse der Natur ein – mit Themen wie:
- Die Levitationsenergien des Wassers • Wirbelbewegung als energetische Grundlage
- Bäume als energetische Biokondensatoren • Sich selbst reinigende Flüsse als Nährer der Landschaft • Der Wald als fundamentale Lebensgrundlage • Steigerung der Bodenfruchtbarkeit durch Energie • Revolutionäre landwirtschaftliche Hilfsmittel
- Die Erfindung einer Freie-Energie-Klimaanlage • UFO-artige Maschinen und Fluggeräte • Dezentrale Energiegeneratoren

Ein Buch, das unser Denken verändern, Wissenschaft und Politik revolutionieren und wesentlich zur Versöhnung von Natur und Technik beitragen kann!